Peter Guggemos, Monika Müller &
Matthias Rübner (Hrsg.)

Herausforderungen und Erfolgsfaktoren beschäftigungsorientierter Beratung – Beiträge aus der Beratungsforschung

Bildung, Arbeit, Beruf und Beratung
Band 3
Herausgeber: Prof. Dr. Carmen Baumeler, Prof. Dr. Bernd-Joachim Ertelt und Prof. Dr. Andreas Frey

Verlag
Empirische Pädagogik e. V.
Bürgerstraße 23
D-76829 Landau
Telefon: +49 6341 280 32180
Telefax: +49 6341 280 32166
E-Mail: info@vep-landau.de
Homepage: www.vep-landau.de

Umschlaggestaltung
© Harald Baron / Helena Rautner

Druck
SOWA

Zitiervorschlag
Guggemos, P., Müller, M. & Rübner, M. (Hrsg.). (2014). Herausforderungen und Erfolgsfaktoren beschäftigungsorientierter Beratung – Beiträge aus der Beratungsforschung (Bildung, Arbeit, Beruf und Beratung, Bd. 3). Landau: Verlag Empirische Pädagogik.

ISBN 978-3-944996-04-2

Geleitwort von Lester Oakes, Präsident der IAEVG

Im Oktober 2012 hatte ich das Vergnügen, an der internationalen Konferenz „Beratung für Bildung und Beruf, soziale Gerechtigkeit, Wohlstand und nachhaltige Beschäftigung – Herausforderungen für die Bildungs- und Berufsberatung im 21. Jahrhundert" in Mannheim teilnehmen zu dürfen. Diese Konferenz wurde von der HdBA organisiert und mit der IAEVG zusammen konzipiert. Die Tagung war ein voller Erfolg, was nicht zuletzt der sehr guten Organisation durch die HdBA und deren großzügiger Gastfreundschaft zu verdanken ist.

Eine Kritik, die ich oftmals über Tagungen höre, auch bezüglich sehr gut organisierten, ist, dass es kaum Nachbereitung gibt, sobald die Tagung vorbei ist. Unsere Kolleginnen und Kollegen an der HdBA liefern den Beweis, dass dies bei deren Veranstaltung anders ist, indem sie eine beeindruckende Essay-Sammlung zusammengestellt haben, welche nun in Buchform erscheint.

Die HdBA kann als ein wichtiges Forschungszentrum sowie als Brain Trust für die europäische Entwicklung von Standards für die Berufsausbildung *in der* Berufsberatung betrachtet werden. Die Beiträge in diesem Buch zeigen eine große Bandbreite an Perspektiven und Ansätzen aus ganz unterschiedlichen wissenschaftlichen Fachdisziplinen. Diese zeigen, dass es viele Wege zu erfolgreicher Berufsausbildung und Arbeitsvermittlung gibt.

Da es viele unterschiedliche Beratungsansätze gibt, die jeweils ihre Berechtigung haben und auch erfolgreich sind, ist es nötig, dass die transnationalen wie auch internationalen Vereinbarungen zu erforderlichen Kompetenzen und Standards flexibel genug sind, um unterschiedliche Methoden der Beratungsdienstleistung zuzulassen. Einfach ausgedrückt, sollten die angestrebten Kompetenzen und Standards hoch sein hinsichtlich dessen, *was* vermittelt werden soll, aber flexibel hinsichtlich dessen, *wie* dies zu geschehen hat.

Wissenschaftlicher Fortschritt basiert auf Diskursen, und dieses Buch eröffnet eine Plattform für eine daran anschließende Diskussion. Im Namen der IAEVG lade ich die Kolleginnen und Kollegen dazu ein, den Autorinnen und Autoren ihr Feedback, aber auch ihre kritischen Anmerkungen zu übermitteln sowie mögliche Kooperationschancen auszuloten.

Abschließend darf ich den Kolleginnen und Kollegen an der HdBA zur Drucklegung dieses Buches gratulieren, und es Ihnen als Leserinnen und Lesern zur Lektüre empfehlen.

Lester Oakes, Präsident der IAEVG

Inhaltsverzeichnis

Einleitung

Die Beiträge des vorliegenden Sammelbandes gehen auf die Konferenz der International Association for Educational and Vocational Guidance (IAEVG) zurück, die vom 3. bis 6. Oktober 2012 an der Hochschule der Bundesagentur für Arbeit (HdBA) in Mannheim mit dem Titel „Beratung für Bildung und Beruf, Soziale Gerechtigkeit, Wohlstand und nachhaltige Beschäftigung – Herausforderungen im 21. Jahrhundert" stattgefunden hat. Die Autorinnen und Autoren des Sammelbandes waren zum Zeitpunkt der Konferenz Hochschullehrende der HdBA der Bachelor-Studiengänge Arbeitsmarktmanagement und/oder Beschäftigungsorientierte Beratung und Fallmanagement.

Berufsorientierung, Beratung und Vermittlung sind neben der Arbeitsmarktbeobachtung und der Gewährung sozialrechtlicher Leistungen die Kernthemen in Forschung und Lehre der Hochschule der Bundesagentur für Arbeit. In der Lehre werden arbeitsmarkt- und beratungsbezogene Themen abgedeckt. Forschung erfolgt üblicherweise entlang einer disziplinären Fokussierung und Spezialisierung. Im vorliegenden Band bringen die Autorinnen und Autoren diese disziplinäre Perspektive auf Beratung ein.

Der Sammelband zur Tagung kann keinen Überblick über die Forschungsaktivitäten im Rahmen einer Hochschule leisten, auch ist eine vollständige Tagungsdokumentation nicht beabsichtigt. Vielmehr sollen Forschungsergebnisse zur beschäftigungsorientierten Beratung präsentiert und theoretische Argumente zur Diskussion gestellt werden, die hochschulseitig in die Tagung eingebracht wurden. Insofern wendet sich der Band an Personen, die bereits in Theorie und Praxis der Berufsberatung, Arbeitsvermittlung und Personalentwicklung kundig sind und über ein fachthematisches Grundlagenwissen verfügen. Die hier versammelten Beiträge bieten eine forschungsorientierte Annäherung an die beschäftigungsorientierte Beratung. In drei Themenblöcken werden die Herausforderungen und die Perspektiven dieser Beratung behandelt.

Im **ersten Themenblock** geht es um eine theoretische und empirische Verortung von beschäftigungsorientierter Beratung im öffentlich-rechtlichen Kontext, ein bisher nur rudimentär erschlossenes Forschungsfeld.

Monika Müller führt zunächst in das Thema der Beratung als Gespräch ein und nutzt einen gesprächsanalytischen Zugang, um Abläufe und Besonderheiten einer beschäftigungsorientierten Beratung im öffentlich-rechtlichen Kontext auszuarbeiten. Chancen und Schwierigkeiten einer zielorientierten und erfolgreichen Beratungsinteraktion werden deutlich.

Im Beitrag von *Florian Kreutzer* liegt das Hauptaugenmerk auf der theoretischen Verortung der Beratung, mit besonderem Fokus auf den gesellschaftlichen Rahmenbedingungen. Sein didaktisches Bild vom Möbius-Band verleiht klassisch-systemtheoretischen Zugängen eine entwicklungsorientierte, dynamische Komponente.

Gert-Holger Klevenow betrachtet die Kommunikationskompetenz der Beratenden. Er kontrastiert gelungene und wenig erfolgreiche Beratungsgespräche anhand ausgewählter Gesprächsfacetten und bringt diese in einen Zusammenhang mit der Frage bereits empirisch nachgewiesener Vermittlungserfolge bzw. Misserfolge.

Matthias Rübner untersucht, inwieweit sich die Bundesagentur für Arbeit gut 10 Jahre nach Einführung der ersten Hartz-Gesetze auf den Weg zu einem lebenslangen Berufs- und Karrierebegleiter gemacht hat. Dieser aus aktuellen Positionsbestimmungen der Bundesagentur abzulesende Anspruch wird vor dem Hintergrund eines OECD-Gutachtens zu Beratung, organisatorischen Entwicklungen und theoretischen Argumenten überprüft.

Der **zweite Themenblock** befasst sich auf empirischer Grundlage mit der Frage, wie zielgruppenspezifische Merkmale und Lebenslagen in die beschäftigungsorientierte Beratung einfließen und welche Schlussfolgerungen aus den vorgestellten Befunden gezogen werden können. Im Band wird hier der Genderfrage, der etwaigen Gewichtsdiskriminierung sowie Aspekten der Kundendifferenzierung nachgegangen.

Im Beitrag von *Bettina Franzke* und *Christiane Selka* werden die Wahrnehmung und Deutung zielgruppenspezifischer Merkmale und daran geknüpfte Kompetenzzuschreibungen bei Frauen nach einer Familienphase aufgegriffen.

Peter Guggemos thematisiert in seinem Aufsatz beleibtere Personen und formuliert Empfehlungen für deren Beratung und Vermittlung.

Gert-Holger Klevenow geht in seinem zweiten Buchbeitrag der Frage nach, inwiefern sich die künftige Integrationswahrscheinlichkeit anhand der Einschätzung von Beratungsgesprächen prognostizieren lässt.

Der **dritte Themenblock** stellt Fragen der Aus- und Weiterbildung von Beratungsfachkräften aus nationaler und internationaler Perspektive in den Mittelpunkt. Konkret geht es um den Erwerb von Beratungskompetenzen und deren Vermittlung, um Studiengangskonzeptionen für die Aus- und Weiterbildung, um die Studierendenauswahl sowie um Zusammenhänge zwischen Studierendenauswahl und dem Studienerfolg.

Bernd-Joachim Ertelt und *Andreas Frey* stellen Ergebnisse aus dem Projekt "Network for Innovation in Career Guidance and Counselling in Europe" (NICE) vor, in dem 40 Hochschul-Partner beteiligt sind, um die Professionalisierung und

Qualität der beruflichen Beratung in Europa durch die Bestimmung von Schlüsselkompetenzen und die Weiterentwicklung von Qualifizierungskonzepten voranzubringen. *Michael Scharpf* spricht sich in seinem Beitrag für eine Harmonisierung der akademischen Qualifizierung von Beratungsfachkräften angesichts einer komplexer werdenden Arbeitsgesellschaft aus und stellt die Ergebnisse einer Curriculums-Entwicklung vor, die im Kontext des Projekts "Development and Implementation of Common Bachelor's Degree Programme in the European Context" (DICBDPEC) entstanden sind.

Die Beurteilung des Studiums an der Hochschule der Bundesagentur für Arbeit aus der Sicht von Absolventen thematisiert *Gerald Sailmann*. Die Frage der didaktisch und inhaltlich adäquaten Vermittlung von Lehrinhalten und der Unterstützung von Kompetenzausprägungen durch Theorie- und Praxisphasen wird anhand der Ergebnisse aus der Befragung ehemaliger Studierender resümiert.

Gerda Schuster und *Stefan Höft* beleuchten aus der psychologischen Warte der Berufseignungsdiagnostik, wie die Anforderungen eines Studiums genau bestimmt werden können und welche strukturierten Methoden zur Anwendung kommen. Sie stellen die Ergebnisse eines Forschungsprojekts an der HdBA zur Adaption strukturierter Anforderungsanalysen vor.

Die Frage, wer als Studierender rekrutiert werden sollte, steht im Mittelpunkt des zweiten Beitrags von *Stefan Höft* und *Gerda Schuster*. Im Beitrag wird ein Indikator gestütztes Auswahlverfahren vorgestellt und der Frage nachgegangen, welche Kombination aus Prädiktoren (Persönlichkeitsvariablen, Werthaltungen und persönliche Einstellungen sowie Schulnoten) einen erfolgreichen Studienabschlusses und Berufseinstieg prognostiziert.

Für die Herausgeber waren sowohl die IAEVG-Tagung in 2012 wie auch der mehrmalige Review- und Korrekturdurchgang eine Chance, sich ein besseres Bild von den Facetten der an der HdBA betriebenen Beratungsforschung zu machen. Diese Gelegenheit möchten wir auch den Leserinnen und Lesern geben, nicht ohne die Hoffnung, dass der eine oder die andere an einem der vorgestellten Themen besonderen Gefallen findet und mit uns bei dessen Erforschung künftig kooperieren möchte. Wir laden daher Sie als Leserinnen und Leser ein, Kontakt aufzunehmen und bitten Sie, mit uns in einen Dialog zu treten. Wir hoffen, dass das multithematische und multiperspektivische Portfolio des vorgelegten Sammelbands für alle Leserinnen und Leser interessante Denkanstöße, Reflexionsgelegenheiten und Möglichkeiten zur Verbesserung der eigenen Beratungspraxis bereithält.

Zuletzt wäre noch Dank zu sagen an alle, die die Veröffentlichung ermöglicht haben. Neben der IAEVG und den Autorinnen und Autoren sind dies M[a] Carmen Dixon, die uns bei der Manuskripterstellung unterstützt hat, sowie Helena Rautner, die das Titelbild gestaltet hat.

Mannheim/Schwerin 2014

Peter Guggemos
Monika Müller
Matthias Rübner

I. Beratung im öffentlich-rechtlichen Kontext

Monika Müller

Beratung in der öffentlichen Arbeitsverwaltung aus gesprächsanalytischer Perspektive

Schlagwörter: Beratung in Institutionen – Strukturaspekte – Gesprächsanalyse – Beratungsforschung

Key words: career guidance in public employment service – conversation analysis – structural aspects

Ziel dieses Beitrags ist die Weiterentwicklung beratungswissenschaftlicher Ansätze und der Beratungsforschung mit Blick auf Beratungsgespräche zur beruflichen Laufbahngestaltung im Kontext der öffentlichen Arbeitsverwaltung. Im Folgenden werden zwei Gespräche mit dem Ziel analysiert, Gesprächsstrukturen und Gesprächsspezifika der beruflichen Laufbahnberatung auszuarbeiten, so wie sie im Rahmen der Bundesagentur für Arbeit durchgeführt wird. Die berufliche Laufbahnberatung dort greift sehr unterschiedliche Anliegen der Berufslaufbahngestaltung auf, die mit gesprächsanalytischen Methoden untersucht werden, so dass Herausforderungen und Erfolgsfaktoren dieser Interaktionen zur Unterstützung einer beruflichen Perspektivenentwicklung in diesem Kontext deutlich werden.

Für die Abhandlung sind Gespräche ausgewählt worden, die Jugendliche und junge Erwachsene bei der Berufsorientierung und Berufswahl unterstützen und im Rahmen von Abschlussarbeiten Studierender, u. a. an der Hochschule der Bundesagentur für Arbeit (HdBA) erhoben und ausgewertet worden sind (Brehme, 2010; Müller, 2001). Präsentiert werden Ausschnitte aus einem Gespräch im Rahmen der Studienberatung (Abi-Beratung) und Ausschnitte einer Reha/SB-Beratung, die in unterschiedlichen Agenturen für Arbeit mit großem zeitlichem Abstand geführt worden sind. Die Arbeit am empirischen Material ist unabgeschlossen, eine abschließende Typisierung der Gespräche liegt noch nicht vor. Alle Namen und Ortsangaben sind anonymisiert.

1 Beratung als Gesprächsereignis

Gespräche werden in gesprächsanalytischer Perspektive als zeitliche Gebilde betrachtet, die durch die Abfolge von Aktivitäten entstehen (vgl. Deppermann, 2001). Aus gesprächsanalytischer Perspektive liegen einer Beratungsinteraktion sprachliche Handlungsaktivitäten zu Grunde, die je nach Kontext und Thema variieren. Sprechakte als illokutionäre Akte (Austin, 1972; Searle, 1983) sind immer situationsspezifisch und adressatenbezogen, d. h. die im Sprechakt zum Ausdruck gebrachte Absicht kann nur im Kontext der sozialen Situation adäquat interpretiert werden. Searle als Vertreter der Sprechakttheorie interessierte sich in seinen Analysen für den isolierten Akt einer Sprechhandlung, wohingegen die Gesprächsanalyse den kommunikativen Hervorbringungsprozess eines Gesprächsereignisses in den Mittelpunkt stellt: ein Gespräch wird als ‚joint project' gesehen, in dem die Beitragenden ihre je spezifische Situationsdeutung einbringen und so einen spezifischen Gesprächsverlauf konstituieren. Eine solche im Kern ethnomethodologische Herangehensweise fragt, wie ein Gesprächsereignis hergestellt und ausgestaltet wird.

Eine ethnomethodologische gesprächsanalytische Herangehensweise entlastet den Untersuchenden vorerst von einer genauen Bestimmung des Handlungstypus der Gespräche in der Arbeitsverwaltung. Die Analyse konzentriert sich auf die tatsächlichen Abläufe ‚hinter den Türen'. Beratung ist in dieser Perspektive ein von zwei oder mehreren Akteuren aufeinander bezogenes gesprächsförmiges Handeln, in dem in gegenseitiger Abstimmung soziale Realität von den Beteiligten hergestellt wird.

In der Gesprächsanalyse der aufgezeichneten Gesprächssequenzen werden zum einen die Organisationsform der Gespräche, also wer spricht wann, wie lange, wie oft, wer kommt auf welche Weise zu Wort, und zum anderen die thematisch-inhaltlichen Abläufe entlang der Organisationseinheiten untersucht (vgl. Deppermann, 2000). Dabei wird von einem Gespräch als einer Einheit ausgegangen (Henne & Rehbock, 2001). Gespräche sind im Ablauf regelgeleitet, so die Annahme, und diese Regeln sind einer Rekonstruktion zugänglich. Die Gesprächspraktiken, die „sequentiell organisiert sind und aus einem Zusammenhang von Formen und Funktionen in Bezug auf einen Bereich bestimmt sind" (Deppermann, 2001, S. 17) zeigen in der vorliegenden Analyse, wie die berufliche Laufbahnberatung im Kontext der Arbeitsverwaltung durchgeführt wird.

2 Zum Interaktionstyp: Beraten

Eine gesprächsanalytische Betrachtung von Beratung erfolgt nicht theorielos. Beratung stellt eine eigenständige kommunikative Gattung dar, die auf Sprechhandlung aufbaut und in ihrer Sequenzialität entlang empirischer Daten erschlossen werden kann. Beratung als spezifische kommunikative Gattung beinhaltet nach Kallmeyer (2000, S. 236) folgende Elemente:

- Kernschema der Beanspruchung eines Anderen mit Zumutung von Hilfeleistung mit der dreigliedrigen Struktur der Beanspruchung + Bearbeitung + Verarbeitung.

- Nutzung der Perspektivunterschiede als zentrale Ressource, inklusive einer Re-Definition des Problems durch den Ratgeber (RG).
- Klärungs- und Aushandlungsprozesse zum Beratungsgegenstand und zu den lösungsrelevanten Bedingungen.
- Rollenverteilung mit den Aktivitäten: Instanzeinsetzung, Entlastung, Honorierung.
- Die aufgezeigten Kernmerkmale gelten für jede Beratungsinteraktion und strukturieren die Handlungsaufgaben, die in der Interaktion zu organisieren sind. Die so strukturell bedingten Handlungsaufgaben werden nach Kallmeyer (2000, S. 237f.) in ein Voraussetzungs-Folge-Schema gebracht (logische Ordnung), so dass eine jeweils spezifische Beratung entsteht. Dem Strukturmodell Beraten liegen Handlungsaufgaben zugrunde, die beim Interaktionstyp Beratung zu organisieren sind.
- Etablierung und Instanzeinsetzung: Zuständigkeit, Kompetenz und Vertrauenswürdigkeit werden ausgehandelt, geprüft und zugeschrieben. (im Einzelfall abgekürzt durch institutionelle Vorstrukturierungen, wie z. B. aufgrund einer Überweisung durch den Hausarzt).
- Problempräsentation des Ratsuchenden (RS) (*„ähm folgendes ...“*).
- Entwickeln einer Problemsicht des RG durch Rückfragen (*„wie lange ist das her?“*).
- Re-Definition des Problems und Festlegung des Beratungsgegenstandes (scheint häufig nur in divergenten Sichtweisen auf) (*„waren Sie auch schon im BIZ?“*) (Funktion der Entlastung für RG).
- Lösungsentwicklung, z. B. Lösungsverfahren (*„da müssen Sie nochmal hin und sich Informationen holen“*) oder Lösungsvorschlag (*„am besten Sie sprechen das an“*), aber auch Bedingungseinschränkungen nennen oder Kundgabe der Reichweite der Kompetenz durch RG. Verarbeitung des Lösungsangebots durch RS (z. B. Akzeptationsentscheidung, *„dann mache ich das so“,* häufig: *„ja, ok“*).
- Vorbereitung der Realisierung durch den RS (Projizieren der Umsetzung, *„gut, dann gehe ich erst zu x und dann zu y“*).
- Entlastung und Honorierung durch RS (*„ja, das wär's dann, glaub ich“, „haben Sie vielen, vielen Dank“*).

Das Strukturmodell beschreibt Handlungsaktivitäten, die im Ablauf der Beratung vollzogen werden. Die Bearbeitung der Handlungsaufgaben erfolgt aber nicht linear in dem Sinne, dass eine Phase der nächsten folgt, sondern eher ‚schubweise‘. Die Abfolge der Handlungsaktivitäten und die zeitliche Ausdehnung einzelner

Aktivitäten haben keine geregelte Taktung, sondern variieren in Beratungsgesprächen und kennzeichnen dieselben. Unerledigt gebliebene Handlungsaufgaben werden z. B. nachgeholt, was sich an rekursiven Schleifen im Interaktionsverlauf zeigt. Auch wenn in Gesprächen Interaktanten ihre Handlungsaufgabe nicht, wie beabsichtigt, übernehmen, kommt es zu kreisenden Wiederholungen in den Abläufen oder zu unabgeschlossenen Handlungsaktivitäten.

Die nun folgenden Gesprächsanalysen nutzen das vorgestellte Strukturmodell nach Kallmeyer, um die Art der Bearbeitung der Handlungsaufgaben in den Gesprächen in der Arbeitsverwaltung herauszuarbeiten. Die Gesprächssequenzen aus den Beratungsgesprächen werden in Auszügen präsentiert.

2.1 Unterstützung der Studienplanung in der Studienberatung

Gespräche in der Arbeitsverwaltung dienen u. a. dem Ziel, eine berufliche Perspektive zu entwickeln und unterscheiden sich aufgrund ihrer institutionellen Rahmung von einer Alltagskommunikation, vor allen Dingen darin, dass die Beraterin und der Berater die Hauptverantwortung für das Gelingen des Gesprächs trägt. Mittels institutionellen, organisatorischen und fachlichen Symbolisierungen werden ein Beratungsgeschehen auf- und angezeigt. In der öffentlichen Arbeitsverwaltung wird durch eine Beratungskonzeption und Vorkehrungen der Situationsrahmung, wie Türschilder und Tätigkeitsbezeichnungen (z. B. Berufsberater und Reha-Berater) dem Laien und einer Fachöffentlichkeit signalisiert, dass eine Beratungsleistung erbracht wird. Wechselseitig wird ein Erwartungshorizont aufgespannt, an dem sich die Beteiligten orientieren. Beratung wird aber nicht nur qua Kategorie von der Organisation vorgegeben, sondern eben auch von den Beteiligten selbst hergestellt. Form, Verlauf und Inhalt der Gespräche sind zum einen durch den organisatorischen Rahmen bedingt, zum anderen durch die Beteiligten des Gesprächs. Bei dem im Folgenden dokumentierten Gesprächsabschnitt handelt es sich um eine Folgeberatung in der Berufs- und Studienberatung für akademische Berufe, die Beraterin und die Ratsuchende kennen sich jedoch bisher nicht.

2.1.1 Aktivität der Etablierung und Instanzeinsetzung sowie Präsentation des Anliegens

Zu Beginn des Gesprächs greift die Beraterin auf eine elektronische Falldokumentation zurück und rekonstruiert den Zeitpunkt der Erstberatung (vgl. hierzu auch Böhringer & Wolff, 2010).

Die Beraterin fordert nun die Ratsuchende auf, ihr Anliegen darzustellen.[1]

Transkription/Auszug I:

RG: *Nun weiß ich nicht, was Sie heute auf dem Herzen haben, worüber Sie sprechen wollen.*

RS: *Genau und zwar ehm hab ich mich eigentlich für drei Studiengänge entschieden und da wollt' ich nur mal fragen, ob Sie mir vielleicht den Numerus clausus vom letzten Jahr raus suchen könnten, denn da bin ich irgendwie nich so richtig ran gekommen.*

Zu Beginn der Beratung, in der Phase der Etablierung und Instanzeinsetzung, verwendet diese Beraterin, wie der Ausschnitt zeigt, ein alltagsprachliches Vokabular („was Sie heute auf dem Herzen haben"), das an Formen mütterlicher Zuwendung erinnert. Diese im institutionellen Setting genutzte Rahmung spannt einen weiten Horizont der Problempräsentation auf. Die Beraterin wird von der Ratsuchenden umgehend in ihrer Rolle bestätigt („Genau und zwar ..."). Die folgende Problempräsentation deutet eine reine Sachfrage an, die auf Auskunft-Geben und Informationen-Gewinnen hindeutet („da wollt ich nur mal fragen"). Es scheint so, dass der Ratsuchenden Informationen fehlen, um zur Entscheidungsfindung zu gelangen. Ein Beratungsanliegen umfassenderer Reichweite, z. B. Entscheidungsunsicherheit, wird nicht formuliert. Die Jugendliche zeigt auf, dass die Beraterin in erster Linie Auskunft geben soll.

2.1.2 Aktivität Verarbeitung des Lösungsangebots

In einer späteren Phase des Gespräches, nämlich in der Phase der Verarbeitung des Lösungsangebots, kommt die Ratsuchende jedoch auf ein Entscheidungsproblem zu sprechen.

Transkription/Auszug II:

RS: *Würden Sie grundsätzlich n' ehm Diplomstudiengang einem Magisterstudiengang vorziehen?*

RG: *Kann man so generell nicht sagen*

RS: *... nich sagen*

[1] Das dargestellte Gespräch ist der Studie von Yvonne Müller (2001), Biographische Beratung in Institutionen entnommen.

RG: *Also, eh es kommt darauf an, was ich studieren will, was ich später mal damit machen will und ob ich mehr ganz in die Tiefe gehend einfach studiere oder ob ich mir son bisschen eine Option auch aufbaue, links und rechts, denn*

RS: *... mhm*

RG: *man hat ja sehr viele Möglichkeiten, wenn man sich was zusammenbaut, sag ich mal. (...)*

RG: *und darum hat man diese Kombinationsmöglichkeiten auch, also für die Richtung, die Sie da anvisiert haben, denke ich, ist die Kombination ganz gut.*

Bemerkenswert in der Ausgestaltung der Interaktion ist, dass die Beraterin in ihren Ausführungen zum Entscheidungsproblem der Jugendlichen vage bleibt. Auf die Frage der Ratsuchenden, welcher Art des Studiums der Vorzug gegeben werden sollte, wäre im Duktus der Eingangssequenz eine direkte Auskunft naheliegend. Die Beraterin verzichtet in dieser Sequenz aber darauf, direkt zu antworten. Die Beraterin nutzt vielmehr die erste Person Singular („ich"), um modellhaft einen Umgang mit Entscheidungsprozessen aufzuzeigen. Durch die Verwendung der ersten Person Singular rekurriert die Beraterin auf ein pädagogisches Handlungsmuster, nämlich dem Lernen am Modell, in dem sich die Beraterin als Beispiel setzt. Die Entscheidungsfindung wird angeleitet und ermutigt („... denke ich, ist die Kombination ganz gut"). Die Schwierigkeit der Entscheidung wird der Ratsuchenden von der Beraterin so nicht abgenommen. Sie verzichtet auf ein direktes Antwortverhalten und gibt Weiteres zur Planung zu bedenken. Die Erweiterung des Entscheidungshorizonts der Ratsuchenden, die sich durch die zusätzlichen Anregungen der Beraterin zwischen zwei Alternativen gestellt sieht, dient der Unterstützung der Entscheidungsfindung.[2]

In den Gesprächssequenzen zeigt sich, dass erst in einer relativ späten Phase der Beratung, nämlich bereits in der Phase der Lösungsverarbeitung, von der Ratsuchenden ein tatsächliches Entscheidungsproblem präsentiert wird. Damit wird das anfänglich weitgesteckte Angebot zur Präsentation des Anliegens seitens der Beraterin („was Sie heute auf dem Herzen haben") ratifiziert. Die offene Kundgabe einer Entscheidungsunsicherheit bei der Wahl des Studiengangs seitens der Ratsuchenden in der Phase der Lösungsverarbeitung ist Ausdruck eines in den vorherigen Gesprächssequenzen aufgebauten Vertrauens zwischen Beraterin und Ratsuchenden.

---

[2] Im Weitern empfiehlt die Beraterin der Ratsuchenden dann auch, Kontakt zur Universität und zu Studierenden an der präferierten Universität aufzunehmen und sich dort zu erkundigen, wie die beruflichen Aussichten bei der geplanten Fächerkombination von den Studierenden eingeschätzt werden.

2.2 Unterstützung der beruflichen Perspektivenentwicklung in der Reha-Beratung

In der Reha-Beratung der Arbeitsverwaltung werden Jugendliche in beruflichen Übergängen beraten, bei denen eine Einschränkung des Leistungsvermögens vorliegt. In der Beratung Jugendlicher liegt der Schwerpunkt bei der beruflichen Perspektivenentwicklung im Anschluss an den Besuch einer Förderschule. Auf diesen Übergang von der Schule in eine Ausbildung beziehen sich ca. 60-70 % der Beratungen im Reha-Arbeitsbereich. Der Erstkontakt zu den Jugendlichen wird häufig bereits im Rahmen von Schulveranstaltungen und in den darauffolgenden Schulsprechstunden geknüpft.

Es handelt es sich hierbei um eine Folgeberatung, d. h. die Beraterin und die Ratsuchende kennen sich aus vorherigen Gesprächen in Schulsprechstunden und der Arbeitsagentur.

„Am 12.02.2010 um 08:10 erscheinen Laura Schwetzer und ihre Mutter zum Beratungstermin bei der Berufsberaterin für Rehabilitanden und Schwerbehinderte, Frau Janowski, in der Geschäftsstelle Linz. Aufgrund des starken Schneefalls, verspäten sich die beiden um einige Minuten. Frau Janowski wartet geduldig bis die nassen Kleidungsstücke über dem Kleiderhaken hängen. Derweil betrachtet sie das in VerBIS angelegte Profil.

Laura ist 16 Jahre alt. Bis zur neunten Klasse besucht die Jugendliche eine Sonder-/ und Förderschule. Zurzeit findet die Beschulung in einer Berufsschule im Rahmen eines Berufsvorbereitungsjahres (BVJ) statt. Das Ziel, den Hauptschulabschluss zu erreichen, scheint realisierbar. Es ist aber zu erkennen, dass es an einem realisierbaren Berufswunsch fehlt. Der heutige Beratungstermin zur Berufsorientierung soll diesbezüglich Klarheit verschaffen." (Cathleen Brehme 2010, 37).

2.2.1 Aktivität Entwickeln einer Problemsicht

In diesem Gespräch sind zwei Bedingungen in besonderer Weise interaktionsgestaltend: a) zum einen handelt es sich um ein Folgegespräch und im Verlauf der Interaktion wird auf bereits stattgefundene Gespräche rekurriert („war ja auch schon im November besprochen") und b) zum anderen sind am Gespräch drei Personen beteiligt, da die Berufswählerin im Beisein der Mutter die Reha-Beratung aufsucht.

In Folgegesprächen werden zu Beginn häufig die bisherigen Ergebnisse der Beratungen rekapituliert. So auch in diesem Gespräch. Die Etablierung der Beratungsrollen und die Verständigung über das heutige Beratungsanliegen erfolgen verkürzt, da sich Beraterin und Ratsuchende bereits im Erst- und in den Folgekontakten aufeinander eingestellt haben. Auch ist aufgrund von vorher getroffenen Vereinbarungen deutlich, worum es in der aktuellen Beratung gehen soll, nämlich um die Konkretisierung der Berufswahl der Jugendlichen. Die Beraterin fragt nun direkt nach dem Informationsstand der Jugendlichen und dem Stand der Entscheidungsfindung.[3]

Transkription/Auszug I:

RG: *(...) hast Du Dich auch noch mit anderen Berufen mal auseinandergesetzt –*

RS: *(2.0) jah, also ich hab mal so:: (---) geguckt, was vielleicht noch so:*

RG: *hmm (.) und welche haste Dir da angeschaut**

RS: *( ) .hh also (---) (hm) na, mit Tieren* könnt ich mir vielleicht auch << gedehnt>> n bisschen [hmm] vorstellen so (Beraterin unterbricht)*

RG: *und haste Dir da konkrete Berufe schon angeschaut**

RS: *nee, also noch nich so::: direkt = ich hab jetzt erst mal nur in diesen Prospekten,*

[hmm] die ich damit hatte, nur mal so durchgeblättert (.)

Durch die Frage der Beraterin nach den Aktivitäten der Jugendlichen wird deutlich, dass die Jugendliche weitere Berufe in Erwägung zieht, die bisher noch nicht thematisiert worden sind. Sie bringt diese weitere Überlegung zögernd zum Ausdruck. Die Beraterin fragt nach und die Jugendliche bringt das Arbeiten mit Tieren ein, das in ihren Aufmerksamkeitshorizont gerückt ist. Die Beraterin unterbricht die Präsentation und fragt nach „konkreten“ Berufen und bringt damit die Erwartung zum Ausdruck, über Konkretes sprechen zu wollen.

In dieser frühen Gesprächssequenz wird deutlich, dass vage Überlegungen der Ratsuchenden im Gespräche keinen Raum erhalten werden. Durch die Formulierung „auseinandergesetzt“ wird im Gespräch Ernsthaftigkeit angezeigt, was ein Anliegen in allgemeiner Form über Interessen zu sprechen, aus Sicht der Beraterin ausschließt. Sie verdeutlicht im Ablauf dieser Gesprächssequenz, dass aus ihrer Sicht ein fundiertes Wissen die Grundlage für eine Ausbildungsentscheidung sein sollte. Diese Vorstellung der fundierten Ausbildungsentscheidung im Übergang von der Schule in eine Ausbildung ist institutionell verankert und entspricht der Rollendefinition der Beraterin, lediglich überdachte Ausbildungsentscheidungen gelten zu lassen. Die Jugendliche soll sich nicht vorschnell auf eine

[3] Das dargestellte Gespräch ist der Bachelorthesis von Cathleen Brehme (2010), Gesprächsanalysen in der Reha-SB-Beratung, entnommen.

Ausbildung fokussieren, sondern das bereitgestellte Informationsmaterial nutzen, um ihren Berufswunsch abzusichern und neben ihren Interessen die konkreten Anforderungen und Tätigkeitsabläufe einschätzen zu können.

In der Interaktion werden divergente Haltungen zur Berufswahl ausgehandelt. Die Beraterin interveniert in dem Sinn, dass sie verdeutlicht, wie wichtig eine Informationsbeschaffung und eine breite Informationsbasis für eine Berufswahl ist. Die Beraterin unterstreicht durch ihr zupackendes Vorgehen und durch die Unterbrechung der Ratsuchenden den Ernsthaftigkeitscharakter der Berufswahlentscheidung.

2.2.2 Aktivität Lösungsvorschlag und Lösungsverarbeitung

In dem in Auszügen dokumentierten Gespräch in der Reha-Beratung wird deutlich, dass die Jugendliche ihre Perspektive nur sehr eingeschränkt zum Zuge bringen kann und in der Phase der Lösungsverarbeitung ihr Nichteinverständnis mit den kommunikativen Ergebnissen der Aushandlung signalisiert.

Transkription/Auszug II:

*RG: ja (.) aber wenn Du Verkäuferin bist (1.0) und ähh die Zootierhandlung kann Dich mal nicht weiterbeschäftigen = dann bist Du Verkäuferin (.) dann musst in diesem Beruf voll einsatzfähig sein = egal wo [mhh (Mutter)], das gehört immer zu einem Beruf dazu [ja: genau (Mutter)], ja**

RS: (2.0) nee (.) das ist doof << gedehnt>> (...)

Die expliziten Unzufriedenheitsäußerungen der Ratsuchenden haben in dieser Beratung die Funktion, die entzogene Deutungshoheit über den Verlauf und das Ergebnis der Beratung zu reklamieren (Galanova, 2011). Der Jugendlichen gelingt dieses aber in der Gesprächssituation nicht. In der Phase der Lösungsverarbeitung kommt es deshalb zu Sequenzen mehrmaligen thematischen Kreisens, die darauf hinweisen, dass eine Lösungsverarbeitung seitens der Ratsuchenden (noch) nicht erfolgreich gelungen ist. Das Anliegen der Beraterin ist es, eine tragfähige berufliche Perspektive zu entwickeln. Die Eigenthematisierungen im beruflichen Entscheidungsprozess der Jugendlichen werden in dieser Gesprächssequenz zurückgestellt.

In der Gesprächsanalyse zeigt sich, dass die Jugendliche ihre Beteiligung im Gesprächsverlauf immer weiter reduziert. Die Beraterin und die Mutter nutzen pädagogische Handlungsmuster des Aufzeigens und Erklärens, um die Jugendliche zu überzeugen. Anleitungen zur Unterstützung der Entscheidungskompetenz im Beratungsprozess werden der Ratsuchenden allerdings nicht an die Hand gegeben.

Im Fallbeispiel erfolgt die Verarbeitung des Lösungsvorschlags ohne konkrete Perspektive für die Jugendliche. Im Wesentlichen verhandeln die Mutter und die Beraterin die beruflichen Optionen der Jugendlichen. Die Beiträge der Jugendlichen beschränken sich auf Nachfragen („was ist mit der Gastronomie?"; „wo ist das?") und kurzen Statements („mmh"; „ahh nee"). Es gelingt nur sehr eingeschränkt, die Jugendliche von den im Gespräch präsentierten Ideen zu überzeugen. Die Entscheidung für eine berufliche Perspektive wird letztendlich vertagt und ein anstehendes Praktikum als Möglichkeit des neuerlichen Ausprobierens in den Blick genommen.

3 Gesprächspraktiken im Kontext öffentlicher Arbeitsverwaltung

Im Folgenden wird nun gefragt: Welche Gesprächspraktiken und sprachlich-kommunikativen Ressourcen werden zur Gestaltung der Gespräche genutzt? Wie zielführend in Bezug auf die Handlungsaufgaben der beruflichen Orientierungsfindung sind diese Gesprächspraktiken?

3.1 Aushandeln des Beratungshorizonts

In den bisher durchgeführten Gesprächsanalysen konnte festgestellt werden, dass in den Gesprächseröffnungen und Folgereaktionen der Berater/in unter den Beteiligten die Spannbreite des thematischen Gesprächsraumes verhandelt wird. Der Beginn der Gespräche signalisiert den Ratsuchenden die Art der Ko-Produktion, nämlich in welcher Art und in welchem Umfang die Zuwendung erfolgen wird und ob eine Intention zur Unterstützung vorhanden ist. Die Anliegenspräsentation dient primär einer ersten Abschätzung des Ratsuchenden, was thematisiert werden kann, nicht thematisiert werden kann oder was nicht thematisiert werden soll. Alltagssprachliche Rahmungen ermutigen die Ratsuchenden und knüpfen an alltagssprachliche Formen der Hilfestellung an. Von den Ratsuchenden werden diese Angebote in der Regel situationsadäquat unter Berücksichtigung der Rollen aufgegriffen. Selten kommt es zur Überschreitung des Formats, z. B. durch Gegenfragen. Standardisierte Eingangsformeln („Und was führt Sie nun zu mir? Was möchten Sie mit mir besprechen?") werden demgegenüber vornehmlich als Anzeichen einer Orientierung an institutionellen Abläufen seitens der Beraterin verstanden und mit adäquater Einstellungs- und Orientierungsleistung der Ratsuchenden beantwortet.

Der ersten Gesprächsphase kommt eine hohe Bedeutung zu, da dort nicht nur thematisch, sondern gerade das Vertrauens- und Interaktionsformat symbolisch vorweggenommen und ausgehandelt wird. Darstellungs-Extensionen müssen in besonderer Weise angeregt werden (siehe Fall 1). Es bedarf im Kontext der Arbeitsverwaltung besonderer Angebote (sog. floor offering devices, Schegloff, 1972), um die Präsentation von Entscheidungsunsicherheit anzuregen. Ratsuchende im Kontext der Arbeitsverwaltung explorieren die Gesprächseröffnung und schätzen ein, ob die sie interessierenden Fragen eingebracht werden können. In die Anfangssituation der Gespräche wirken eine fehlende Sicherheit in Bezug auf die Routineverfahren der Organisation und öffentliche Diskurse darstellungsmindernd ein.[4] Ein Nicht-Vertraut-Sein mit Gesprächssituationen, denen ein Beschämungspotential innewohnt, z. B. durch fehlende adäquate Reaktionsmuster, führt dazu, dass Entscheidungsunsicherheit nicht thematisiert wird. Sind Ratsuchende mit den organisatorischen Abläufen generell unvertraut, können sie nicht einschätzen, was der Darstellung zum Nachteil ausgelegt werden kann oder sogar sanktioniert wird.[5] Zu Beginn wird der Grad der Vertrauenswürdigkeit der Beratungsfachkraft geprüft. Für eine Beratung ist die Gestaltung des Gesprächsanfangs von daher ausgesprochen relevant.

3.2 Selektive Anliegenspräsentation und Herabstufungen des Anliegens

In den bisher durchgeführten Gesprächsanalysen konnte festgestellt werden, dass die Präsentation des Anliegens der Ratsuchenden häufig entlang konkreter Handlungsprobleme erfolgt. Eine ausführliche Präsentation des Anliegens wird zugunsten einer Orientierung an den durch die Beratungsfachkraft eingebrachten Abläufen zurückgestellt. In den Gesprächsanalysen wird deutlich, dass die Ratsuchenden zu Gesprächsbeginn unterschiedliche Techniken der Herabstufung des Anliegens nutzen, so z. B. die Gesprächsfokussierung auf Auskunft und Rat, die Präsentation einer allgemeinen statt einer individuellen Problematik oder die Versachlichung eines persönlichen Anliegens. Der Informationsauftrag der öffentlichen Arbeitsverwaltung stellt einen häufig genutzten Anknüpfungspunkt für die Thematisierung eines Anliegens im Gespräch dar (siehe Fall 1). Die Aufforderung der Beraterin zur Anliegenspräsentation wird mittels einfacher Informationsfragen seitens der Ratsuchenden aufgegriffen.

---

[4] Öffentliche Diskurse über die Rechte und Pflichten von Arbeitslosen, mediale Selbstdarstellungen der Arbeitsverwaltung, die Gebäudesymbolik, die Art der Einladungsschreiben, usw. wirken im Vorfeld der Gespräche und in die Gesprächsanfänge hinein. Erwartungen an die Beratung werden seitens der Ratsuchenden dabei aktiviert bzw. reduziert.

[5] Eine institutionelle Trennung von Sanktion und Beratung wäre ein möglicher Ansatz, wie dies z. B. in Schweden der Fall ist. Die Beratung und die Meldepflicht sind weitgehend von einander abgekoppelt. Im System der staatlichen schwedischen Arbeitsverwaltung ist der Unterstützungsgedanke in der Beratung sehr viel ausgebauter und die Berater/innen verstehen sich stärker als professionelle Dienstleister/innen für ihre Klienten.

Werden dem Gesprächsraum zu Beginn enge Grenzen gesetzt, werden berufsbiographisch relevante Themen häufig nur angedeutet oder gar nicht angesprochen. So kann es dazu kommen, dass die Gesprächsinitiative ganz dem/r Berater/in überlassen bleibt und Ratsuchende sich dem Ablauf passiv überlassen. Werden in diesen Gesprächen dann Sachverhalte verhandelt, die biographische Relevanz besitzen, kommt es zu Sequenzen mehrmaligen thematischen Kreisens, gehäuft am Ende der Beratung, die auf die Unabgeschlossenheit der Lösungsverarbeitung hinweisen. Sie sind ein Hinweis darauf, dass der Klärungs- und Aushandlungsprozess zum Beratungsgegenstand nicht erfolgreich verlaufen ist. Da der zeitliche Rahmen der Gespräche limitiert ist, greifen Berater/innen dann auf institutionalisierte Verfahren zurück, um die Perspektivendivergenz zu bearbeiten, z. B. indem der Abschluss einer Eingliederungsvereinbarung angesprochen und vollzogen wird.

Die Aufgaben der öffentlichen Arbeitsverwaltung sind vorwiegend im SGB II und SGB III gesetzlich definiert, wonach Beschäftigungsfähigkeit zu erhalten und zu fördern, Arbeitslosigkeit zu vermeiden und der Ausgleich von Angebot und Nachfrage auf dem Arbeits- und Ausbildungsmarkt zu unterstützen ist (§ 1 SGB III). Die Begriffe Hilfe und Unterstützung werden in den genannten Rechtsvorschriften spezifisch meist im Sinne finanzieller Hilfen und Unterstützung verwendet. Eine individuelle Unterstützung und Begleitung, z. B. mittels Beratung, ergibt sich aus der Rechtsgrundlage zwar schlüssig, z. B. in §§ 29ff., in der die Berufsberatung für Jugendliche und Erwachsene formuliert ist und der Vorgabe, die Eignung, die Neigung und die Leistungsfähigkeit des Ratsuchenden zu berücksichtigen, jedoch werden berufsbiographische Entscheidungsfragen, Unsicherheiten oder eine unabgeschlossene Orientierungssuche von den Ratsuchenden häufig in späteren Gesprächsphasen oder gar nicht angesprochen.

3.3 Spannungsfelder in der Beratung im Kontext öffentlicher Arbeitsverwaltung

In Gesprächsanalysen werden Spannungsfelder der Beratung im Kontext der öffentlichen Arbeitsverwaltung deutlich, gerade auch dann, wenn an den individuellen Relevanzsetzungen der Ratsuchenden angeknüpft wird. In der Beratungsinteraktion in der Reha-Beratung mit Jugendlichen kann aufgezeigt werden, dass sich die Berater/in in einem Dilemma befindet, das darin besteht, dass sie die Interessen und Wünsche der Jugendlichen berücksichtigen will und andererseits aber einer drohenden Ausbildungslosigkeit entgegenarbeiten muss. Die gesellschaftlichen und institutionellen Erwartungen, dass mit Hilfe der Reha-Beratung eine Integration in Ausbildung gelingt, lastet als Anforderung auf der Berater/in. Sie steht vor der schwierigen und nicht wirklich lösbaren Aufgabe, einerseits den berufsbiographischen Suchprozess der Jugendlichen zu unterstützen, andererseits normierte Abläufe der Ausbildungsplatzsuche und institutionelle Regeln zu beachten. Die durch den Ausbildungs- und Arbeitsmarkt gesetzten oder entlang der Ausbildungsordnungen erzeugten Zugangsgrenzen für Ausbildungsberufe sind zu berücksichtigen, z. B. der zeitlich fixierte Ausbildungsbeginn zum 1.8. oder 1.9. eines Jahres, wenn der Übergang in Ausbildung erfolgreich bewältigt werden soll. Die Schwierigkeit, entlang dieser Rahmenbedingungen ein Ergebnis zu erzielen und gleichzeitig die biographischen Such- und Reflexionsprozesse der Ratsuchenden zu unterstützen, ist nicht wirklich aufzulösen. Zeitliche Vorgaben stehen einer längeren berufsbiographischen Reflexion entgegen und biographische Such- und Reflexionsprozesse müssen in einem bestimmten Zeitfenster abgeschlossen sein, um biographische Kosten für die Ratsuchende (und evtl. auch für das soziale Umfeld oder die Gesellschaft) abzuwenden. In Gesprächen der Arbeitsverwaltung ist dieses Dilemma permanent gesetzt, da biographische Such- und Reflexionsprozesse in einem rechtlich gesetzten oder einem zumindest sozial verträglichen Zeitrahmen abzuschließen sind und Erwerbstätigkeit aufzunehmen ist.

Die Beraterin steht vor der Aufgabe, diese Schwierigkeit nicht einseitig zu lösen und dabei sowohl das biographische ‚timing' der Ratsuchenden zu berücksichtigen als auch die institutionellen Abläufe in den Blick zu nehmen. Diese Problematik des doppelten ‚timings' kann metakommunikativ[6] aufgegriffen werden. Es bedarf einer professionsorientierten Berufshaltung, die u. a. durch ein vertieftes Verstehen der Interaktion erworben werden kann. Eine einseitig manipulative Gesprächsstrategie zu vermeiden, ist eine beratungsethische Frage. Ist sich die Beraterin über die bestehende Zwangslage im Klaren, hält sie diese Spannung mit Mitteln der Metakommunikation thematisierbar und es besteht die Chance, den Ratsuchenden Mitgestaltungsmöglichkeiten im Gesprächsverlauf unter Berücksichtigung der Bedingungen einzuräumen.[7] Gelingt die Bearbeitung nicht, wird auf Dauer das moralische Selbstvertrauen der Berater/in untergraben.

In der Reha-Beratung steigern zudem die institutionalisierten Alternativangebote, wie die Ausbildung in Berufsbildungswerken, den Erwartungsdruck auf die Beraterin. Zwar soll möglichst eine betriebliche Ausbildung angebahnt werden, jedoch ist die berufliche Perspektive für Jugendliche ohne guten Schulabschluss unter

---

[6] Beispiele für eine metakommunikative Formulierung sind: *„Es stellt sich für mich folgende Schwierigkeit: Wir haben jetzt Februar, die Anmeldezeiten für die Berufsbildungszentren laufen bis zum 31.3. Ich befürchte, dass, wenn Du Dich /Sie sich nicht entscheiden, die Termine verstreichen und Du/Sie ohne Perspektive da stehst."*

[7] Ein allgemeines Merkmal von Interaktionsprozessen ist die Herstellung von Bewusstheitskontexten. Strauss (1988) hat mit dem Konzept des awareness context herausgestellt, dass die Arbeit am Bewusstheitskontext eine zusätzliche Arbeit bei der Interaktionsgestaltung ist. Mitgestaltungsmöglichkeiten in Arbeitsvorgängen setzen offene Bewusstheitskontexte voraus, um Beteiligung herzustellen.

schwierigen Ausbildungsmarktbedingungen wenig erfolgreich. Die institutionalisierten Ausbildungsalternativen erzeugen insofern Verfahrenswirklichkeiten, in dem diese Ausbildungsalternativen auch genutzt werden müssen, um Bestand zu haben. Die Inanspruchnahme ist Voraussetzung für die Existenz und den Fortbestand der Einrichtungen, die im Zuge einer gesteigerten Accountability wirtschaftliche Stabilität unter Beweis stellen müssen. Die Beraterin sieht sich den multiplen Erwartungen an ihr Wissen und ihre Fähigkeit ausgesetzt, eine tragfähige Lösung zu entfalten, von der die Jugendlichen (und ihre Familien) häufig dann zudem erst überzeugt werden müssen.

Ein weiteres Dilemma kann darin gesehen werden, dass die Beraterin die Leistungsfähigkeit berücksichtigen und in Einklang mit den Anforderungen der Ausbildungsangebote bringen muss. Hierfür ist umfangreiches Wissen erforderlich, so z. B. entlang welcher Kriterien die Leistungsfähigkeit eingeschätzt werden kann und wie genau die Anforderungen an Ausbildungsplätzen beschaffen sind. Zentral ist aber, dass dieses alleine nicht hinreicht, um im Einzelfall abschätzen zu können, ob eine Ausbildung gelingen kann. Das Angebot der berufspsychologischen Eignungsuntersuchung mindert zwar den Druck einer alleinigen Bewertungsleistung, die Gesprächsanalysen zeigen jedoch, dass auch weiterhin ausgehandelt werden muss, was an Ausbildung in Frage kommt. Die Berater/in hat weiterhin die Aufgabe, gemeinsam mit der Jugendlichen (und häufig den Eltern) eine berufliche Perspektive zu entwickeln, die nur bedingt prognostiziert werden kann. Im Endeffekt bleibt nur der Weg, die geäußerten Berufsentwürfe durch eigene Einschätzungen zu ergänzen, diese entlang der Thematisierungen der Ratsuchenden und deren kommunikativen Kundgaben zuzuspitzen und die Ratsuchenden zur Umsetzung zu ermutigen. Daneben können Techniken und Methoden demonstriert werden, wie der Prozess der Ungewissheit einer beruflichen Zukunft zu bewältigen ist.

4 Spezifika in der Orientierungsberatung

Als besondere Herausforderung kann die Beratung mit drei Beteiligten gewertet werden (Fallbeispiel 2), die in der Berufsberatung und der Reha-Beratung der öffentlichen Arbeitsverwaltung häufig stattfindet. Die Berater/in spricht in diesen Fällen nicht nur mit einer Jugendlichen, sondern zeitgleich auch mit den Eltern, der Mutter, dem Vater oder auch professionellen Begleitern, wie u. a. Sozialpädagog/innen. Die Redebeiträge der Berater/in werden von Dritten gehört und bewertet. Vor diesen müssen sie Bestand haben (einer sog. overhearing audience, Atkinson, 1982; Goffman, 1981). Die Gesprächsorganisation nimmt an Komplexität zu und die turns[8] müssen explizit adressiert werden. Eine Redeübergabe bedarf besonderer Vorkehrungen, da das turn-taking nicht per se gesichert funktioniert. Aufgrund der Interaktionskonstellation in Dreier-Gesprächssituationen muss eine gezielte Ansprache erfolgen, soll das Gespräch gelingen. Kulturelle Normen, in denen Eltern bevorzugt das Rederecht eingeräumt wird, sind bei der Gesprächsorganisation zu beachten. Im Fallbeispiel 2 zeigt sich, dass die Mutter zeitweise sowohl das Gespräch mit der Beraterin, als auch mit der Tochter führt. Die Gesprächsorganisation ist erschwert, da dann, wenn die Berater/in nicht spricht, die Mutter ohne Sanktionsfolgen sprechen kann. Umgekehrt ist das für die Tochter nicht gegeben. Eine Interaktionssteuerung im Sinne eines Partizipationsmanagements (Bauer, 2009) ist hier seitens der Berater/in notwendig – dieses Management kann auch misslingen, wie das Fallbeispiel zeigt.

Im konkreten Beispiel antizipiert die Beraterin, dass die Mutter eine wichtige Sachwalterin der Interessen der Jugendlichen ist. Die Mutter wird von der Beraterin in das Beratungsgespräch aktiv einbezogen. Mehrmals übernimmt die Mutter das Gespräch und antwortet für die Tochter, auch werden Hintergrundinformationen seitens der Beraterin (in diesem Fall zur theoriereduzierten Ausbildung) direkt an die Mutter adressiert. Damit gibt die Beraterin im Gespräch zu verstehen, dass sie die Rolle der Mutter als wichtige Unterstützerin bei der beruflichen Planung der Tochter anerkennt. Im vorliegenden Beratungsgespräch zeigt sich aber auch, dass die Interessen der Mutter mit bearbeitet werden, die darin liegen, die Tochter in Richtung zunehmender Selbständigkeit zu bewegen. Die Relevanzsetzungen der Gesprächsbeteiligten können also auch zueinander in einen Widerspruch geraten und eine Berater/in in die Rolle einer Moderator/in drängen. Der Interaktionstyp Moderation ist in der Regel an andere institutionelle Verfahren geknüpft, z. B. Tagungen, Arbeitssitzungen, Schlichtungsgespräche, bei der durch institutionalisierte Arbeitsteilung die Abläufe organisiert und Verantwortlichkeiten und Kompetenzen zugeordnet werden. Demgegenüber sind Formulierungsassistenzen (Bauer, 2009), die Hilfestellung bei der Formulierungs- und Ausdrucksfindung geben, geeignet, die Perspektive eines Ratsuchenden zum Zuge zu bringen.

5 Fazit

Die Gesprächsanalysen zeigen, dass die Anliegen der Ratsuchenden in der Berufs- und Reha-Beratung von weitreichender biographischer Bedeutung sind. Die Gestaltung der beruflichen Zukunft ist für Jugendliche oder Erwachsene ein Projekt von lebensgeschichtlicher Relevanz. Die Rahmung der öffentlichen Arbeits-

[8] Unter turns sind gesprochene gerichtete Einheiten zu verstehen, die mit einem Sprecherwechsel enden (turn-constructional units, Sacks, Emanuel & Schegloff, 1974).

verwaltung setzt ein Spannungsverhältnis aus rechtlichen Vorgaben, organisatorischen Verfahren und individueller Fallbetrachtung. Bei der Bewältigung des Übergangs von der Schule in den Beruf oder von Erwerbstätigkeit in Arbeitslosigkeit und wieder in Erwerbstätigkeit geht es aber immer auch um Fragen der Kohärenz beruflicher Planung und persönlicher Identität. Impulse zur berufsbiographischen Orientierung, also ein Mindestmaß an „biographischer Arbeit" im Sinne einer Unterstützung, zeichnet Beratung aus. Eine Erkundung des lebensgeschichtlichen, sozialen und situativen Kontextes der Ratsuchenden ist in Gesprächen der öffentlichen Arbeitsverwaltung möglich und zwar entlang der Selbstthematisierungen der Ratsuchenden. Entlang der Selbstthematisierungen kann berufsbiographische Arbeit unterstützt werden, indem in beruflichen Entscheidungssituationen die Such- und Reflexionsfähigkeit und die beruflichen Planungskompetenzen gestärkt werden, letzteres wenn die Beratungsfachkräfte ein aktives Informations- und Suchverhalten fördern. Ein Verständnis für pädagogisches Handeln und pädagogische Intervention, wie die Bedeutung von Zuwendung und Verstehen, sind in den Gesprächen sehr wichtig. Ob Themen berufsbiographischer Relevanz angesprochen werden können, ist Ergebnis eines interaktiven Aushandlungsprozesses und der Herstellung von Vertrauen. Unter der Bedingung, dass mehr als ein Gesprächspartner anwesend ist, ist es zentral, dass die Relevanzen des Ratsuchenden hervorgehoben und seitens der Beraterin die Ratsuchende explizit adressiert wird.

In den dokumentierten Gesprächen zeigt sich ferner, dass eine berufsbiographische Unterstützungsleistung voraussetzungsreich ist und die Berater/in den Ratsuchenden und deren Fragen auch ‚erreichen' muss. Es kann aber nicht davon ausgegangen werden, dass die Ratsuchenden voraussetzungslos berufsbiographische Themen und Unterstützungsanliegen offenlegen. Das erfordert hohe Sensibilität der Berater/in für die Möglichkeiten und Grenzen institutioneller Interaktion, z. B. für Gesprächseröffnungen zur Stärkung der Entscheidungsfähigkeit der Ratsuchenden. Eine Souveränität im Umgang mit den strukturellen Grenzen der Gespräche, eine handlungsleitende Wertorientierung, der Verzicht auf strategische Kommunikation und die Kompetenz, die widersprüchlichen Anforderungen kommunikativ zu gestalten, ohne dabei die Anliegen der Ratsuchenden aus dem Blick zu verlieren – das sind Grundbedingungen einer gelingenden Gestaltung der Beratung in Kontext der öffentlichen Arbeitsverwaltung.

Literatur

Atkinson, J. M. (1982). Understanding formality: The categorization and production of 'formal' interaction. The British Journal of Sociology, 33, 86-117.

Austin, J. L. (1972). Zur Theorie der Sprechakte (How to do things with Words). Stuttgart: Reclam.

Bauer, A. (2009). Miteinander im Gespräch bleiben. Partizipation in aphasischen Alltagsgesprächen. Mannheim: Verlag für Gesprächsforschung.

Bergmann, J. B. (2000). Konversationsanalyse. In U. Flick, E. v. Kardorff & I. Steinke (Hrsg.), Qualitative Sozialforschung. Ein Handbuch (S. 524-537). Reinbek: Rowohlt.

Böhringer, D. & Wolff, S. (2010). Der PC als „Partner" im institutionellen Gespräch. Zeitschrift für Soziologie, 39, 233-251). Verfügbar unter http://www.zfs-online.org/index.php/zfs/article/viewFile/3038/2572 [21.8.2013].

Brehme, C. (2010). Gesprächsanalysen in der Reha-SB-Beratung. Bachelorarbeit. HdBA Mannheim.

Deppermann, A. (2000). Ethnographische Gesprächsanalyse: Zu Nutzen und Notwendigkeit von Ethnographie für die Konversationsanalyse. Gesprächsforschung – Online-Zeitschrift zur verbalen Interaktion, 1, 96-124. Verfügbar unter: http://www.gespraechsforschung-ozs.de/heft2000/ga-deppermann.pdf [21.7.2013].

Deppermann, A. (2001). Gespräche analysieren. Opladen: VS-Verlag.

Galanova, O. (2011). Unzufriedenheit. Zur Ordnung sozialer Un-Ordnung. Wiesbaden: VS-Verlag.

Goffman, E. (1981). Forms of talk. Philadelphia: UPP.

Henne, H. & Rehbock, H. (2001). Einführung in die Gesprächsanalyse. Berlin/New York: de Gruyter.

Kallmeyer, W. (2000). Beraten und Betreuen – Zur gesprächsanalytischen Untersuchung von helfenden Interaktionen. ZBBS 2/2000. Zeitschrift für qualitative Bildungs-, Beratungs- und Sozialforschung, 2: Beratungsforschung, 227-252.

Müller, Y. (2001). Biographische Beratung in Institutionen – Eine interaktionsanalytische Studie. Magisterarbeit an der Universität Magdeburg.

Sacks, H., Emanuel A. & Schegloff, G. J. (1974). A simplest systematics for the organization of turn taking in conversation. Language, 50, 696-735. In J. Schenkein (1978). Studies in the organization of conversational interaction (pp. 7-56). New York: Academic Press.

Schegloff, E. A. (1972). Sequencing in conversational openings. In J. J. Gumperz & D. Hymes (Eds.). Directions in sociolinguistics. The ethnography of communication (pp. 346-380). New York: Holt, Rhinehart & Winston.

Searle, J. R. (1983). Sprechakte. Frankfurt am Main: Suhrkamp.

Florian Kreutzer

Das Möbiusband als Leitbild einer dialektischen Phänomenologie der Beratung

Schlagwörter: Theorie der Beratung – soziologische Theorie – Phänomenologie – Dialektik

Key words: Theory of counseling – sociological theory – phenomenology – dialectic

Die Beratungswissenschaften konstituieren sich als gegenstandsbezogene Wissenschaften aufgrund ihrer Definitionen und Konzeptionen der Beratung (Möller & Hausinger, 2009). Sie müssen die zentrale Fragestellung: Was ist Beratung und wie sollte sie sein? beantworten und zur Beantwortung dieser Fragestellung gegenstandsbezogene Theorien und Forschungsmethoden entwickeln. Diese theoretische Reflexion und empirische Untersuchung der Beratung erfolgt in einem grundsätzlich offenen, interdisziplinären und multiperspektivischen wissenschaftlichen Diskurs. Daher wird es weder die eine Beratungstheorie noch die eine Beratungsmethode geben. Es wird immer darum gehen, die Möglichkeiten der Beratung in ihren vielfachen praktischen Beratungssituationen und -kontexten zu untersuchen und mittels einer Vielzahl von disziplinären, theoretischen und methodischen Angeboten zu reflektieren. Der wissenschaftliche Diskurs wird immer einen deutlichen Bezug zur Praxis der Beratung bewahren, wenn er für diese wie auch für die Gesellschaft insgesamt eine Relevanz beanspruchen möchte. Als eine gegenstandsbezogene Wissenschaft, die sich auf einen beruflichen bzw. professionellen Problem- und Handlungskontext bezieht, sollten sich die Beratungswissenschaften in einer engen Wechselbeziehung mit der Praxis der Beratung entwickeln.

In meinem Beitrag werde ich das Möbiusband als das Leitbild einer dialektischen Phänomenologie der Beratung und das Loch des Möbiusbandes als das problemorientierte Guckloch der Beratung und einer Soziologie der Beratung vorstellen. Dabei handelt es sich um eine erste Skizze einer dialektischen Phänomenologie der Beratung, die ich aus soziologischer Perspektive im Kontext der Lehre an der Hochschule der Bundesagentur für Arbeit entwickelt habe. In einem ersten Schritt werde ich das Leitbild des Möbiusbandes in Bezug auf das Wechselverhältnis von Theorie und Empirie der Beratung und bezogen auf die allgemeine soziologische Fragestellung nach dem Wechselverhältnis von Handlungen und Strukturen vorstellen. In einem zweiten Schritt wird eine problem- und praxisorientierte Definition der Beratung mittels eines allgemeinen Differenzschemas entfaltet, das zwischen der Zeit-, Sach- und Sozialdimension sowie der kommunikativen Dimension der Beratung unterscheidet. In einem dritten Schritt wird ein allgemeiner soziologischer Bezugsrahmen der Beratung vorgestellt: Beratung erfolgt demnach im Wechselverhältnis von vier grundlegenden sozialen Akteurmodellen bzw. Handlungstypen, die wiederum im Kontext von vier gesellschaftlichen Strukturdynamiken stehen. Dabei stellen die vier Akteurmodelle *Homo Communicans, Homo Oeconomicus, Homo Sociologicus und Homo Hierarchicus* das analytische Bindeglied zwischen den einzelnen Handlungen und den allgemeinen strukturellen Dynamiken dar. Letztere werden als kulturelle, funktionale, institutionelle Dynamiken sowie Dynamiken der sozialen Ungleichheit konzeptualisiert.

Abschließend werde ich das so formalisierte und entfaltete Möbiusband als das Leitbild einer dialektischen und phänomenologischen Soziologie der Beratung in Differenz zur Coleman'schen Badewanne als dem Leitbild des Methodischen Individualismus reflektieren. Die *Coleman'sche Badewanne* stellt das Grundmodell der Theorie der Rationalen Wahl und der Werterwartungstheorie von Hartmut Esser dar (vgl. Coleman, 1990; Esser, 2000). Sie erklärt soziale Strukturen und deren Veränderung als Aggregate des individuellen Handelns. Anstatt einer Wechselwirkung von Strukturen und Handlungen modelliert sie das Verhältnis von Strukturen und Handlungen als einen *Kausalnexus*: Strukturen (Zeitpunkt 1) verursachen demnach individuelles Handeln, welches wiederum in seiner Aggregation Strukturen (Zeitpunkt 2) hervorbringt. Hierbei stellt das individuelle Handeln den Boden (Definition der Situation, Interessen und Präferenzen der Akteure, Auswahl der Handlungen) und die Strukturen zum Zeitpunkt 1 und 2 die beiden Ränder der *Badewanne* dar. Das Möbiusband gilt dagegen (zusammen mit der Doppelhelix und Spirale, vgl. Pörksen, 1997) als ein Visiotyp der dialektischen Phänomenologie, aber auch der Kybernetik und modernen Logik, indem es (paradoxe) Wechselbeziehungen, *Strange Loops* und *Tangled Hierarchies* symbolisiert (Hofstadter, 1979). In diesem Artikel geht es um die Frage, was das Möbiusband als Leitbild einer dialektischen Phänomenologie für die Beratungsforschung zum einen und für die Beratungspraxis zum anderen leisten kann.

Insofern das Wort Dialektik die *Kunst der Unterredung* bzw. die *Kunst der Gesprächsführung* bedeutet, scheint die Rede von einer Dialektik der Beratung eher trivial zu sein, denn bei der Beratung handelt es sich immer um ein Gespräch, das, je kompetenter es geführt wird, desto mehr einer spezifischen Kunstfertigkeit und Methode bedarf. Der klassische Begriff der philosophischen Dialektik als eine Abfolge von These, Antithese und Synthese ist in Bezug auf die Beratung dagegen geradezu irreführend, da eine derart rigide schematisierte dialektische Methode als eine sowohl für die Beratung als auch für deren Wissenschaften zu starre und daher ungeeignete Methode angesehen werden muss. Es stellen sich deshalb die folgenden Fragen: Wie kann der Begriff der Dialektik in Bezug auf die Beratungswissenschaft und die Beratungspraxis sinnvoll und gewinnbringend verwendet werden? Was ist unter einer dialektischen Phänomenologie der Beratung zu verstehen und wie konstituiert sich in deren Kontext eine Soziologie der Beratung? Was unterscheidet eine derartige Soziologie der Beratung von anderen Theorien der Beratung und wodurch zeichnet sie sich aus?

1 Das Loch des Möbiusbandes als Guckloch einer dialektischen Phänomenologie der Beratung

Ich möchte in diesem Beitrag sowohl den Begriff der Dialektik als auch denjenigen der Beratung mittels eines Leitbildes veranschaulichen, da wir über Metaphern zum Begreifen des Begrifflichen gelangen und der Weg von der Empirie zur Theorie ebenso wie derjenige zurück zur Erfahrung über die Anschauung führt. Tatsächlich ist ein enges Wechselverhältnis von Anschauung und Abstraktion, Metapher und Begriff, Empirie und Theorie für alle Wissenschaften derart grundlegend, dass das eine ohne das andere nicht zu haben ist (vgl. Blumenberg, 1960, 2007; Junge, 2010; Pörksen, 1997). Das Möbiusband symbolisiert den theoretischen Bezugsrahmen einer dialektischen Phänomenologie, indem es die Wechselbeziehungen zwischen den das jeweilige Phänomen konstituierenden Differenzen veranschaulicht. Das Loch des Möbiusbandes markiert dagegen das Guckloch einer dialektischen Phänomenologie, die von der Problematik, den Brüchen und Widersprüchen in diesen Wechselbeziehungen ausgeht.

Das Möbiusband stellt die Form des Kreises als eine Endlosschleife von zwei fließend ineinander übergehenden Seiten dar. Wir können ein solches Band herstellen, indem wir das eine Ende eines Papier-Streifens um 180 Grad drehen und dann die beiden Enden miteinander verkleben. Fahren wir mit dem Finger an den Seiten des Bandes entlang, so wechseln wir ohne Unterbrechung zwischen Innen- und Außenseite. Dieser fließende Wechsel steht für die Wechselwirkung zwischen den Differenzen, Dimensionen und Dynamiken, die ein Phänomen konstituieren. Die Dialektik ist eine Methode, welche die Wechselwirkungen zwischen den Dimensionen bzw. den Dynamiken, die einen Gegenstand konstituieren, ins Zentrum ihres Erkenntnisinteresses stellt und diese daher in besonderer Weise zu reflektieren vermag. Das Wesentliche des Möbiusbandes ist jedoch nicht das Band selbst, sondern dessen Loch. Denn das Loch des Möbiusbandes markiert das Zentrum der dialektischen Methode und das Guckloch der dialektischen Beobachtung. Während das Möbiusband die Wechselwirkungen der zentralen Differenzen, der Dimensionen und Dynamiken des Gegenstandes symbolisiert, markiert das Loch des Bandes die Problematik, d. h. die Widersprüche, Bruchstellen und Unvereinbarkeiten des zu beobachtenden Phänomens. Wie die Spitze einer Nadel einen aufgeblasenen Ballon zum Platzen bringt, so stellt das Loch die Endlosschleifen des Möbiusbandes als fließend ineinander übergehende Wechselwirkungen in Frage (Kreutzer, 2013, 34ff.).

Die in diesem Beitrag verwendete phänomenologische Dialektik versteht sich daher als eine sowohl kritische als auch offene, sowohl problem- als auch gegenstandsbezogene Dialektik. Kritisch ist diese Dialektik, insofern sie von der Problematik, dem Widerspruch und der Unvereinbarkeit ausgeht (Adorno, 1958, 1966); phänomenologisch (offen) ist sie, insofern sie nicht nach einem festen, vorgegebenen Schema, sondern vom Phänomen ausgeht, d. h. gegenstands- bzw. fallbezogen vorgeht. Die entscheidende Methodik dieser dialektischen Phänomenologie besteht in der Beobachtung und Beschreibung, Analyse und Reflexion eines Falles im Kontext eines Differenzschemas, das die entscheidenden Dimensionen und Dynamiken des jeweiligen Phänomens, Gegenstandes bzw. Falles offen legt. So lauten die zentralen Fragestellungen hinsichtlich einer in diesem Bezugsrahmen operierenden Soziologie der Beratung: Aufgrund welcher Differenzen, Dimensionen und Dynamiken konstituiert sich Beratung als eine soziale Praxis? Wie unterscheidet sie sich von anderen sozialen Praktiken und wie interagiert sie mit diesen Praktiken? Wie wird die soziale Praxis der Beratung durch ihre sozialen und gesellschaftlichen Kontexte bedingt und geprägt? Diese Fragestellungen, die keineswegs Vollständigkeit beanspruchen können, verweisen auf die zentrale Problematik der Beratungswissenschaften: Wie konstituiert sich Beratung und wie sollte sie sein? Als solche kennzeichnen sie das Loch des Möbiusbandes als ein Guckloch, durch das wir das Phänomen der Beratung beobachten, analysieren und reflektieren.

Kennzeichnet die in der jeweiligen Fragestellung spezifizierte Problematik das Loch des Möbiusbandes, so konstituiert sich dieses Loch erst aufgrund der Endlosschleifen des Bandes. Diese Endlosschleifen können wir als Differenzschema formalisieren: Wir kennzeichnen die den Gegenstand konstituierenden Dimensionen dann als die sich wechselseitig bedingenden Pole, indem wir sie in eine sich um die zentrale Problematik gruppierende Matrix eintragen. Die Problematik der Beratung als einer sozialen Praxis konstituiert sich aufgrund des Wechselverhältnisses von Theorie (bzw. Methode) und Empirie zum einen und von Handlungen und Strukturen zum anderen (siehe Schema 1). Obwohl von einem Wechselverhältnis zwischen allen Dimensionen auszugehen ist, bezeichnen die diagonal gegenüberstehenden Dimensionen die jeweils zentralen Dichotomien bzw. Metadifferenzen des Differenzschemas. Die Dichotomie von Theorie/Methode und Empirie markiert die phänomenologische Perspektive, insofern sie einerseits die phänomenologische Intentionalität „etwas als etwas" zu betrachten und andererseits deren Imperativ „zu den Sachen" in ihrer wechselseitigen Abhängigkeit verbindet. Denn die Intentionalität „etwas als etwas" zu betrachten verlangt nach der theoretischen und methodischen Rückführung (bzw. Reduktion) des *Was* auf das *Wie*, d. h. dessen, was sich zeigt, auf die Art und Weise, wie es sich zeigt.

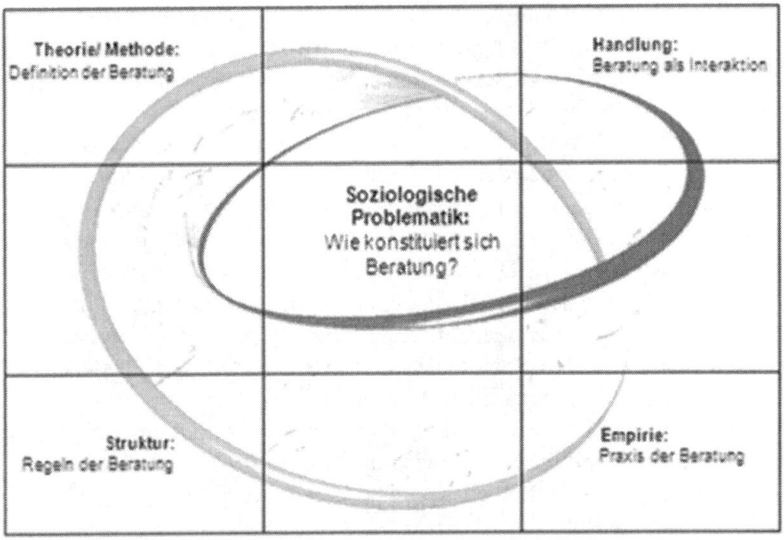

Abbildung 1: Soziologie der Beratung als dialektische Phänomenologie

Der phänomenologische Imperativ „zu den Sachen" verlangt, dass diese Rückführung nicht von der Theorie, sondern von dem untersuchten Sachverhalt aus geleistet wird (Waldenfels, 1992, S. 19 u. 30). Die Definition der Beratung ebenso wie eine Theorie der Beratung ist daher aus der Praxis der Beratung heraus zu entwickeln. Jede Definition der „Beratung als etwas", d. h. als der zentrale Begriff einer Theorie der Beratung, bestimmt wie wir etwas als Beratung beobachten, analysieren und reflektieren. Die soziologische Perspektive einer Theorie der Beratung wird dagegen durch die Dichotomie von Handlungen und Strukturen bezeichnet: von Beratung als soziale Interaktion und Situation im Kontext der die Beratung strukturierenden sozialen Dynamiken einer Gesellschaft (vgl. Schimank, 2000). Ich werde diese soziologische Metadifferenz von Handlungen und Strukturen in den nächsten beiden Abschnitten anhand zweier Differenzschemata weiter entfalten, um so zu einer komplexen soziologischen Definition der Beratung und deren Verortung im gesellschaftlichen Kontext zu gelangen. In diesem Abschnitt ging es mir lediglich darum zu erklären, was ich unter einer dialektischen Phänomenologie der Beratung verstehe und in welcher Form das Möbiusband als deren Leitbild dienen kann.

2 Die vier Dimensionen der Beratung

Die Definition der Beratung als der zentrale Gegenstand und Begriff einer soziologischen Theorie der Beratung erfolgt im Rahmen eines Differenzschemas, das grundlegend zwischen der kommunikativen und der sozialen Dimension sowie zwischen der Sach- und Zeitdimension der Beratung unterscheidet (vgl. Schützeichel, 2004). Jede dieser vier Dimensionen soll in diesem Abschnitt durch eine zentrale Fragestellung und deren kurze Erörterung charakterisiert werden. Dabei geht es weder um die Vollständigkeit noch um die Alternativlosigkeit der vier Dimensionen und deren Fragestellungen, sondern um eine Annäherung an das Phänomen der Beratung und deren soziale Praxis mittels der mit dieser Dimensionierung verbundenen Fragestellungen. Stellt eine adäquate Definition der Beratung die zentrale Problem- und Fragestellung der Beratungswissenschaften dar, so kann diese Definition wiederum nur über eine Erörterung der Problem- und Fragestellungen der Dimensionen der Beratung erfolgen. Die vier Dimensionen der Beratung, die auch für jede Definition der Beratung als eine spezifische soziale Interaktion von zentraler Relevanz sind, habe ich im zweiten Differenzschema als vier fließend ineinander übergehende Schleifen eines Möbiusbandes skizziert. Das Loch des Möbiusbandes soll auch hier die Kontingenz, den potentiellen Bruch und Widerspruch zwischen diesen vier, in jeder Definition der Beratung verbundenen Dimensionen markieren.

Die Sachdimension antwortet auf die Frage: Worum geht es in der Beratung? In der Beratung geht es um jeweils thematisch zu spezifizierende Probleme. Je stärker die Beratung professionalisiert ist, desto eher wird es sich um Gestaltungsprobleme im Gegensatz zu Alltagsproblemen handeln. Es geht nicht um die Wahl des Essens für ein Abendessen, sondern die Berufswahl, die Partnerwahl, die Familiengründung. Gestaltungsentscheidungen bestimmen den Spielraum des weiteren Handelns bis weit in die Zukunft hinein; sie legen den weiteren Lebenslauf fest und können selten ohne hohe Kosten wieder revidiert werden. Probleme der Beratung müssen in der Regel in Entscheidungsprobleme überführt werden, so dass eine Entscheidung zwischen klar strukturierten Alternativen möglich wird. Denn weder Chaos im Sinne eines „Alles-ist-möglich“ noch absolute Determiniertheit im Sinne eines „Nur-dies-und-sonst-nichts“ ermöglichen ein Entscheidungshandeln (Schimank, 2005, S. 28-32). In der Beratung geht es daher um thematisch jeweils zu spezifizierende Gestaltungsprobleme, die mit Hilfe der Beratung in ein Alternativen-bedenkendes Entscheidungshandeln überführt werden sollten. Die Beratung macht daher die Kontingenz des Handelns durch das Aufzeigen alternativer Handlungsmöglichkeiten deutlich und möglichst durch das Aufzeigen von Lösungsstrategien auch handhabbar.

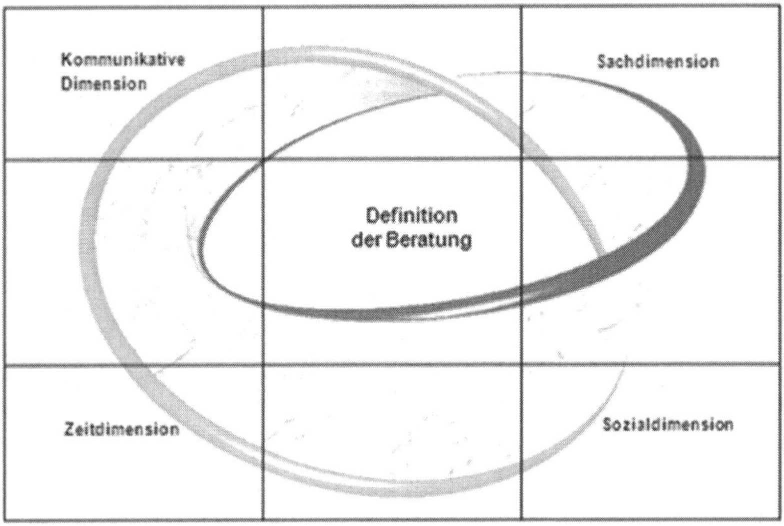

Abbildung 2: Dimensionen der Beratung

Die Zeitdimension antwortet auf die Frage: Wie verläuft eine Beratung als ein Prozess der Problemlösung in der Zeit? Je stärker die Beratung in einem professionalisierten und organisierten Kontext stattfindet, desto mehr handelt es sich um terminierte Beratungsgespräche bzw. einen Beratungsprozess mit klarem Anfang und Ende sowie einem klaren sequentiellen Verlauf. Während Beratungsgespräche unter Freunden und in der Familie oft in andere lebensweltliche Alltagshandlungen eingebettet sind und sich nicht klar von anderen Themen und Gesprächsformen abgrenzen lassen, sind professionelle Beratungsgespräche zum einen als terminierte Gespräche zeitlich eingegrenzt und zum anderen durch verschiedene Phasen wie z. B. die Anliegens- und Situationsklärung, die Zielfindung im Kontext von Alternativen und die Umsetzung der Ziele in Lösungsstrategien gegliedert (vgl. Rübner & Sprengard, 2010). Die zeitliche Sequenzierung kann sich dabei sowohl auf ein einzelnes Beratungsgespräch als auch auf einen sich über einen langen Zeitraum mit vielen Einzelgesprächen erstreckenden Beratungsprozess beziehen. Beratung involviert immer Zeit, da es in der Beratung um die Überführung eines Gestaltungsproblems in ein Alternativen-bedenkendes Entscheidungsproblem sowie in eine das Problem lösende Handlungsstrategie geht. Die Zeitdimension ist daher ein wichtiger Faktor der Beratung, die aufgrund ihrer Offenheit und Sequenzialität als ein evolutionärer wie auch als ein kausaler Prozess definiert werden kann.

Die Sozialdimension antwortet auf die Frage: Wie sind die Rollen der an der Beratung beteiligten Personen gestaltet? Die Beratung konstituiert die sozialen Rollen des bzw. der Ratsuchenden und des Ratgebers bzw. der Ratgeberin und setzt als professionelle Beratung diese Rollendifferenz voraus. Die (professionelle) Beratung hat es im Rahmen dieser Rollendifferenz mit einem grundsätzlichen Dilemma zu tun: Einerseits soll zwischen dem Ratsuchenden und der Ratgeberin ein Gespräch auf Augenhöhe stattfinden, andererseits konstituiert sich jedoch ein Beratungsgespräch nur aufgrund der Asymmetrie zwischen den beiden GesprächspartnerInnen (vgl. Kreutzer, 2010; Nothdurft, Reitemeyer & Schröder, 1994). Die beiden Rollenträger sollen ein Arbeitsbündnis zur Lösung des zu beratenden Problems schließen, das auf wechselseitigem Vertrauen, Freiwilligkeit und Wahlfreiheit beruht, und begründen damit ein symmetrisches Rollenverhältnis. Zugleich begründet die Differenz zwischen den Gesprächspartnern jedoch ein asymmetrisches Rollenverhältnis, denn ohne die unterschiedliche Sichtweise der Ratgeberin und ihre Distanz zur Problematik, ohne ihr spezifisches Problemlösungswissen und ihre besonderen Unterstützungskompetenzen wird sich keine (professionelle) Beratung konstituieren (Nothdurft et al., 1994, S. 7). Die Balance zwischen einem auf Vertrauen, Freiwilligkeit und Wahlfreiheit basierenden Arbeitsbündnisses auf Augenhöhe und der konstitutiven Differenz zwischen den Rollenträgern aufgrund ihrer unterschiedlichen Problemsicht, Interessenslage, der Unterschiede im Problemlösungswissen und der Handlungskompetenzen stellen daher einen zentralen Aspekt der Sozialdimension der Beratung dar. Die Sozialdimension erfasst damit die Akteurs- und Rollenkonstellationen, in denen eine Beratung erfolgt.

Die kommunikative Dimension der Beratung antwortet auf die Frage: Wie konstituiert sich die Beratung als eine eigenständige kommunikative Praxis, die sich als solche von anderen kommunikativen Praktiken abgrenzt? Insofern sich soziales Handeln ganz wesentlich als kommunikatives Handeln konstituiert, stellt sich die Frage, in welcher Art und Weise sich die Beratung als eine besondere Form und Gattung des kommunikativen Handelns auszeichnet. Die spezifische kommunikative Form der Beratung besteht im Kern in der interaktiven Bearbeitung eines Problems, wobei die Entscheidung über die Art und Weise der Problembewältigung bzw. -lösung dem/der Ratsuchenden überlassen wird (vgl. Nothdurft, 1984). Ohne eine Anliegensklärung und Problemdefinition kommt es zu keiner Beratung – und wo diese in einem interaktiven Verständigungskontext geschehen ist, liegt immer schon eine Beratungssituation vor, auch wenn es zu keiner Entscheidung hinsichtlich einer Handlungs- und Lösungsstrategie kommt. Denn der Beratungsprozess hat mit der interaktiven Suche nach einer Problemlösung bereits begonnen, auch wenn es vielleicht nie zu einer abschließenden Problemlösung kommen wird. Durch die Anliegensklärung und Problembearbeitung konstituiert sich daher eine soziale Situation als eine Beratungssituation. Mit anderen Worten: In der Anliegensklärung und Problembearbeitung, dadurch, dass sie einen Alternativenbedenkenden Entscheidungsraum öffnet, in dem der/die Ratsuchende selbst eine Entscheidung treffen muss, konstituiert sich die Beratung als ein eigenständiger performativer Akt, als spezifischer kommunikativer Typus einer sozialen Situation. Die kommunikative Bearbeitung eines Entscheidungs- und Handlungsproblems stellt daher den Kern der kommunikativen Gattung der Beratung dar, ohne dass sich jene darin erschöpfen würde.

Kommunikative Gattungen bezeichnen komplexe Muster der Kommunikation, die in jeweils für sie typischen Interaktionen zur Wirkung kommen und als solche von hoher gesellschaftlicher Relevanz sind, indem sie die Gestaltung und den Verlauf dieser Interaktionen regulieren (vgl. Günthner & Knoblauch, 1994; Luckmann, 1986). Bei der Beratung handelt es sich um eine solche kommunikative Gattung, wobei die zentrale Form der Beratung in der oben definierten Form der Problembearbeitung besteht, die dann idealerweise zu einer Problemlösung bzw. Lösungsstrategie eines Handlungsproblems führen sollte. Die offene Form der Problembearbeitung hilft dem bzw. der Ratsuchenden die verschiedenen Entscheidungsoptionen selbst zu finden und zu reflektieren. Indem die Beratung die Entscheidung für die zu wählende Handlungsoption jedoch immer dem oder der Ratsuchenden überlässt, unterscheidet sie sich deutlich von anderen Interaktionsformen und deren kommunikativer Gestaltung wie zum Beispiel der Verordnung, Belehrung oder Werbung.

Wie bei anderen kommunikativen Gattungen entwickeln sich auch im Falle der Beratung immer wieder aufs Neue die Beratungsmethoden von impliziten Regeln der Praxis zu expliziten, theoretisch fundierten Beratungskonzepten. Die Entwicklung der Beratungsmethoden der Bundesagentur für Arbeit (die in dem Beratungshandbuch „RAT: Richtig beraten, Anregungen, Techniken. Grundwerk individueller Beratung“ im Jahr 2002 formuliert wurden) zur gegenwärtigen vierbändigen Beratungskonzeption der Bundesagentur für Arbeit sei hier als ein gelungenes Beispiel einer solchen Weiterentwicklung zu einer immer stärker theoretisch begründeten und differenzierten Beratungsmethode genannt (siehe dazu z. B. Band 1: Handbuch für Berufsberaterinnen und Berufsberater von Rübner und Sprengard, 2010). Jedoch besteht wie bei jeder theoretischen Anordnung so auch hier das Problem, dass dasjenige, was vorher zu offen und zu wenig strukturiert war, nunmehr zu rigide schematisiert erscheint. Das Leitbild des Möbiusbandes würde sich m.E. auch hier als ein Modell anbieten, mittels dessen zum einen immer von der jeweiligen Problematik des Falles, die in der Anliegens- und Problemklärung zu spezifizieren wäre, ausgegangen werden kann und zum anderen eine gelungene Balance zwischen einer offenen Herangehensweise und einer flexiblen Dimensionierung und Strukturierung des jeweiligen Falles gefunden werden kann.

Beratung ist eine kommunikative Gattung, die in der modernen Multi-Options-Gesellschaft zunehmend an Bedeutung gewinnt, da in ihr jedes Gestaltungshandeln zum Entscheidungshandeln, d. h. zur Wahl zwischen verschiedenen Alternativen wird (vgl. Gross, 1994; Schimank, 2005). Dementsprechend relevant ist eine qualitativ hochwertige Beratungskultur, die zu einer Optimierung des Entscheidungshandelns und des strategischen Handelns in Bezug auf die individuellen und kollektiven Gestaltungsprobleme in der modernen Gesellschaft führen kann. Die kommunikative Dimension der Beratung ist daher immer eng verknüpft mit der Entwicklung von Qualitätskriterien guter Beratung und der Qualitätsentwicklung der Beratung selbst (vgl. Schiersmann, Bachmann, Dauner & Weber, 2008). Die Definition, was Beratung ist, impliziert daher immer die Frage nach der Qualität der Beratung, d. h. wie gute Beratung sein sollte und ermöglicht werden kann. Denn der normative Wert guter Beratung als eine öffentlich zugängliche Dienstleistung gilt als ein zentraler Wert in einer demokratischen Gesellschaft.

Das Möbiusband bringt die Wechselwirkung der hier skizzierten vier Dimensionen und Fragestellungen der Beratung zum Ausdruck. Beratung konstituiert sich im Kontext dieser vier Dimensionen, wobei sich keine eindeutigen Metadifferenzen voneinander abgrenzen lassen. Denn weder kann das Wechselverhältnis zwischen der kommunikativen und sozialen Dimension einfach auf das *Wie* der Beratung, noch kann jenes der Sach- und Zeitdimension einfach auf das *Was* der Beratung reduziert werden. Wie über was beraten wird, lässt sich nicht einfach anhand von zwei Metadimensionen differenzieren. Die Definition der Beratung versteht sich im Kontext dieses Modells daher als eine offene Definition, die sich immer wieder am Phänomen, d. h. an der Praxis der Beratung bewähren muss.

3 Akteur-Struktur-Dynamiken der Beratung

Nachdem ich im ersten Abschnitt das Loch des Möbiusbandes als das Guckloch einer dialektischen Phänomenologie der Beratung vorgestellt und im zweiten Abschnitt die Beratung anhand von vier sich wechselseitig bedingenden Dimensionen und deren Fragestellungen definiert habe, möchte ich in diesem Abschnitt eine Soziologie der Beratung mittels der die Beratungspraxis konstituierenden Akteur-Struktur-Dynamiken skizzieren. Die drei Ebenen der sozialen Ordnung, die sich als eine Unterscheidung von Mikro-, Meso- und Makroebene auch in anderen Modellen der Beratung finden (vgl. z. B. Schiersmann et al., 2008, S. 16), werde ich als eine Wechselwirkung von Handlungs- bzw. Akteurmodellen und

Strukturdynamiken skizzieren. Die Beratung, die als soziale Interaktion und Situation immer auf der Mikroebene der sozialen Ordnung zu verorten ist (vgl. Ertelt & Schulz, 2002), wird in dem in Abbildung 3 dargestellten Modell der Akteur-Struktur-Dynamiken auf der Mesoebene durch verschiedene Akteurmodelle bestimmt. Es handelt sich dabei um analytische Handlungsmodelle bzw. -typen, die uns ermöglichen, die Verbindungen zwischen einzelnen sozialen Handlungen und den allgemeinen gesellschaftlichen Strukturdynamiken zu verstehen und zu erklären.

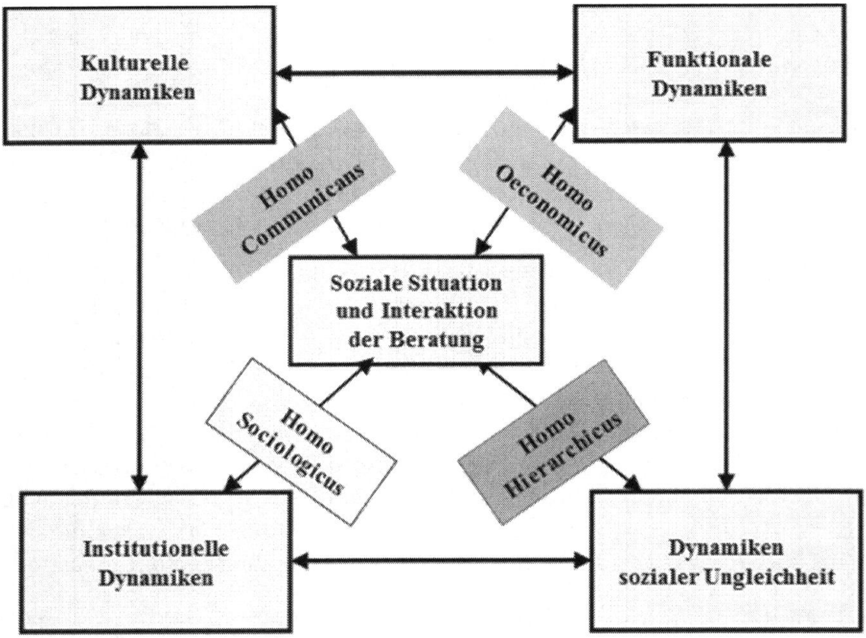

Abbildung 3: Akteur-Struktur-Dynamiken der Beratung

Das Modell der Akteur-Struktur-Dynamiken konzeptualisiert daher eine dynamische Wechselbeziehung zwischen den unterschiedlichen Ebenen der sozialen Ordnung. Die Beratung, die im vorangegangenen Kapitel anhand von vier Dimensionen und Fragestellungen definiert wurde, ist als soziale Interaktion und Situation auf der Mikroebene der Gesellschaft zu verorten. Die Mesoebene wird in dem hier skizzierten Modell der Akteur-Struktur-Dynamiken durch vier allgemeine Akteurmodelle bzw. Handlungstypen gekennzeichnet (vgl. Schimank, 2000).

Es handelt sich dabei um die vier Akteurmodelle des *Homo Communicans* (vgl. Illouz, 2008), des *Homo Hierarchicus* (vgl. Dumont, 1976), des *Homo Sociologicus* (vgl. Dahrendorf, 1958) und des *Homo Oeconomicus*. Diese vier Akteurmodelle stellen die zentrale Verbindung zwischen der Beratung als eine spezifische soziale Interaktion und den gesellschaftlichen Strukturdynamiken dar. Dabei handelt es sich um analytische Modelle, die keinen bestimmten empirischen Akteur bezeichnen. Als analytische Handlungsmodelle konzeptualisieren sie die verschiedenen Dimensionen des Handelns eines jeden Akteurs. Bei den einzelnen Handlungen spielen daher grundsätzlich immer alle vier Akteurmodelle eine Rolle, wenn auch je nach deren Ausrichtung in jeweils spezifischer Gewichtung bzw. mit deutlicher Dominanz des einen oder anderen Handlungstypus gegenüber den anderen.

So ist der *Homo Communicans* das spezifische Handlungsmodell der kulturellen Dynamiken, der *Homo Oeconomicus* das spezifische Handlungsmodell der funktionalen Dynamiken, der *Homo Hierarchicus* das spezifische Handlungsmodell der Dynamiken der sozialen Ungleichheit und der *Homo Sociologicus* das spezifische Handlungsmodell der institutionellen Dynamiken. Für dieses Modell der Akteur-Struktur-Dynamiken gilt eine enge Wechselbeziehung zwischen den vier Akteurmodellen als allgemeinen Handlungstypen und den gesellschaftsstrukturellen Dynamiken, wobei die Wechselwirkung der auf den Diagonalen verorteten Handlungstypen und strukturellen Dimensionen wiederum hervorzuheben ist. Im Folgenden werde ich die vier Akteurmodelle im Rahmen ihrer jeweiligen Strukturdynamiken und in Bezug auf die Beratung erörtern.

Das Handlungsmodell des *Homo Communicans* stellt in Bezug auf die Beratung die Frage: Wie konstituiert sich die Beratung als kommunikative Gattung? Die Art und Weise der Gestaltung von Beratungsgesprächen in unterschiedlichen kulturellen Kontexten sowie die Veränderung der Beratungsmethodik durch den Wandel diskursiver, symbolischer und medialer Ordnungen bilden dementsprechend zentrale Erkenntnisinteressen dieser Perspektive. So hat der Wertewandel von Pflicht- und Akzeptanzwerten zu den Werten der Selbstverwirklichung und Selbstermächtigung ebenso einen Einfluss auf die Gestaltung von Beratungsgesprächen wie der technische Medienwandel von Karteikästen zu digitalen Medien bis hin zum Gebrauch des Internets.

Aus der medien- und diskurstheoretischen Perspektive stellen sich im Kontext dieses Handlungstypus die Fragen: Wie werden Beratungsgespräche gestaltet? Welche kommunikativen Formen sind typisch für die beratende Interaktion? Wie wirkt sich die Präsenz digitaler Medien (z. B. des Personal Computer) auf die Beratung aus? Welche Ausdrucksformen nimmt die Beratung in den digitalen

Medien, im Internet an? Durch welche gesellschaftlichen Diskurse wird die beratende Interaktion beeinflusst und welche Rolle spielt die Beratung in diesen Diskursen? Hierbei gilt, dass das Medium die Form der Beratung nicht unbedingt bestimmen, jedoch mit Sicherheit beeinflussen wird. Und die Form der Beratung ist wiederum als das *Wie* der Gestaltung eng mit deren Inhalten und Zielen verbunden. Dabei wird die Beratung im amtlichen oder öffentlichen Diskurs eher Ausdruck einer hegemonialen als einer subversiven Position sein: Denn wer anderen Rat erteilt, beansprucht in der Regel zu wissen, was in Bezug auf einen Sachverhalt als angesagt, empfehlenswert, normativ richtig oder falsch gilt.

Aus der identitäts- und subjekttheoretischen Perspektive der TeilnehmerInnen an Beratungsgesprächen stellen sich im Kontext dieses Handlungstypus die Fragen: Wer bin ich und wer möchte ich sein bzw. werden? Wie präsentiere ich mein Selbst? Wie stelle ich mich selbst vor Anderen dar und wie werde ich von Anderen wahrgenommen? An welchen Werten orientiere ich mein Handeln? In welcher Kultur fühle ich mich zu Hause? Diese identitäts- und subjekttheoretischen Fragen können wiederum im Kontext von kultur-, diskurs- und medientheoretischen Ansätzen verortet werden. Fragen nach dem Verhältnis von Identität und Differenz sowie Fragen nach der eigenen Kultur in Differenz zu anderen Kulturen hängen eng mit der Frage nach dem eigenen Selbstbild und Impression Management in Differenz zu dem der Anderen zusammen. Das klassische Diktum dieser Perspektive lautet in Anlehnung an Georg Friedrich Hegel: Das (unglückliche) Bewusstsein bestimmt das Sein. Dieses Diktum lautet in Bezug auf die Beratung: Die (unerfüllten bis unerfüllbaren) Werte, Ideale und Ziele bestimmen die Beratung.

Den Gegenpol zu den kulturellen Dynamiken stellen die Dynamiken der sozialen Ungleichheit dar. Die Fragestellung dieser Perspektive lautet in Bezug auf die Beratung: Welche Ressourcen stehen der Beratung zur Verfügung? Wie viel Zeit und welche Förderinstrumente stehen der Beratung zur Verfügung? Und über welche Ressourcen verfügt die zu beratende Person? Das Akteurmodell des *Homo Hierarchicus* unterscheidet mittels der Differenzen von oben und unten, drinnen und draußen, wer welchen Status inne hat und wer über welche Ressourcen verfügt. Je weiter oben ich in der Statushierarchie stehe und je besser ich inkludiert bin, desto mehr Ressourcen stehen mir zur Verfügung; je weiter unten ich zu verorten und je stärker ich exkludiert bin, desto schlechter ist mein Zugang zu den Mitteln, die ich benötige, um meine Ziele zu erreichen.

Aus der Perspektive der TeilnehmerInnen an Beratungsgesprächen stellt sich im Kontext dieses Handlungstypus die Frage: Welches Ansehen (Prestige) genieße ich aufgrund meines Status bzw. meiner Position in der Gesellschaft? Bekanntlich besteht ein enger Zusammenhang zwischen dem Ansehen und dem Status des zu beratenden Klienten bzw. der Kundin und der Berater: Der Status der Berater wird über den Status des zu beratenden Klienten bzw. der Kundin definiert. Diese Statuskorrelation gilt für die Beratung in der Arbeitsförderung – sei es in den Jobcentern oder den Agenturen für Arbeit – ebenso wie für das Head-Hunting von Spitzenkräften im Auftrag von Unternehmen. Frei nach Karl Marx lautet das klassische Diktum dieser Perspektive: Das (materielle) Sein bestimmt das Bewusstsein. Dieses Diktum lautet in Bezug auf die Beratung: Der soziale Status der zu Beratenden entscheidet sowohl über den Status der Beratung als auch über die zur Verfügung stehenden Ressourcen – und dies ungeachtet dessen, dass die sozialstaatlich geförderte Beratung dieser Statuskorrelation grundsätzlich entgegenwirken soll.

Obwohl die beiden Akteurmodelle des *Homo Communicans* und des *Homo Hierarchicus* die zwei Pole einer Dichotomie darstellen, ist doch unschwer einsehbar, dass eine enge Wechselwirkung zwischen den Ressourcen, die einer Beratung zur Verfügung stehen, und deren kulturellen Werten und kommunikativer Gestaltung besteht. Diese enge Wechselwirkung zwischen den verschiedenen Akteurmodellen und strukturellen Dynamiken wird bei den beiden anderen Handlungstypen und Dynamiken, dem *Homo Oeconomicus* als Modell der funktionalen Dynamiken und dem *Homo Sociologicus* als Modell der institutionellen Dynamiken, noch deutlicher.

Das Akteurmodell des *Homo Oeconomicus* stellt in Bezug auf die Beratung die Frage: Mit welchen Mitteln erreicht die Beratung möglichst effizient und effektiv ihren Zweck? Dem *Homo Oeconomicus* geht es um optimale Kosten-Nutzen-Relationen und damit um eine Optimierung der Zweck-Mittel-Rationalität im Sinne der Effizienz: Mit welchen Mitteln erreiche ich einen Zweck am besten? Wie gelingt mir ein möglichst geringer Kosten- bzw. Ressourceneinsatz? Und es geht ihm um eine Optimierung der Effektivität: Wie erreiche ich ein Ziel am wirkungsvollsten, d. h. mit den geringsten Konzessionen und Beeinträchtigungen? Die Verbindung zu den beiden bereits besprochenen Handlungstypen ist offensichtlich, denn die Zwecke bzw. Ziele sind eng mit den kulturellen Werten einer Gesellschaft und die Mittel mit ihren materiellen Ressourcen gekoppelt. Der *Homo Oeconomicus* stellt im Kontext der funktionalen Differenzierung den sowohl spezifischen als auch dominanten Handlungstypus der modernen Gesellschaft dar. Denn die Ausdifferenzierung von Beratung aus einem lebensweltlichen Kontext in einen professionellen und (sozialstaatlich) organisierten Kontext führt zur Dynamik einer permanenten Zweck-Mittel-Optimierung der Beratung. Mit anderen Worten: Indem Beratung zu einer beruflichen bzw. professionellen Interaktion im Kontext von (sozialstaatlichen) Organisationen wird, unterliegt sie der zentralen Logik und Dynamik der Zweck-Mittel-Optimierung des Managements, die für alle ausdifferenzierten Funktionsbereiche der modernen Gesellschaft gelten. Das kritische Diktum von Max Weber, in dem wir „Genussmenschen“ durch die „Beratung“ ersetzt haben, lautet hierzu: Fachmenschen ohne Geist, Beratung ohne Herz. Dieses kritische Diktum möchte ich in eine offene Frage umwandeln: Welcher Art von Zweck-Mittel-Rationalität bedarf Beratung in (sozialstaatlichen) Organisationen und wie viel Zweck-Mittel-Optimierung verträgt die professionelle Beratung?

Das Akteurmodell des *Homo Sociologicus* stellt in Bezug auf die Beratung die Fragen: Welche Erwartungen richten wir an die Beratung und wie sollte die Beratung geregelt sein? Dabei bleibt offen, um wen es sich bei diesem *Wir* handelt: Zu denken wäre zunächst einmal an die Ratsuchenden, dann an die Ratgebenden, schließlich auch noch an den Gesetzgeber, der im Auftrag der Gesellschaft die Bedingungen der Möglichkeit von Beratung regeln muss – und natürlich an all jene im weiteren Sinne, die diese Regeln in die Praxis umsetzen müssen. Das Akteurmodell des *Homo Sociologicus* beschreibt die Erwartungen und Rollen der verschiedenen an der Beratung direkt oder indirekt beteiligten Akteure. Es stellt die Sozialisation der Menschen zu Ratsuchenden, die bei Lebens- und Gestaltungsproblemen professionellen Rat in Anspruch nehmen, ebenso dar wie die Professionalisierung der Ratgebenden. Zur institutionellen Dimension gehört der gesetzliche Rahmen der Beratung ebenso wie die Entwicklung von Qualitätsstandards der Beratung. Frei nach Émile Durkheim lautet die zentrale Fragestellung der institutionellen Dynamiken: Welche Normen und Regeln halten die Gesellschaft zusammen? Und bezogen auf den Sozialstaat und die durch ihn geförderte Beratung: Wie (durch welche Normen und Regeln) kann Beratung soziale Teilhabe ermöglichen und Inklusion in ihre Teilsysteme wie zum Beispiel in Ausbildung und Erwerbsarbeit fördern?

Auch hier dürfte die enge Wechselwirkung zwischen der funktionalen und der institutionellen Perspektive unmittelbar ersichtlich sein: Ein auf Optimierung gerichtetes Management der Beratung wird immer über Prozesse der Institutionalisierung und Professionalisierung laufen. Andererseits wird jedoch der funktionale Wert der Zweck-Mittel-Optimierung zum zentralen Eigenwert der modernen Institutionenordnung: Welche anderen (sozialpolitischen) Werte und Ziele eine moderne (sozialstaatliche) Institution auch immer erfüllen muss, sie wird sich in Zeiten der knapper werdenden Mittel immer auch hinsichtlich ihrer Effizienz und Effektivität legitimieren müssen. Und damit hätten wir auch wieder den Kreis zu den beiden anderen Dimensionen geschlossen: der Verfügbarkeit und Verteilung von Ressourcen zur Bewältigung von sozialpolitischen Aufgaben und der Deckung von grundlegenden Bedürfnissen zum einen sowie der Bestimmung der zentralen Werte und Ziele im gesellschaftlichen, insbesondere aber im politischen Diskurs einer Gesellschaft zum anderen.

Ziel dieses Abschnittes war es, die Beratung als soziale Situation und Interaktion, die sich als solche immer auf der Mikroebene der Gesellschaft ereignet, in einen allgemeinen Bezugsrahmen von Akteur-Struktur-Dynamiken einzuordnen. Die Beratungssituation und -interaktion wird aus der Perspektive der Mesoebene von vier zentralen Akteurmodellen, dem *Homo Communicans*, dem *Homo Hierarchicus*, dem *Homo Oeconomicus* und dem *Homo Sociologicus* bestimmt und kann *vice-versa* mittels dieser vier Akteurmodelle beschrieben, verstanden und erklärt werden. Diese vier Akteurmodelle können aus der Perspektive der Makroebene wiederum in den Kontext von vier gesellschaftlichen Strukturdynamiken eingeordnet werden: den kulturellen, funktionalen und institutionellen Dynamiken sowie denjenigen der sozialen Ungleichheit. Der heuristische Wert dieses Bezugsrahmens steht und fällt mit der analytischen und reflexiven Erklärungskraft dieser vier Akteurmodelle und Strukturdynamiken in Bezug auf den Einzelfall ebenso wie auf die Gesellschaft insgesamt. Es bleibt daher die Frage zu beantworten, von welchen anderen soziologischen Modellen sich dieser Bezugsrahmen abgrenzt und weshalb ich ihn hier insbesondere für eine Soziologie der Beratung vorschlage.

4 Das Möbiusband als Leitbild einer Soziologie der Beratung

Ich habe in diesem Beitrag das Möbiusband als Leitbild und Modell einer dialektischen Phänomenologie der Beratung vorgestellt. Mein Fokus lag auf dem Loch des Möbiusbandes als Guckloch einer kritischen und problemorientierten, offenen und fallbezogenen Dialektik und Phänomenologie. Das Objektiv zu jenem Guckloch bildet die Entfaltung der Differenzschemata, in denen die Wechselwirkungen der verschiedenen Dimensionen der Beratung im Besonderen sowie der unterschiedlichen Akteurmodelle und strukturellen Dynamiken der Beratung im Allgemeinen veranschaulicht und formalisiert werden können.

Im ersten Abschnitt meines Beitrags habe ich dargestellt, was ich unter einer dialektischen Phänomenologie der Beratung verstehe. Im Gegensatz zum klassischen Begriff der philosophischen Dialektik als eine Folge von These, Antithese und Synthese habe ich die Dialektik als eine Methode beschrieben, welche die Wechselwirkungen zwischen den verschiedenen Dimensionen und Dynamiken, die einen Sachverhalt konstituieren, in einem Differenzschema zu formalisieren, zu analysieren und zu reflektieren vermag. Dabei handelt es sich um eine dialektische Phänomenologie, da sie das Differenzschema nicht deduktiv bildet, sondern die für den zu untersuchenden Gegenstand konstitutiven Differenzen jeweils ermittelt und zueinander in Beziehung setzt. Sie erfüllt damit die zwei zentralen Imperative der Phänomenologie: Erstens wird die Intentionalität und damit das *Wie* der Beobachtung reflektiert und zweitens geht sie in der Begriffs- und Theoriebildung entsprechend der Methode der phänomenologischen Reduktion von der Reflektion der Konstitution des Gegenstandes aus. Das Loch des Möbiusbandes ist das Guckloch dieser dialektischen Phänomenologie, insofern es die zu bearbeitende Problematik und Fragestellung als Leerstelle markiert. Die Endlosschleifen des Möbiusbandes symbolisieren dagegen die Wechselwirkungen der verschiedenen Dimensionen und Dynamiken, mittels derer wir den Gegenstand beobachten und in deren Kontext sich der Sachverhalt der Beratung konstituiert und entwickelt.

Das Möbiusband steht als eine Metapher, als ein Visiotyp und ein Modell einer dialektischen Phänomenologie in Konkurrenz zu anderen Modellen, Metaphern und Visiotypen. Die Coleman'sche Badewanne, die das zentrale Modell des methodischen Individualismus, der Theorien der rationalen Wahl bzw. der soziologischen Werterwartungstheorie darstellt, ist hier als das andere die Sozialwissenschaften dominierende Gegenbild zu nennen (vgl. Coleman, 1990; Esser, 2000). Dabei sollte es sich nicht um eine Konkurrenz des wechselseitigen Ausschlusses zwischen diesen beiden Modellen handeln, sondern um eine Konkurrenz der wechselseitigen Befruchtung und Anregung, denn das eine Modell kommt ohne das andere nicht aus, bis zu welchem Ausmaß der Unkenntlichkeit es auch immer wieder das andere Modell in das jeweils Eigene zu integrieren vermag. Stellt das Möbiusband als Leitbild für das Modell einer dialektischen Phänomenologie eher den Bezugsrahmen für qualitative Untersuchungen dar, so stellt die Badewanne als Leitbild für die Modellbildung des Methodischen Individualismus eher den Bezugsrahmen für quantitative Untersuchungen dar. So wie quantitative und qualitative Methoden sich wechselseitig bedingen und im günstigsten Falle einander befruchten, so sollten sich auch die Ansätze, die ich hier durch das Modell des Methodischen Individualismus – in Form der Badewanne – und das Leitbild einer dialektischen Phänomenologie – in Form des Möbiusbandes – symbolisiert habe, möglichst wechselseitig befruchten.

Die hier vorgestellte Soziologie der Beratung im Sinne einer dialektischen Phänomenologie beansprucht, eine erkenntnistheoretisch innovative und praxisorientierte Perspektive auf die Beratung zu ermöglichen. Wie die Beratung selbst geht sie von einem spezifischen Sachverhalt und dessen Problematik aus. Sie bietet ein formales Reflexionsmodell der Entfaltung und Formalisierung dieser Problematik in einem fall- und problembezogenen Differenzschema. Dem *Anything-goes* setzt sie dadurch eine dezidierte Formalstruktur entgegen, die angesichts der Fokussierung auf das zu untersuchende Phänomen bzw. den zu beratenden Sachverhalt jedoch grundsätzlich offen bleibt. Es handelt sich um ein holistisches Modell, das den Fall von der jeweiligen Problemstellung ausgehend und über die jeweils pure Faktizität hinausgehend im Kontext aller seiner Möglichkeiten betrachtet. Dabei fokussiert die hier vorgestellte dialektische Phänomenologie auf die komplexen Wechselwirkungen von Kausalitäten und damit auf Dynamiken, die über lineare Kausalitäten hinaus kontingente Möglichkeitsräume darstellen und eröffnen. Das Möbiusband als Leitbild einer dialektischen Phänomenologie bietet sich daher nicht nur als Leitbild einer Soziologie der Beratung an, sondern kann auch der Beratung selbst als ein jeweils zu spezifizierendes Reflexionsmodell ihrer eigenen Praxis dienen.

Literatur

Adorno, T. W. (1958). Einführung in die Dialektik. Frankfurt/M.: Suhrkamp.

Adorno, T. W. (1966). Negative Dialektik. Frankfurt/M.: Suhrkamp.

Blumenberg, H. (1960). Metaphorologie. Frankfurt/M.: Suhrkamp.

Blumenberg, H. (2007). Theorie der Unbegrifflichkeit. Frankfurt/M.: Suhrkamp.

Coleman, J. S. (1990). Foundations of social theory. Cambridge: Harvard University Press.

Dahrendorf, R. (1958). Homo Sociologicus. Versuch zur Geschichte, Bedeutung und Kritik der sozialen Rolle. Wiesbaden: VS Verlag für Sozialwissenschaften.

Dumont, L. (1976.). Homo Hierarchicus. Gesellschaft in Indien: Die Soziologie des Kastenwesens. Wien: Europa-Verlag.

Ertelt, B.-J. & Schulz, W. E. (2002). Handbuch Beratungskompetenz mit Übungen zur Entwicklung von Beratungsfertigkeiten in Bildung und Beruf. Leonberg: Rosenberger Verlag.

Esser, H. (2000). Soziologie. Spezielle Grundlagen. Band 2: Die Konstruktion der Gesellschaft. Frankfurt/M.: Campus Verlag.

Gross, P. (1994). Die Multioptionsgesellschaft. Frankfurt/M.: Suhrkamp.

Günthner, S. & Knoblauch H. (1994). „Forms are the food of faith" – Gattungen als Muster kommunikativen Handelns. Kölner Zeitschrift für Soziologie und Sozialpsychologie, 46, 4, 693-723.

Hofstadter, D. R. (1979). Gödel, Escher, Bach: An eternal golden braid. London: Penguin Books.

Illouz, E. (2008). Vom homo oeconomicus zum homo communicans. In E. Illouz, Die Errettung der modernen Seele (S. 105-179). Frankfurt/M.: Suhrkamp.

Junge, M. (Hrsg.). (2010). Metaphern in Wissenskulturen. Wiesbaden: VS Verlag für Sozialwissenschaften.

Kreutzer, F. (2010). Das Dilemma von Beratungsgesprächen: Balance-Halten versus einseitiges Auflösen. In G. Bender & B.-J. Ertelt (Hrsg.), Forschungsprojekte, Forschungskonzepte, Entwicklungsarbeiten – Werkstattberichte aus der HdBA, Bericht Nr. 03 (S. 145-156). Mannheim: HdBA.

Kreutzer, F. (2013). Ausgänge aus der „Frauen-Falle“? Die Un-Vereinbarkeit von Familie und Beruf im Bild-Text-Diskurs. Bielefeld: Transcript-Verlag.

Luckmann, T. (1986). Grundformen der gesellschaftlichen Vermittlung des Wissens: Kommunikative Gattungen. In F. Neidhardt, R. Lepsius & J. Weiß (Hrsg.), Kultur und Gesellschaft (Kölner Zeitschrift für Soziologie und Sozialpsychologie, Sonderheft 27) (S. 191-211). Opladen: Westdeutscher Verlag.

Möller, H. & Hausinger B. (Hrsg.). (2009). Quo vadis Beratungswissenschaft? Wiesbaden: VS Verlag für Sozialwissenschaften.

Nothdurft, W. (1984). „... äh folgendes problem äh ...“. Die interaktive Ausarbeitung „des Problems“ in Beratungsgesprächen. Tübingen: Gunter Narr.

Nothdurft, W., Reitemeyer, U. & Schröder P. (1994). Beratungsgespräche: Analyse asymmetrischer Dialoge. Tübingen: Gunter Narr.

Pörksen, U. (1997). Weltmarkt der Bilder. Eine Philosophie der Visiotype. Stuttgart: Klett-Cotta.

Rübner, M. & Sprengard, B. (2010). Handbuch für Berufsberaterinnen und Berufsberater. Nürnberg: Bundesagentur für Arbeit.

Schimank, U. (2000). Handeln und Strukturen. Einführung in die akteurtheoretische Soziologie. Weinheim: Juventa.

Schimank, U. (2005). Die Entscheidungsgesellschaft. Komplexität und Rationalität der Moderne. Wiesbaden: VS Verlag für Sozialwissenschaften.

Schützeichel, R. (2004). Skizzen zu einer Soziologie der Beratung. In R. Schützeichel & T. Brüsemeister (Hrsg.), Die beratene Gesellschaft. Zur gesellschaftlichen Bedeutung von Beratung (S. 273-286). Wiesbaden: VS Verlag für Sozialwissenschaften.

Schiersmann, C., Bachmann, M., Dauner, A. & Weber, P. (2008). Qualität und Professionalität in Bildungs- und Berufsberatung. Bielefeld: Bertelsmann.

Waldenfels, B. (1992). Einführung in die Phänomenologie. München: Fink.

Gert-Holger Klevenow

Beraterisches Sprechen: Ein Faktor für mittelfristig nachhaltige Vermittlungserfolge – Ein explorativer Extremgruppen-Vergleich

Schlagwörter: Prozessdiagnostik – Effektivität von Beratung – Arbeitsvermittlung – Matrixanalyse

Key words: Process diagnostics – counselling efficiency – public employment service – matrix analysis

1 Einleitung

Die hier vorgestellten Befunde basieren auf Teilmengen von Daten eines noch nicht abgeschlossenen IAB-Projekts[9]. Im Beitrag 7 dieses Bandes sind die zentralen Fragestellungen sowie der Forschungsansatz des Projekts beschrieben.

Die Teilstudie verfolgt zwei Themenstränge: Einen explorativen, welche Unterschiede sich in der kommunikativen Praxis von Vermittlungsfachkräften unter dem Aspekt wirkungsvollen Beratens zeigen; und einen evaluativen, wie sich diese unterschiedliche kommunikative Performanz auf die Art und Qualität der Integration von Arbeitsuchenden in den Arbeitsmarkt auswirkt.

2 Theoretischer Bezugsrahmen der Teilstudie: Evidenzbasierte klinisch-psychologische Forschung

Die zentralen Evaluationskriterien klinisch-psychologischer Forschung sind nach Baumann und Reinecker-Hecht (1998, S. 350): Effektivität oder Wirksamkeit, Effizienz, Patienten-Zufriedenheit, Praxisbewährung sowie ethische Angemessenheit. Zu Gütekriterien der Berufsberatung (Schober, 2002, 73) gibt es auf der Ebene der Leitbegriffe deutliche Parallelen: Wirkungsqualität, i. S. längerfristiger arbeitsmarktlicher Wirkungen; Prozessqualität; Ergebnisqualität, i. S. unmittelbarer Ergebnisse der Dienstleistung sowie Strukturqualität. Im Rahmen dieser Studie wurden Aspekte der Effektivität, der Zufriedenheit der Ratsuchenden sowie der Praxisbewährung erkundet. Im klinisch-psychologischen Kontext wird das Kriterium der Effektivität üblicherweise weiter differenziert: statistische Signifikanz der Veränderung, klinische Signifikanz der Veränderung, Prozentsatz gebesserter Patienten, Breite des Wirkungsspektrums, Dauerhaftigkeit der Veränderung (Katamnese) sowie Ausmaß negativer Effekte. In diese Studie übertragen werden die Kriterien des Prozentsatzes gebesserter Patienten (hier: vermittelter Kunden) sowie die Dauerhaftigkeit der Veränderung.

---

[9] Ich danke dem Forschungsbereichsleiter, PD Dr. Promberger sowie dem Projektleiter, Dr. Hirseland, für das Überlassen anonymisierter Daten für diese Teil-Studie.

Viele klinisch-psychologische Interventionstechniken sind im dargestellten Sinn in zahlreichen Studien evaluiert worden, die, der jeweiligen kleinen Fallzahlen wegen, in Metaanalysen zusammengefasst wurden, in denen ihre Wirksamkeit gut belegt werden konnte (z. B. Chambless & Hollon, 1998; Grawe, Donati & Bernauer, 1994). Eine zentrale Schwierigkeit bildete immer wieder, dass die evaluierten Interventionsmethoden in unterschiedlichen therapeutischen Schulen entwickelt worden waren, so dass, der jeweils spezifischen Theoriekontexte wegen, die sprachlichen Gemeinsamkeiten gering waren. Auswege aus dieser verwirrenden Vielfalt eröffneten Prozess-Studien, die kognitionspsychologisch (Quekelberghe, 1979), handlungstheoretisch (Lenk, 1980, 1981) oder systemtheoretisch (Bateson, 1981; Haken & Schiepek, 2010; Schiepek, 1999) basiert waren und einen neuen Rahmen eröffneten, in dem unterschiedliche Konzepte neu reflektierbar wurden. Einen Meilenstein im deutschsprachigen Raum stellen die Arbeiten Grawes (Grawe, 1998; Grawe et al., 1994) dar. Darin konnte er zeigen, dass Therapeuten schulenübergreifend oder auch jenseits der Schulen ähnliches tun, es jedoch in unterschiedlichen Theoriesprachen bezeichnen und reflektieren. Diese vergleichbaren Handlungen identifizierte Grawe (1999) und bezeichnete sie als Wirkfaktoren therapeutischen Handelns. Auf diesen und systemtheoretischen Arbeiten (Schiepek, 1999) baut die verwendete Beobachtungsmethode, das Ratinginventar Lösungsorientierter Interventionen (RLI) von Honermann, Müssen, Brinkmann und Schiepek (1999) auf.

Für die aktuelle Beratungskonzeption der Bundesagentur für Arbeit (Rübner & Sprengard, 2011) lassen sich Bezüge zu kognitionspsychologischen (Problemlösekonzepte), systemischen und ressourcenorientierten Beratungstheorien[10] herstellen.

Wenn sich hinsichtlich der verwendeten Theorien und Interventionsmethoden schwerlich Unterschiede zwischen „Beratung“ und „Therapie“ ausmachen lassen (Nußbeck, 2010; Rogers, 1972), sondern der Schweregrad der Beeinträchtigung (bspw. Biermann-Ratjen, Eckert & Schwartz, 2003, S. 194), die unterschiedliche Qualifikation (Bierkens, 1973, S. 22), der Selbstbezug des Klienten (Biermann-Ratjen et al., S. 196) oder der Kontext verschiedener sozialer Systeme („Beratung“ für „Gesunde“; „Therapie“ für „Kranke“) (Schmidt, 2011, S. 77) den Unterschied ausmachen, dann sind Messverfahren der klinisch-psychologischen Forschung in der Beratungsforschung so lange nützlich, so lange im Beratungskontext noch keine spezifischen, leistungsstärkeren Theorien, Interventionsmethoden und Messinstrumente entwickelt worden sind. Mit dem Transfer des RLI in den

[10] Schon RAT (2002), als Vorläufer des aktuellen Beratungskonzepts BeKo (Rübner & Sprengard, 2011), enthält Hinweise auf lösungs- und ressourcenorientierte Techniken und Methoden.

Vermittlungskontext sind zwei Innovationen verbunden: Zum einen wird das konkrete Beraten fokussiert, als eine spezifische Teilaufgabe von Vermittlungsfachkräften neben bspw. dem didaktisch geprägten Informieren, dem marktabhängigen Vermitteln oder der Netzwerkarbeit. Zum anderen wird das beraterische Tun als mehrdimensionaler Prozess betrachtet, der beratungsfunktionale Zugänge zu Fragen eröffnet, wie z. B.: Was kennzeichnet eine gute Beratung? Worin unterscheiden sich nachhaltige von nicht-nachhaltigen[11] Vermittlungen? Welche negativen Wirkungen kann Beratung haben?

3 Empirischer Teil

3.1 Untersuchungsmethoden

Die tontechnisch aufgezeichneten, transkribierten und anonymisierten Vermittlungsgespräche bilden die Datenbasis für den explorativen Strang dieser Studie. Sie wurden mittels des Ratinginventars Lösungsorientierter Interventionen (RLI) analysiert, das von Honermann et al. (1999) auf der Basis des unter 2 skizzierten theoretischen Hintergrundes klinisch-psychologischer Wirkungsforschung entwickelt[12] wurde. Es ist ein Beobachtungsinstrument, das sich auf konkretes Beraterverhalten bezieht. Es besteht aus 23 Items, die sich zu 7 Faktoren bündeln lassen, die als Wirkfaktoren effektiven Beratens interpretiert werden dürfen. Die Tabelle 1 zeigt die Kurzform der Benennung der sieben Faktoren, die dazu gehörigen Items sowie die korrespondierenden Heuristiken: Letztere wurden, in Anlehnung an das Beobachtungsmanual, für den Vermittlungskontext umformuliert (vgl. Honermann et al., 1999, S. 67). Wie die Tabelle zeigt, sind die Wirkfaktoren (mit Ausnahme der beiden letzten, inhaltlich eng definierten Faktoren), durch drei bis fünf Items beschrieben, so dass sie mit ihren verschiedenen Bedeutungsfacetten erfasst werden können. Jedes Item ist im Manual (Honermann et al., 1999, S. 22-44) zunächst intensional beschrieben, anschließend extensional, indem jede Skalenstufe durch beispielhafte Aussagen verankert ist. Um beim Kodieren die sogenannten Halo- oder Überstrahlungseffekte zu vermeiden, folgt die Anordnung der Items nicht den Faktoren; für die leichtere Interpretation und Darstellung der Daten müssen die Items umsortiert werden (s. Tab. 1).

---

[11] Koller und Rudolph (2011, S. 3) berichten aus dem Kontext des SGB II, dass sechs Monate nach ihrer Vermittlung nur noch 55.4 % in einem Beschäftigungsverhältnis stehen.

[12] Dazu wurden, wie bei Testkonstruktionen, Item- und Faktorenanalysen durchgeführt, um ein weites Verhaltensspektrum zu erfassen und trotzdem die Menge der Beobachtungsmerkmale zu begrenzen. Reliabilitätsprüfungen erreichen eine Höhe, die es erlaubt, von einem zuverlässigen Beobachtungsinstrument zu sprechen (Cronbachs α von .63-.94; nur bei drei Items ist $\alpha < .70$).

Tabelle 1: Faktorkurzbezeichnungen, beschreibende Items und Heuristiken des RLI

Faktorkurz-bezeichnung	Items	Heuristiken
1. Problemanalyse / Defizitorientierung	18, 2, 7, 21	Ich rege den Kunden an, seine Probleme zu fokussieren.
2. Zielaktualisierung	14, 9, 22, 15	Ich rege den Kunden an, eigene Ziele zu konstruieren.
3. Konkretisierung von Lösungen	20, 19, 13, 8	Ich möchte dem Kunden behilflich sein, durch neue Handlungsweisen kleine, aber relevante Veränderungen herbeizuführen.
4. Beziehungsgestaltung / Kooperation / Respekt	10, 11, 5, 16, 23	Ich bemühe mich durch respektvolles Interesse um eine kooperativ-offene Berater-Kunden-Beziehung, die Veränderung ermöglicht.
5. Ressourcenorientierung / Kompetenzentwicklung	4, 1, 3	Ich helfe dem Kunden, sich seiner Fähigkeiten, Stärken und Ressourcen bewusst zu werden.
6. Alternatives Denken / Musterunterbrechung / Destabilisierung	17, 12	Ich bemühe mich um eine Destabilisierung hinderlicher Muster / Schemata beim Kunden.
7. Reframing	6	Ich versuche meinem Kunden zu helfen, sein Problem zu lösen, indem er es in einem anderen Kontext sieht und so neue Bedeutungen konstruieren kann, die zur Entwicklung neuer Muster führen.

In den folgenden Hinweisen wird das Arbeiten mit dem RLI skizziert: Beobachter schätzen das Verhalten[13] der Vermittler Minute für Minute in allen 23 Items auf einer fünfstufigen Skala ein[14]. Dabei wird das konkrete Tun der Vermittlungsfachkräfte erfasst, nicht das Wissen über Vermittlung und Beratung oder eine subjektive Erklärung des eigenen Handelns. Das Verhalten der Arbeitssuchenden wird nur mittelbar sichtbar: Stellen sie beispielsweise etwas dar oder erklären sie etwas, wird nur das Zuhören (Item 10) der Vermittlungsfachkräfte kodiert. Wie Vermittler das Gehörte aufnehmen und wie sie darauf reagieren, ist differenziert durch 13 Items erfassbar, z. B.: einen Arbeitsuchenden für seine Handlungen zu loben (Item 1), ihn anzuregen, sein Problem, wieder in Arbeit zu kommen, zu re-

[13] Dem Verhalten kann – und muss partiell – ein absichtsvolles, geplantes Handeln unterstellt werden, das jedoch nicht jederzeit bewusstseinspflichtig ist, da auch Handeln in weiten Teilen hoch automatisiert ist, z. B.: Die ersten Fahrstunden im Vergleich zum routinierten Fahren. Die Aussagen in den Experteninterviews der IAB-Studie erfassen dagegen die Ebene der subjektiven Erklärungen und Legitimationen.

[14] Bei einem 40-minütigen Vermittlungsgespräch entstehen so 920 Beobachtungswerte.

flektieren (Item 2), seine Ziele zu formulieren (Item 9) und sie weiter zu konkretisieren (Item 20), ihn nach Ausnahmen von seiner typischen Reaktion auf das Problem zu fragen (Item 3); oder auch die eigene vermittlerische und beraterische Erfahrung und Kompetenz zu nutzen, um dem Arbeitssuchenden etwas zu erklären oder ihm seine Situation zu deuten (Item 13), den Bezugsrahmen des Problems zu verändern (Item 6), dem Arbeitslosen zu helfen, seine Ressourcen zu erkennen (Item 4) oder auch dem Kunden ins Wort zu fallen (Item 12). Das RLI ist ein Mess-, kein Bewertungsinstrument: Die Messwerte werden erst vor dem Hintergrund spezifischer Gesprächs- und Beratungstheorien interpretier- und bewertbar. Von seinen Entwicklern ist es als bildgebendes Verfahren konzipiert worden, bei dem die Beobachtungsergebnisse in dreidimensionalen Graphiken abgebildet werden[15].Um die Methode dem Kontext der Vermittlung anzupassen, wurden die Inhalte einzelner Items erweitert und vermittlungsbezogen fokussiert: Das Item 23, mit dem das Fragen nach der Lebenssituation und dem Lebensstil von Klienten codiert werden, wurde auf das Fragen nach beruflichen Kenntnissen und Fertigkeiten erweitert. Das Item 13, das Handlungen aus der beraterischen Expertenrolle erfasst, wozu auch das Stellen von Hausaufgaben gehört, wurde um die Besprechung von Zielvereinbarungen erweitert.

Für die evaluative Perspektive wurden diese Gesprächsprozessdaten durch Antworten ergänzt, die bei einer telefonischen Nachbefragung erhoben wurden, etwa neun Monate nach dem Vermittlungsgespräch. Aus dem umfangreichen Fragenkatalog, der sich sowohl rückblickend auf den Vermittlungs- und Suchprozess bezieht als auch auf die aktuelle berufliche Situation, wurden folgende, teilweise objektivierbare, teilweise subjektive Einschätzungen ausgewählt:

- Besteht aktuell ein Beschäftigungsverhältnis? Ja/nein[16].
    - Im positiven Fall: Welche konkrete Tätigkeit wird ausgeübt? Die aktuelle und die zuletzt ausgeübte Tätigkeit wurden unter zwei Perspektiven der Ähnlichkeit miteinander verglichen: einer berufskundlichen[17] (Klevenow, 2000) und einer auf das Befriedigungspotentials einer Tätigkeit bezogenen (Explorix[18], 2013; Joerin, Stoll, Bergmann & Eder, 2002).
- Bewertung der erlebten Unterstützung durch die Vermittler auf einer Prozentskala.

[15] Insofern eignet sich das Verfahren bspw. auch für Supervision oder Beratungsausbildung.

[16] Die Aussage wurde mittels der in der BA verfügbaren Dokumente geprüft.

[17] Auf der Basis einer polythetischen Klassifikation von Berufen.

[18] Explorix ist die deutschsprachige Operationalisierung des RIASEC-Modells von Holland (1997).

- Subjektive Bewertung der neuen Tätigkeit
  - hinsichtlich der Möglichkeit, bisher erworbene Kenntnisse und Fertigkeiten zu nutzen (4-stufige Skala);
  - im Vergleich zur vorherigen (3-stufige Skala).
- Subjektive Bewertung der eigenständigen Stellensuche hinsichtlich
  - der Vielfalt der genutzten Suchwege (Mehrfachwahl aus 11 Arten);
  - der Suchintensität (10-stufige Skala).

3.3 Repräsentation der Ergebnisse

Um die vielfältigen analysierten Details in ihrer kategorialen oder ordinalen Qualität und in ihren Zusammenhängen sichtbar machen zu können, wurde für die Darstellung der Ergebnisse die Form der Matrixanalyse (Bertin, 1982) gewählt. Sie ermöglicht es, alle Daten zusammen abzubilden, wobei jede Information des Einzelfalles erhalten bleibt und im Kontext des Gesamtergebnisses betrachtet werden kann.

Bis auf eine Ausnahme (das Befriedigungspotential von Berufen) werden für ordinale Informationen Grauabstufungen von weiß (= trifft nicht zu; wurde nicht beobachtet) bis schwarz (höchste Intensität) gewählt.

4 Ergebnisse

4.1 Explorative Perspektive

Unterschiede der kommunikativen Praxis an zwei ausgewählten Beispielen

Sie illustrieren das Spektrum niedriger bis hoher kommunikativer Performanz im Sample; wie weit die beiden Arbeitslosen miteinander vergleichbar sind, hängt von den verwendeten Kategorien ab: beide sind männlich, der erste jedoch mit erfolgreicher beruflicher Biografie mit entsprechenden Aufstiegen, der zweite mit einem Jahr Berufserfahrung. Nach der im Beitrag 7 vorgestellten Klassifikation, stecken beide in komplexen, „multivalenten" Problemlagen; nach der Klassifikation der Bundesagentur für Arbeit (2012) sind sie verschiedenen Problemlagen zugeordnet. Ihre Vermittler sind männlich und verfügen beide über lange Berufserfahrung.

Beispielgespräch 30 (Abb. 1)

Das Gespräch ist ein Folgegespräch; in der ersten Sequenz skizziert der Vermittler gegenüber dem Interviewer des Forschungsprojekts, der als teilnehmender Beobachter beim Gespräch anwesend sein wird, die berufliche Biografie des Arbeitssuchenden: Dabei klingt es so als ob der Vermittler erwartet, dass der Arbeitssuchende, aufgrund seiner guten Qualifikation, rasch wieder Arbeit finden wird, trotz eines schwierigen Arbeitsmarktes für den konkreten Beruf:

V: Ich möchte Ihnen gleich Herrn T. mal kurz vorstellen, und zu seiner Vita, und zwar Herr T. ist (…) Polier gewesen. Er ist verantwortlich, dass wir gut über die Autobahn kommen. (I1: Mhm) Er hat wesentliche Brückenobjekte verantwortet, (I1: Ja), also sowohl auf der Aa als auf der Ab, Ac, also da hat er federführend an Brückenprojekten gearbeitet als Bauleiter. (…) Muss ich sagen, aufgrund seiner Qualifikation her, hatten wir im Prinzip nicht viel Anlaufschwierigkeiten. (I1: Mhm) Er ist von Anfang an in der Lage gewesen, seine Bewerbungsunterlagen sehr sorgfältig zu erstellen und äh, er ist in der Lage aufgrund seiner vielfältigen Beziehungen, auch hat er zu vielen Stellen die Verbindung aufgenommen, wobei jetzt eben gerade die Bausituation nicht so prickelnd ist, …

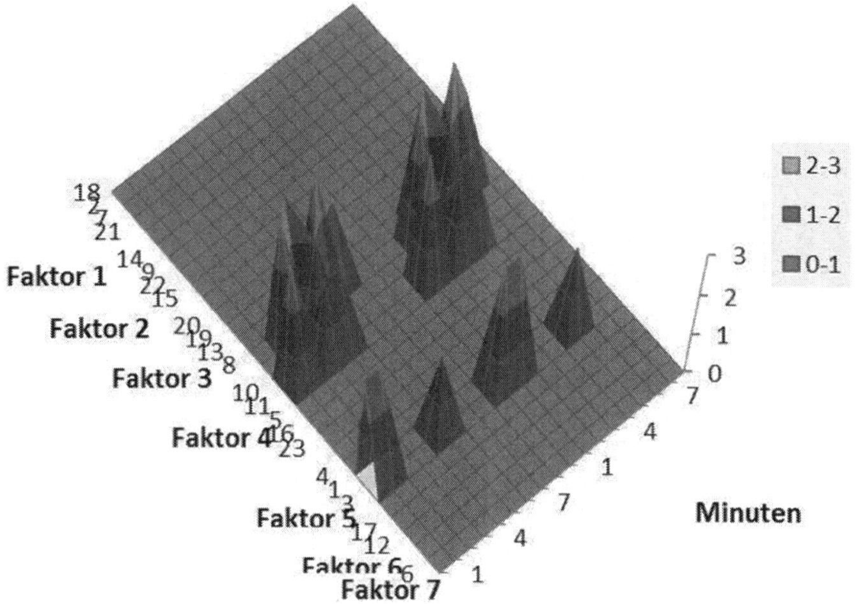

Abbildung 1: Beispielgespräch 30

Diese Wertschätzung des Kunden zu Gesprächsbeginn (Abb. 1: Minute 1) wird im RLI durch das Item 1 („… stärkt den Klienten durch Anerkennung“) und eine entsprechende Einschätzung der Intensität erfasst. Anschließend lässt der Vermittler dem Arbeitsuchenden Zeit zu berichten, wie es zu der Einladung gekommen ist: Dies wird mittels des Items 10 („... bemüht sich um guten Rapport, Zustimmung und / oder Erlaubnis") codiert; dieses Item enthält auch den Aspekt zuzuhören und den Gesprächspartner ausreden zu lassen. Im Anschluss daran fragt der Vermittler nach den Überlegungen für das Vorstellungsgespräch; im RLI erfasst das das Item 8 („... lenkt die Aufmerksamkeit auf Zukünftiges").

V: (...) ich würde Sie bitten, Herr T., mal kurz zu sagen, mit welcher Strategie Sie so dran gehen werden in dieser Sache, was Sie sich so vorstellen?

Dessen Äußerungen nimmt der Vermittler anerkennend auf (Item 1) und verbindet sie mit eigenen Einschätzungen (Item 13 „... bietet als Experte eigene Erklärungen, Deutungen, Lösungen an"):

V: Ich glaube, das Wichtigste ist, (...) dass Sie in der Lage sind eben Lehrlinge zu führen, dass Sie Ausbilder, also auch auch äh im Prinzip aufgrund Ihrer Branchenkenntnis dort wissen, wo könnte gerade im Bau was passieren, wo könnte man dort rangehen, um Lehrlinge im Prinzip zu vermitteln und ich meine, Ihre, Ihre Beziehungen zu den Bauträgern ist ja nach wie vor gegeben ...

Da alles klar erscheint, endet das Gespräch mit weiteren Hinweisen (Item 13; Minuten 16-17) des Vermittlers nach achtzehn Minuten mit der Verabschiedung.

Wie die Graphik zeigt, waren in diesem Gespräch ausschließlich Verhaltensweisen zu beobachten, die im RLI durch vier Items erfasst werden, die Teilaspekte der drei Faktoren „Konkretisieren von Lösungen", „Beziehungsgestaltung/Kooperation/Respekt" sowie „Ressourcenorientierung/Kompetenzentwicklung" erfassen bzw. abbilden. Das bedeutet, dass das, was die Faktorkurzbezeichnungen signalisieren, durch das konkrete Gesprächsverhalten nur unvollständig eingelöst wird. Hinsichtlich des Faktors der Beziehungsgestaltung ist zu vermuten, dass es dem Vermittler im konkreten Fall nicht gelungen ist, eine belastbare Arbeitsbeziehung zu seinem Kunden aufzubauen, da nur eines von fünf kennzeichnenden Items, überwiegend in mittlerer Ausprägung und in etwa der Hälfte der Gesprächszeit, zu beobachten war.

Darüber hinaus fällt in der Graphik auf, dass für vier der sieben Wirkfaktoren keine emotionalen oder gedanklichen Anstöße beobachtet werden konnten: „Problemanalyse/Defizitorientierung", „Zielaktualisierung" „Alternatives Denken/Musterunterbrechung/Destabilisierung" sowie „Reframing".

Beispielgespräch 81 (Abb. 2)

Der Vermittler eröffnet das Gespräch mit Verhaltensweisen, die durch vier Items erfasst werden: „... bietet als ‚Experte' eigene Erklärungen, Deutungen, Lösungen an.“, „… bemüht sich um guten Rapport, Zustimmung und/oder Erlaubnis.“, „… klärt und respektiert Anliegen, Auftrag und Erwartungen des Klienten.“ sowie „… stärkt den Klienten durch Anerkennung.“. Durch die relativ hohe Intensität der einzelnen Verhaltensweisen in Verbindung mit ihrer inneren Balance (vom Expertenverhalten, über die Anerkennung des Arbeitsuchenden bis zur Klärung des Anliegens) gelingt es dem Vermittler eine Beziehung herzustellen, in der der Kunde Vertrauen fasst: Hier darf ich meine Wünsche äußern, unabhängig davon, ob sie formal förderbar sind.

P (…) weil ich mich ja beruflich gerne umschulen würde zu einem Altenpfleger, Krankenpfleger.
V Mhm, Sie sind ...
P … Ich will da eine neue Ausbildung machen.
V Sie sind noch jung, aber ich meine, Sie haben einen vermittelbaren Beruf. Wird vielleicht auch schwierig jetzt zu sagen, ich mache wieder was anderes.
P Ja, das haben sie mir beim Arbeitsamt auch schon geantwortet.
V Ja, ist eine, ist eine Realität, ich komme da nicht drum herum. Es nutzt Ihnen ja auch nichts, wenn ich jetzt hier schönfärberisch äh Sie bestärke: Klar, machen Sie das so so. Ja, muss Ihnen die Realität natürlich auch aufzeigen. (…)

Anscheinend ermutigt das Verhalten des Vermittlers, den neuen Ausbildungswunsch des Arbeitssuchenden nicht kategorisch abzulehnen, sondern das Gespräch darüber zuzulassen, auch wenn die formalen Bedingungen dagegen sprechen, den jungen Mann, seine Erfahrungen, Einschätzungen und Überlegungen offener anzusprechen, so dass seine Anliegen und Wünsche, aber auch Konflikte sichtbar werden (Auslassungen (…) in der linken Spalte zwischen den Sprechern bedeuten das Überspringen von Gesprächsabschnitten):

P1 Also Leiharbeiter ist eigentlich nie gerade gut bezahlt, sage ich mal. Also für das, was Du da gearbeitet hast, warst Du eigentlich noch unterbezahlt.
(…)
P Ich wollte eben nicht zu Hause sitzen nach der Ausbildung.
(…)
P (Thema Übernahme; der Autor) Also so vielleicht von 200 Leuten vielleicht mal einen. Also das ist auch zu wenig.
(…)
V (…) Ihr Stärkencheck, nehmen wir mal die, wo Sie sagen: Trifft manchmal zu. (…) selbständig und lernbereit (…) Schön wenn Sie so ehrlich rangehen, nein, das freut mich auch und bringt ja hier nichts, wenn man bloß alles super ankreuzt oder so.

(…)

P Ja, (…) ich brauche meine Anlaufphase (V1: Mhm, mhm), wenn ich dann drin bin, dann geht es flott.

V Dann geht es flott. Ich meine, was Sie jetzt eben sagten, dass Sie sich (…) mit Altenpflege (…) das zeigt doch aber schon, dass Sie selbständig sich schon gekümmert haben, oder hat das irgendeiner Ihnen besorgt?

P Nein, das habe ich selber gemacht.

V Na ja, also ist das wahrscheinlich wohl schon irgendwo lernbereit so.

Der Kunde erklärt sich seine Kündigung so: ‚Ich bin im falschen Beruf.' Daher hat er ein neues Ziel entwickelt: Ich möchte einen anderen Beruf[19] erlernen[20] und zwar Altenpfleger. Durch „aufmerksames und intensives Zuhören" in Verbindung mit „explorierenden Fragen" und dem Hintergrundwissen, das sich in den Fragen und Aussagen zeigt, sowie dem häufigen „Wechsel der Themen" wird für den Vermittler offenkundig, dass diese subjektive Erklärung zu kurz greift, was der Vermittlungsberater in der 10. Minute durch eine „Umdeutung der Situation" ausdrückt:

V Na ja Spätstarter, macht auch nix. Wenn Sie Ihren Weg finden irgendwo, lachen Sie da später drüber (…)

Insgesamt erscheint dem Vermittler die erste Berufswahl, trotz mancher Belastungen, relativ plausibel; bspw. war die Übernahme nach der Lehre problemlos und von beiden Seiten gewünscht. Unter deutlich verschlechterter Auftragslage hatte das Betriebsklima mehr und mehr gelitten, Kritik und Druck nahmen zu und der junge Mann entwickelte die Überzeugung, nicht gut genug zu sein. Die betriebsbedingte Kündigung warf ihn dann innerlich wie äußerlich aus der Bahn. In dieser Einstiegsphase des Gesprächs (bis etwa zur 15. Minute) ist es dem Vermittler gelungen, die konfliktreiche Situation mit ihren Dynamiken sichtbar werden zu lassen.

Die zweite Gesprächsphase von der 16. bis etwa zur 35. Minute, ist durch die Exploration und dokumentarische Erfassung der Kenntnisse und Fertigkeiten gekennzeichnet[21]. Im dritten Abschnitt, der etwa bis zur 70. Minute reicht, arbeiten beide am PC, so dass der Vermittler im Wesentlichen nur offene Fragen des Arbeitssuchenden beantwortet.

---

[19]Der rekonstruktiv ein konträres Befriedigungspotential anbietet gegenüber dem erlernten.

[20]Der Arbeitsuchende kam ernsthaft und gut vorbereitet zu dem Gesprächstermin mit einer klaren Zielvorstellung.

[21] s. Abbildung 2: fast durchgehende Linie des Items 10 („zuhören") bis zur 33. Minute; eine parallele Linie des Items 23 („explorieren") ab der 24. Minute.

In der vierten Phase besprechen die beiden die kommenden Wochen: Der Vermittler dokumentiert das Gespräch und die Zielvereinbarung wird formuliert (Item 13).

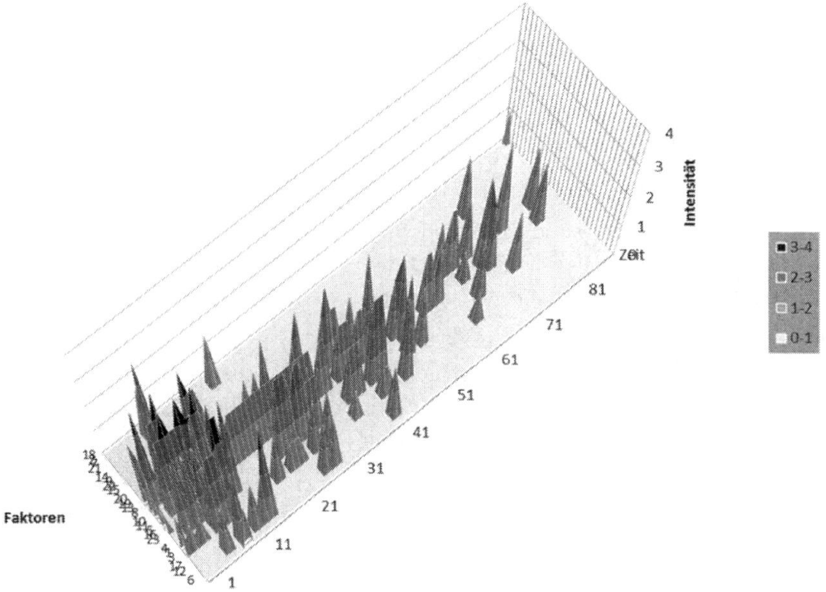

Abbildung 2: Beispielgespräch 81

Dieses Beispiel, ein Erstgespräch zwischen einem Vermittler und einem jungen Mann, ist in mehrfacher Hinsicht eines der interessantesten Vermittlungsgespräche im Sample, bspw. gab er bei der Nachbefragung an, dass er sich 100-prozentig unterstützt[22] gefühlt habe. Es ist das einzige Beispiel, in dem ein Vermittler – wenigstens mit einzelnen Items – Verhaltensweisen aller sieben Wirkfaktoren gezeigt hat. Des Weiteren sind verschiedene Gesprächsphasen gut zu erkennen. Besonders interessant ist die Einstiegssequenz (1.-15. Minute), die durch relativ hohe Intensitäten einiger Verhaltensweisen gekennzeichnet ist: Durchschnittswerte von über 2.0 zeigen sich in den Items „… bietet als ‚Experte' eigene Erklärungen, Deutungen, Lösungen an." und „… bemüht sich um guten Rapport, Zustimmung und/oder Erlaubnis."; von über 1.0 in den Items „… regt den Klienten an, seine Ziele zu äußern.", „… hilft dem Klienten, Ressourcen zu erkennen.", „… stärkt

[22] Davon gibt es im Sample nur zwei.

den Klienten durch Anerkennung.“, „... unterbricht Muster der Situation oder Kommunikation.“ sowie „... verändert den Bezugsrahmen des Problems.“.

Die graphische Umsetzung der Kodierungsergebnisse der beiden Gespräche zeigt sehr deutlich, wie unterschiedlich das konkrete Tun der beiden Personen ist, das alltagssprachlich als „vermitteln“ bezeichnet wird, im Vergleich a. mit der Modellebene des effektiven Beratens, wie viele Wirkfaktoren in welcher Intensität realisiert werden; b. der Vermittlungsfachkräfte untereinander, hinsichtlich der Anzahl und der Intensität realisierter Wirkfaktoren. Die beobachtbaren Unterschiede können sowohl situativ wie personal oder auch interaktionistisch erklärt werden, selbst wenn die beiden Kunden ähnlich klassifiziert sind.

Bei der späteren Nachbefragung zeigte sich, dass die zuerst beschriebene Person immer noch arbeitslos war. Der junge Mann des zweiten Beispiels arbeitete wieder in seinem erlernten Beruf und war damit sehr zufrieden.

Nachdem illustriert worden ist, was durch das RLI erfasst und abgebildet wird, werden im nächsten Abschnitt die Ergebnisse eines Extremgruppenvergleichs dargestellt, bei dem performanzstärkere Vermittlungsfachkräfte solchen mit geringerer Performanz gegenüber gestellt werden.

Extremgruppenvergleich der kommunikativen Performanz

Auf der Basis der RLI-Daten wurden die Gespräche hinsichtlich der kommunikativen Performanz geordnet: Als Kriterien dienten a. die durchschnittliche Intensität (Skala von 0 bis 4), mit der die 23 Items kodiert worden sind, b. die Anzahl der Faktoren, die dadurch realisiert wurden. Jeweils die oberen und unteren 15 % (jeweils $n = 5$ Vermittler) wurden für die Bildung der Extremgruppen ausgewählt.

Soziodemographisch lassen sich die Vermittlergruppen so beschreiben: Die Mitglieder der performanzstärkeren Gruppe sind zwischen 25 und 59 Jahren alt; vier sind weiblich, einer männlich. Vier von ihnen verfügen über einen akademischen Abschluss, davon drei im pädagogischen Bereich; vermittlerisch sind sie zwischen 1-16 Jahren tätig. Die Mitglieder der performanzschwächeren Gruppe sind zwischen 28 und 57 Jahren alt; zwei sind weiblich, drei männlich. Drei von ihnen haben einen akademischen Abschluss, alle im pädagogischen Bereich; zwischen 1-11 Jahren arbeiten sie als Vermittler.

Ihre Kunden unterscheiden sich aus soziodemographischer Sicht vor allem hinsichtlich ihres Alters: In der Arbeitslosengruppe der performanzstärkeren Vermittler gibt es zwei Kunden, die jünger als 30 Jahre sind; die übrigen sind älter als 42 – in der Arbeitslosengruppe der performanzschwächeren Vermittler sind alle älter als 48. In der erstgenannten Gruppe sind drei Frauen, in der zweitgenannten zwei. In der erstgenannten verfügen zwei Personen über einen Hauptschulabschluss; in der zweitgenannten drei; jeweils vier haben eine Lehre absolviert. In der erstgenannten Gruppe hat eine Person ein Studium abgeschlossen; in der anderen gibt es eine ohne Ausbildung. Alle waren vorher kontinuierlich beschäftigt und gaben an, gesund zu sein. Bewertet man diese Unterschiede vor dem Hintergrund der Ergebnisse von Apel und Fertig zur Beschäftigungsfähigkeit (2009, S. 19), dann sind die benannten Differenzen eher als gering zu bewerten.

Als Darstellungsschwelle wurde zunächst ein durchschnittlicher Wert[23] größer als 1.0 gesetzt (siehe Tab. 2): In der oberen Hälfte der Abbildung, in der die Vermittler mit höherer kommunikativer Performanz dargestellt sind, ist an den Graustufungen zu erkennen, dass zwei von ihnen ‚als Experten Lösungen anbieten‘[24], sich vier ‚um guten Kontakt bemühen‘, zwei ‚die Lebenslage explorieren‘ und einer seinen Kunden ‚anerkennt‘. Diese Items repräsentieren Teile der Wirkfaktoren „Konkretisieren von Lösungen“, „Beziehungsgestaltung/Kooperation/Respekt“ und „Ressourcenorientierung/Kompetenzentwicklung“.

Der beraterische Einsatz der Wirkfaktoren „Problemanalyse/Defizitorientierung“, „Zielaktualisierung“, „alternatives Denken/Musterunterbrechung/Destabilisierung“ sowie „Reframing“ bleiben unterhalb der Darstellungsschwelle.

In der unteren Hälfte der Tabelle, mit den performanzschwächeren Vermittlern, gibt es keine einzige Grautönung, da die durchschnittliche Intensität des beobachtbaren Verhaltens für alle Beobachtungsitems niedriger als 1.0 ist.

Als Zwischenergebnis lässt sich festhalten, dass sich die kommunikative Performanz nicht nur in Einzelfällen deutlich voneinander unterscheidet, was als singuläres Ereignis immer möglich ist, sondern dass sich die Unterschiede selbst in einer kleinen Stichprobe kontrastierend zeigen lassen, bei relativ großer Ähnlichkeit hinsichtlich der soziodemographischen Merkmale sowohl auf der Seite der Vermittlungsfachkräfte wie auf der ihrer Kunden.

---

[23] Berechnet als Summe der Intensitäten eines Items pro Minute dividiert durch die Anzahl der Minuten.

[24] In diesem Abschnitt sind die Itemformulierungen nur durch verkürzte Zitate in den Textfluss eingebettet und durch einfache Anführungszeichen gekennzeichnet.

Tabelle 2: Beobachtete Intensität der Wirkfaktoren

nr		F 1				F 2				F 3				F 4					F 5			F 6		F 7	
		18	2	7	21	14	9	22	15	20	19	13	8	10	11	5	16	23	4	1	3	17	12	6	
39	•																								obere 15 %
68	||																								
75	||																							
71	||																							
81	•																								
K																									
37	•																								
30	•																								
35	•																								
7	||																								untere 15 %
9	•																								

Weiß = < 1.0; mittelgrau = 1.0 < 2.0; dunkelgrau = 2.0 < 3.0; || = Barriereproblem; • = multivalente Problemlage; F 1 = Problemanalyse / Defizitorientierung; F2 = Zielaktualisierung; F 3 = Konkretisierung von Lösungen; F 4 = Beziehungsgestaltung / Kooperation / Respekt; F5 = Ressourcenorientierung / Kompetenzentwicklung; F 6 = Alternatives Denken / Musterunterbrechung / Destabilisierung; F 7 = Reframing.

Seit der Marienthal-Studie aus den 30er Jahren des letzten Jahrhunderts (Jahoda, Lazarsfeld & Zeisel, 1975) gibt es zahlreiche Belege dafür, wie bedeutsam psychische Aspekte dafür sind, wie Menschen auf das Widerfahrnis der Arbeitslosigkeit reagieren, wie sie damit umgehen und welche Konsequenzen dies hat. Im Vermittlungskonzept der Bundesagentur für Arbeit (2012) spielt deshalb, neben Aspekten der funktionalen und extrafunktionalen Qualifikationen oder des sozialen Umfeldes, die Motivation eine zentrale Rolle. Werden entsprechende psychologische Merkmale berücksichtigt, wie die kognitive Modellierung der eigenen Situation, die Reaktion auf die Erfahrung der Arbeitslosigkeit oder die Motivation zur Veränderung, dann entstehen deutliche Unterschiede zwischen den Kunden. Drei der Arbeitssuchenden aus der Gruppe der performanzstärkeren Vermittler stellen sich dem Problem der Arbeitslosigkeit und wollen dieses Hindernis überwinden (= „Barriereproblem“); die beiden anderen aus dieser Gruppe verfügen zum Zeitpunkt des Vermittlungsgesprächs über keine geeigneten Problemlösestrategien und sind ambivalent motiviert (= multivalente Problemlage). In der

Gruppe der performanzschwächeren Vermittler stellt sich ein Arbeitsloser dem Problem; die übrigen sind ambivalent motiviert und verfangen sich in ihrer Problemstruktur. Tentativ zeigen Vermittler mit höherer Performanz beim Umgang mit Arbeitssuchenden mit „Barriereproblemen" mehrere Merkmale wirksamen Beratens; im Umgang mit Kunden mit „multiplen Problemlagen" reduziert sich das hauptsächlich auf das Bemühen ‚um einen guten Kontakt'. Als Unterschied zwischen den Vermittlergruppen bleibt jedoch erhalten, dass ein ‚Bemühen um einen guten Kontakt' bei den performanzschwächeren unterhalb der Darstellungsschwelle bleibt.

Erst bei einer extrem abgesenkten Darstellungsschwelle (auf einen durchschnittlichen Intensitätswert von > 0.04; s. Tab. 3), realisieren die Vermittler mit geringer Performanz Teile der Wirkfaktoren „Konkretisieren von Lösungen", „Beziehungsgestaltung/Kooperation/Respekt" und „Ressourcenorientierung/Kompetenzentwicklung".

Bei den oberen 15 % sind unter dieser Bedingung Verhaltensweisen aus fünf bis sieben Wirkfaktoren zu beobachten. Besonders fällt auf, dass sie den Faktor „Beziehungsgestaltung/Kooperation/Respekt" durch vier von fünf Items realisieren.

Unter einer *explorativen* Perspektive wird sichtbar, dass sich die beiden Vermittlergruppen vor allem hinsichtlich der Intensität unterscheiden, in der sie die drei Wirkfaktoren „Konkretisieren von Lösungen", „Beziehungsgestaltung/Kooperation/Respekt" und „Ressourcenorientierung/Kompetenzentwicklung" zeigen. Besonders sticht bei der oberen Gruppe die Beziehungsgestaltung hervor, die sich mit Hilfe der Kategorien des RLI als respektvoll und ko-konstruktionsorientiert[25] charakterisieren lässt. Des Weiteren realisieren sie tendenziell mehr Wirkfaktoren, die die ‚Ressourcen der Kunden stärken', die sie darin unterstützen, ihre ‚Ziele zu aktualisieren' und dafür 'Lösungswege zu entwickeln'.

Berücksichtigt man, dass die performanzstärkere Gruppe mehrheitlich mit Menschen mit „Barriereproblemen" zu tun hatte, entsteht der Eindruck, dass sie mit diesen problem-spezifisch sprechen, da sie den Wirkfaktor „Konkretisieren von Lösungen" intensiver realisieren; dies kann als ein Aspekt problemspezifischer Kompetenz für diese Problemlage gedeutet werden.

[25] Absichtlich habe ich für das therapeutisch-beraterische Setting den Begriff der Ko-Konstruktion gewählt als Abgrenzung zu dem im Dienstleistungssektor verwendeten Begriff der Ko-Produktion, da die emotional-kognitive Selbst-Auseinandersetzung des Kunden in letzterem weder gemeint noch erkennbar ist.

4.2 Evaluative Perspektive

Durch die Nachbefragung, etwa neun Monate nach dem Vermittlungsgespräch, konnten die Gesprächsanalysen für die beiden Extremgruppen mit verschiedenen weiteren, auch bewertenden, Kriterien kombiniert werden, die in der Spalte „Integration“ und „Suche“ graphisch repräsentiert sind (Tab. 3).

- Von den fünf Kunden von Vermittlern mit höherer kommunikativer Performanz
  - sind vier wieder in den Arbeitsmarkt integriert;
  - arbeiten drei wieder in ihrem alten Beruf, einer im benachbarten Berufsfeld;
  - bewerten zwei ihre neue Tätigkeit summarisch als „besser“, einer als „gleich gut“ und nur einer als „schlechter“;
  - geben zwei an, dass sie „sehr viele“ ihrer bisher erworbenen Kenntnisse und Fertigkeiten auf der neuen Stelle nutzen, einer, dass er „viele“ nutze und einer, dass er „sehr wenige oder keine“ nutze;
  - übt derjenige, der im benachbarten Berufsfeld eine neue Tätigkeit gefunden hat, eine Tätigkeit aus, die ihm nur teilweise Befriedigungspotential bietet;
  - wurde dreien im Vermittlungsgespräch vorgeschlagen, sich auf denselben Beruf zu bewerben, den sie bisher ausgeübt hatten; wurde einem eine Tätigkeit in demselben Berufsfeld vorgeschlagen und einem eine im benachbarten; der Kunde, dem eine Tätigkeit im benachbarten Berufsfeld vorgeschlagen wurde, ist zum Zeitpunkt der Nachbefragung arbeitslos; derjenige, dem ein Beruf aus demselben Berufsfeld vorgeschlagen wurde, übt eine Tätigkeit im benachbarten Berufsfeld aus;
  - fühlten sich zwei sogar „zu 100 Prozent“ unterstützt (u. a. derjenige, der im benachbarten Berufsfeld arbeitet); die übrigen machten keine Angaben oder gaben Werte unter 20 % an.

- Von den fünf Kunden von Vermittlern mit geringerer kommunikativer Performanz
  - sind vier nach wie vor arbeitsuchend;
  - ist einer wieder in seinem alten Beruf tätig, der angibt, die Stelle selbst gefunden und sich dabei „verschlechtert“ zu haben; von seinen beruflichen Fertigkeiten und Kenntnissen kann er jedoch „sehr viele“ nutzen;
  - Fühlte sich keiner bei der Stellensuche unterstützt, oder machte keine Angaben;
  - erhielten – bis auf einen – alle Berufsvorschläge, die ihren alten Tätigkeiten nur wenig oder überhaupt nicht ähnelten.

Hinsichtlich der subjektiven Bewertung der eigenen Stellensuche gibt es zwischen den Arbeitssuchenden der oberen und unteren Hälfte der Matrix nur geringe Unterschiede: Bis auf eine Person nutzten alle sehr viele unterschiedliche Medien; die Intensität ihrer Suche beschrieben sie als „ziemlich hoch" oder „mittel"; eine Person machte keine Angaben.

Unter der Perspektive der Eingliederung zeigt sich im Gruppenvergleich deutlich, dass fast alle Arbeitssuchenden der Vermittlungsfachkräfte mit höherer beraterischer Performanz wieder erwerbstätig sind und sie sich mit ihren neuen Tätigkeiten zumindest nicht verschlechtert, eher sogar leicht verbessert haben. Zu berücksichtigen ist jedoch, dass diese Personen überwiegend ein „Barriereproblem" zu bewältigen hatten. Aus dieser Perspektive verwundert es nicht, dass ihnen neue Arbeitsplätze in ihrem alten Beruf vorgeschlagen worden waren und dass sie in ihren angestammten Berufen wieder Fuß gefasst haben.

Bei den Vermittlern mit geringerer beraterischer Kompetenz ist nur ein Arbeitssuchender wieder erwerbstätig. Diese Personen mussten sich zum Zeitpunkt der Erhebung jedoch mit komplexen Problemen auseinandersetzen. Die beobachtbare Handlungsstrategie, als ‚Experten' ‚Lösungen zu konkretisieren', ist jedoch für diese Problemlage insuffizient.

So entsteht der Eindruck, dass die Vermittler in dieser Situation Verantwortung ‚als Experten' übernehmen und den Kunden Lösungsvorschläge unterbreiten, die, ohne dass zuvor die Wirkfaktoren der ‚Problemanalyse' und der ‚Zielaktualisierung' realisiert worden sind, unvermittelt und berufsbiografiefremd sind – entsprechend angespannt oder gar belastet ist die Beziehung zum Kunden. Bei vergleichbar hoher Suchintensität dieser Problemgruppe ist zu vermuten, dass die Stellensuche aktionistisch geprägt ist und, wie die Daten der Nachbefragung zeigen, erfolglos bleibt. So entsteht bei den Arbeitssuchenden ein selbstverstärkender Kreislauf: Anhaltende Erfolgslosigkeit lässt zunächst die Selbstwirksamkeitsüberzeugungen sinken und führt zum Erleben von Hilflosigkeit, was wiederum depressionsfördernd wirkt. Eine Möglichkeit sich vor diesem Prozess zu schützen ist, sich zu verweigern, was sich bspw. in Form geringer Beratungsmotivation zeigt.

Tabelle 3: Gesprächsanalysen und Kriterien[26] der Integration zum Zeitpunkt t2

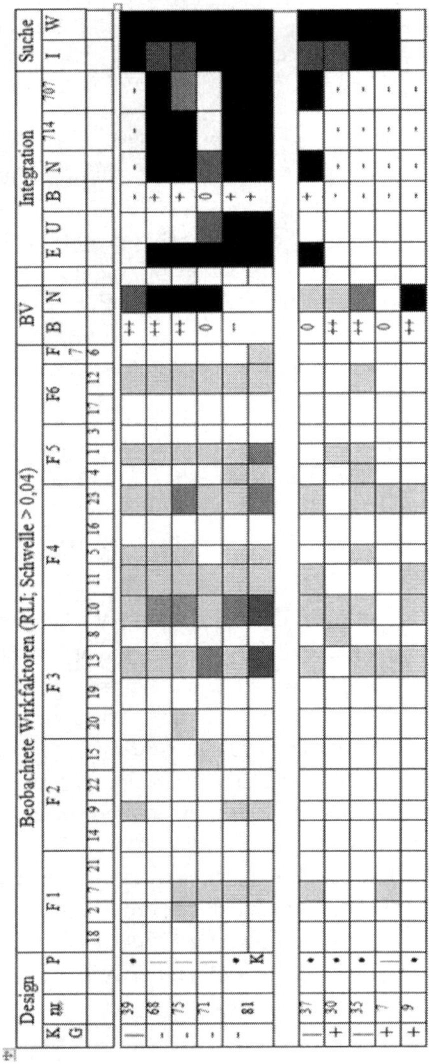

Design: KG=Kundengruppe;
| = Kundengruppe mit Motivationsdefiziten;
- = Kundengruppe mit qualifikatorischen Defiziten;
+ = Kundengruppe mit motivationalen und qualifikatorischen Defiziten;
P: Klassifikation[27] aus Beratungsmotivation und Problemtyp: || = Barriereproblem;
• = multivalente Problemlage;
Wirkfaktoren: weiß = < 0.4;
hellgrau = 0.5 < 1.0;
mittelgrau = 1.0 < 2.0;
dunkelgrau = 2.0 < 3.0;
BV = Berufsvorschläge: B = Befriedigungspotential[28];
N = berufskundliche Ähnlichkeit;
Integration: E = erwerbstätig;
U = erlebte Unterstützung;
B, N: s. BV;
714 = Bewertung der neuen Tätigkeit im Vergleich zur letzten;
707 = Möglichkeit, bisher erworbene Kenntnisse und Fertigkeiten zu nutzen;
Suche: I = Intensität der Suche;
V = Vielfalt genutzter Wege.

---

[26] Darstellung von „gar nicht" (= weiß) über mehrere Graustufen bis „voll zutreffend" (= schwarz).

[27] Im Beitrag 7 dieses Bandes wird diese Klassifikation vorgestellt.

[28] Fünf Stufen von vergleichbarem (= ++) – ähnlichem (= +) – teilweisem (= 0) – unähnlichem (= -) – konträrem (= --) Befriedigungspotential.

5 Diskussion und Folgerungen

Aufgrund der explorativen Ausrichtung und der geringen Fallzahl der Studie, gibt es viele diskussionswürdige und beachtenswerte Ergebnisse, von denen in diesem Abschnitt neben methodischen und theoretischen Aspekten nur solche herausgegriffen werden, die sich zu relativ stabilen Mustern verdichten ließen.

Konstitutiv für den gesprächsrekonstruierenden Teil der Studie sind Theorien und Forschungsmethoden aus dem klinisch-psychologischen Kontext, die auf die Beratungsanteile im arbeitsvermittlerischen Setting übertragen wurden. Auf der Prozessebene des wirkungsvollen beraterischen Sprechens wurden zwei Dinge sichtbar: Erstens gibt es deutliche Unterschiede der Performanz zwischen den Vermittlungsfachkräften. Zweitens variiert die beraterische Kompetenz mit den Problemlagen, in denen sich die Arbeitssuchenden befinden bzw. sehen:

- Für Arbeitssuchende, die in ihrem angestammten Beruf einen neuen Arbeitsplatz finden wollen, verfügen Vermittlungsfachkräfte, wenn auch in unterschiedlichem Ausmaß, über erfolgreiche Handlungsstrategien.
- Dies gilt deutlich weniger bei Arbeitssuchenden, die sich in komplexen Problemsituationen befinden; Vermittler mit höherer Performanz realisieren in Ansätzen eine förderliche Beziehung.

An den Prozessdaten ist zu erkennen, dass die Wirkfaktoren der ‚Problemanalyse', der ‚Zielaktualisierung' und der ‚Kompetenzentwicklung' nur in geringem Umfang realisiert werden. In diesen Faktoren liegen aus klinisch-therapeutischer Perspektive die Potentiale für suffiziente Lösungen. Damit ist nicht gemeint, dass solche Arbeitssuchenden nur mit therapeutischer Unterstützung re-integriert werden können – auch in der aktuellen Beratungskonzeption der Bundesagentur für Arbeit (Rübner & Sprengard, 2011) wird die Bedeutung von Zielen und eine sorgfältige Klärung der Ausgangssituation betont. Gerade der professionelle beraterische Umgang mit Problemen der Gestaltbildung (im gestalttheoretischen Sinne) oder widersprüchlichen Strukturen erfordert spezifische beraterische Interventionen, die die Arbeitssuchenden zu größerer innerer Klarheit und damit größerer Sicherheit führen, was ihnen wiederum ermöglicht, sich-selbst-bewusst auf Berufsmärkten zu orientieren und zielgerichtet zu handeln.

Beratungstheoretisch sind manche Befunde wenig überraschend, bspw. zur zentralen Funktion der Gestaltung der Beziehung zwischen Vermittler und Kunde: Das Ergebnis knüpft an Erkenntnisse evidenzbasierter Psychotherapieforschung an, wonach eine empathische, belastbare Beziehung eine notwendige, aber keine hinreichende Bedingung für einen Therapieerfolg – hier: für eine nachhaltige Vermittlung – ist, wie es vor allem bei Kunden mit multivalenten Problemlagen sichtbar wird. Die Befunde legen es nahe, den Geltungsbereich mancher „therapeutisch“ belegter Erkenntnis zu erweitern: Für Forschungen im berufsberaterischen oder arbeitsvermittlerischen Kontext kann das bedeuten, sich solange klinisch-psychologischer Konzepte und Werkzeuge zu bedienen, so lange keine spezifischeren beratungsbezogenen entwickelt worden sind. Trotz der erkennbaren Transferoptionen in das Arbeitsfeld der Vermittlung gibt es auch klare inhaltliche Grenzen: Die hier verwendete Methode erlaubt bspw. keinerlei Aussagen über die didaktische Qualität oder Kompetenz, mit der Vermittler über sozialrechtliche, berufs- oder qualifikationsbezogene sowie arbeitsmarktliche Inhalte aufklären oder wie effektiv ihre Vermittlungsstrategien sind. Dafür bedarf es anderer Theoriewelten und Forschungsmethoden.

Insgesamt lassen es die referierten Befunde wünschenswert erscheinen, diesen theoretisch wie methodisch neuartigen Zugang systematisch zu erkunden. Sollten sich die hier beschriebenen Tendenzen als deutliche Effekte bestätigen lassen, dann käme den beraterischen Kompetenzen der Vermittler für eine nachhaltige Integration in Arbeit eine kaum zu unterschätzende Bedeutung zu: Das ist weder normativ neu, wie Blicke in das SGB III (§ 29) und seine Vorläufer, das AFG und AFRG zeigen, noch konzeptionell neu, da die Bundesagentur für Arbeit u. a. auf eine 40-jährige Tradition eines Beratungsstudiums (Ertelt & Scharpf, im Erscheinen) sowie die Pflege und Entwicklung von Beratungskonzeptionen („roter Ordner“[29]; RAT, 2002; Rübner & Sprengard, 2011) zurückblickt. Veränderte Theoriekontexte und neue Methoden eröffnen neue Einblicke in das, was beraterische Qualität und Kompetenz ausmacht, so dass sie die Aufmerksamkeit erfahren könnten, die ihnen pragmatisch gebührt: Die Intensität, in der Vermittler wirkungsvoll gesprochen haben und die geringe Anzahl der Wirkfaktoren, die sie dabei realisiert haben, lässt erkennen, dass das Potential noch sehr groß ist. Curricular wie didaktisch, bezüglich des Studiums, evaluativ in Bezug auf die Berufspraxis, beinhalten diese Ergebnisse theoretische, methodische und organisatorische Fragestellungen für eine „gute Praxis“.

Literatur

Apel, H. & Fertig, M. (2009). Operationalisierung von „Beschäftigungsfähigkeit“ – ein methodischer Beitrag zur Entwicklung eines Messkonzepts. Zeitschrift für Arbeitsmarktforschung, 42, 5-28.

Baumann, U. & Reinecker-Hecht, C. (1998). Methodik der klinisch-psychologischen Interventionsforschung. (S. 346-365) In U. Baumann & M. Perrez (Hrsg.), Lehrbuch Klinische Psychologie – Psychotherapie. Bern: Huber.

[29] Organisationsinterne Arbeitshilfe der Bundesagentur für Arbeit in den 1980er Jahren.

Bateson, G. (1981). Ökologie des Geistes. Anthropologische, psychologische, biologische und epistemologische Perspektiven. Frankfurt/M.: Suhrkamp.

Bertin, J. (1982). Graphische Darstellungen. Berlin: Walter de Gruyter.

Bierkens, P. (1973). Gespräch: Helfende Begegnung. Köln: Bachem.

Biermann-Ratjen, E.-M., Eckert, J. & Schwartz, H.-J. (2003). Gesprächspsychotherapie (9. Aufl.). Stuttgart: Kohlhammer.

Bundesagentur für Arbeit (2012). Das arbeitnehmerorientierte Integrationskonzept der Bundesagentur für Arbeit. (SGB II und SGB III).Version 7.0.

Chambless, D. L. & Hollon, S. (1998). Defining empirically supported therapies. Journal of Consulting and Clinical Psychology, 66, 7-18.

Ertelt, J. & Scharpf, M. (im Erscheinen). Wissenschaftliche Aspekte der beruflichen Beratung – 40 Jahre Berufsberatung in der Bundesagentur für Arbeit.

Explorix® (2013) – Das Werkzeug zur Berufswahl und Laufbahnberatung (4. Aufl.). Bern: Huber.

Grawe, K. (1998). Psychologische Therapie. Göttingen: Hogrefe.

Grawe, K. (1999). Wirkfaktorenanalyse – ein Spektroskop für die Psychotherapie. Verhaltenstherapie und psychosoziale Praxis, 31, 2, 201-225.

Grawe, K., Donati, R. & Bernauer F. (1994). Psychotherapie im Wandel: Von der Konfession zur Profession. Göttingen: Hogrefe.

Haken, H. & Schiepek, G. (2010). Synergetik in der Psychologie: Selbstorganisation verstehen und gestalten. Göttingen: Hogrefe.

Holland, J. L. (1997). Making vocational choices: A theory of vocational personalities and work environments. Psychological Assessment Resources Inc.

Honermann, H., Müssen, P., Brinkmann, A. & Schiepek, F. (1999). Ratinginventar Lösungsorientierter Interventionen. Göttingen: Vandenhoeck & Ruprecht.

Jahoda, M., Lazarsfeld, P. F. & Zeisel, H. (1975). Die Arbeitslosen von Marienthal. Ein soziographischer Versuch über die Wirkungen langandauernder Arbeitslosigkeit. Frankfurt/M.: Suhrkamp.

Joerin, S., Stoll, F., Bergmann, C. & Eder, F. (unter Mitarbeit der Bundesagentur für Arbeit) (2002). Explorix® – Das Werkzeug zur Berufswahl und Laufbahnberatung. Bern: Huber.

Klevenow, G.-H. (2000). Klassifikation von Ausbildungsberufen als Basis für Berufsorientierung. Beiträge zur Arbeitsmarkt- und Berufsforschung, Band 235. Nürnberg: Institut für Arbeitsmarkt- und Berufsforschung der Bundesanstalt für Arbeit.

Koller, L. & Rudolph, H. (2011). Arbeitsaufnahmen von SGB-II-Leistungsempfängern: Viele Jobs von kurzer Dauer. IAB-Kurzbericht, 14. Nürnberg.

Lenk, H. (Hrsg.). (1980). Handlungstheorien interdisziplinär 1. Handlungslogik, formale und sprachwissenschaftliche Handlungstheorien. München: Fink.

Lenk, H. (Hrsg.). (1981). Handlungstheorien interdisziplinär 3. Verhaltenswissenschaftliche und psychologische Handlungstheorien. München: Fink.

Nußbeck, S. (2010). Einführung in die Beratungspsychologie (2. Aufl.). München: Reinhardt UTB.

RAT (2002). Richtig beraten, Anregungen, Techniken. Grundwerk beruflicher Beratung. 3 Bände. Nürnberg: Bundesagentur für Arbeit.

Rübner, M. & Sprengard, B. (2011). Beratungskonzeption der Bundesagentur für Arbeit – Grundlagen. Nürnberg: Bundesagentur für Arbeit.

Rogers, C. R. (1972). Die nicht direktive Beratung. München: Kindler.

Schmidt, G. (2011). Einführung in die hypnosystemische Therapie und Beratung (4. Aufl.). Carl-Auer: Heidelberg.

Schober, K. (2002). Qualitätsstandards der beruflichen Beratung. RAT, Bd. 3. Nürnberg: Bundesagentur für Arbeit.

Schiepek, G. (1999). Die Grundlagen der Systemischen Therapie: Theorie – Praxis – Forschung. Göttingen: Vandenhoeck & Ruprecht.

Quekelberghe v., R. (1979). Systematik der Psychotherapie. München: Urban & Schwarzenberg.

Matthias Rübner

Die Bundesagentur für Arbeit auf dem Weg zu einem lebenslangen Berufs- und Karrierebegleiter? Entwicklungslinien, Herausforderungen und Spannungsfelder

Schlagwörter: Beratungsangebot – Arbeitsverwaltung – OECD – Reformen am Arbeitsmarkt

Key words: career guidance – Public Employment Service (PES) – OECD – reform of labour-market policies

1 Einleitung

Im Jahre 2003 traten die ersten Hartz-Reformgesetze in Kraft, mit denen ein Modernisierungsschub des Arbeitsmarktes und der Arbeitsverwaltung eingeleitet werden sollte. Insoweit ist es nicht verwunderlich, wenn zehn Jahre später, von Politikern, Journalisten und Wissenschaftlern rückblickend gefragt wird, was die Reformgesetze denn nun gebracht haben (für eine aktuelle Übersicht vgl. IAB, 2013). Im Mittelpunkt steht häufig die Frage, inwieweit die seit Jahren vergleichsweise gute Arbeitsmarktlage in Deutschland auf die Arbeitsmarktreformen zurückzuführen ist. Beurteilt werden dann insbesondere die Integrationseffekte der Beschäftigungsförderung auf Mikro- und Makroebene. Aber auch die Dienstleistungen der Bundesagentur für Arbeit stehen immer wieder auf dem Prüfstand. Immerhin wurden mit den Hartz-Gesetzen qualitative Verbesserungen in der Performanz der Sozialleistungserbringung versprochen, die Rede war von „modernen Dienstleistungen".

Zehn Jahre später wird aber nicht nur Bilanz gezogen, sondern auch nach vorne geschaut. In einen 2013 erschienenen Positionspapier mit dem Titel „BA 2020 – Antworten der Bundesagentur für Arbeit auf Fragen der Zukunft" heißt es: „Unser Selbstverständnis geht über einen reinen Marktausgleich hinaus. Wir werden unseren Kunden – und in der Grundsicherung auch ihren Familien – umfassend zur Seite stehen: beim Einstieg in den Beruf, bei der Beratung und der Vermittlung von Arbeitskräften beziehungsweise Arbeitsplätzen, bei der (Wieder-) Herstellung von Beschäftigungsfähigkeit, bei der Entwicklung und der Vertiefung von Qualifikationen sowie bei der Existenzsicherung während Übergangsphasen. […] Beratung wird durch die zukünftigen Entwicklungen am Arbeitsmarkt immer wichtiger. Sie bezieht zunehmend auch das Lebensumfeld mit ein und wird daher immer stärker als eigenständige Dienstleistung angeboten" (BA, 2013, S.19).

Angesichts der immer wieder geübten Kritik an einem verkürzten Beratungsangebot und einer Überbetonung einer schnellstmöglichen Vermittlung erscheint diese Positionsbestimmung der Bundesagentur für Arbeit bemerkenswert. Im

Folgenden werde ich der Frage nachgehen, wie die jüngsten Entwicklungen und Positionsbestimmungen der Bundesagentur für Arbeit im Hinblick auf das Dienstleistungsangebot von Beratung zu beurteilen sind. Gibt es Anzeichen dafür, dass sich die Bundesagentur für Arbeit in den letzten Jahren tatsächlich auf den Weg zu einem „lebenslangen Berufs- und Karrierebegleiter" (Weise, 2008) gemacht hat und ihr Beratungsangebot systematisch stärkt? Einen guten Bezugspunkt für die Beurteilung dieser Fragestellung bietet die im Jahre 2002 von der OECD durchgeführte Bestandsaufnahme zur Berufsberatung in Deutschland (OECD, 2002).

2 Der OECD-Länderbericht zur Berufsberatung in Deutschland

Vor nun gut 10 Jahren hat die OECD ihren Länderbericht über die Berufsberatung in Deutschland publiziert (OECD, 2002). Dieser Länderbericht entstand im Kontext einer bislang einmaligen internationalen Vergleichsstudie der OECD, in der die Struktur, Rolle und Finanzierung der Berufsberatung (Career Guidance Services) in 14 ihrer Mitgliedsländer untersucht wurde. Auf Basis dieser Untersuchungen sind zwei zusammenfassende Bände erschienen, die sich an die Fachöffentlichkeit und politischen Entscheidungsträger der Mitgliedsländer richteten (OECD, 2004a, b). Es waren gerade diese Berichte, die den Diskurs über die Bedeutung lebensbegleitender Beratungsangebote in Europa deutlich belebt haben. So stellt der Europäische Rat in einer Resolution für die EU-Mitgliedsländer fest: „Effective guidance provision has a key role to play in promoting social inclusion, social equity, gender equality and active citizenship by encouraging and supporting individuals' participation in education and training and their choice of realistic and meaningful careers. […]High quality guidance provision throughout life is a key component of education, training and employability strategies to attain the strategic goal of Europe becoming the world's most dynamic knowledge based society by 2010" (Council of the European Union, 2004, S. 3). In dieser EU-Ratskonvention drückt sich die Überzeugung aus, dass durch die Etablierung von qualitativ hochwertigen Beratungsangeboten nicht nur ein Mehrwert für den Einzelnen geschaffen wird (besserer Informationsstand, aktive Berufswahl, höhere Laufbahnkompetenz), sondern auch gesellschaftspolitische und ökonomische Effekte erzielt werden können.

Der OECD-Länderbericht „Review of Career Guidance Policies" (2002) enthält eine Status-quo-Beschreibung des deutschen Beratungsangebotes, eine darauf bezogene Bewertung sowie Handlungsempfehlungen für die künftige Weiterentwicklung. In unserem Zusammenhang sollen nur die Kernaussagen zur BA (damals noch Bundesanstalt für Arbeit) herangezogen werden. Aus dem OECD-

Bericht zur Beurteilung des Beratungsangebotes der BA können insbesondere vier Gesichtspunkte hervorgehoben werden:[1]

1. *Unterordnung von Beratung unter die Vermittlung:* Zunächst wird auf die Tendenz der BA hingewiesen, ihre Beratungsdienste der Vermittlung unterzuordnen. "The service states explicitly that its core task is placement: all other services are secondary. This contrasts with the statement in Social Code III, which names both career counselling and placement as the core tasks of the labour offices" (OECD, 2002, S. 12). Tatsächlich wurde bereits mit Einführung des Sozialgesetzbuches III zum 01.01.1998 in der Gesetzesbegründung festgestellt, dass die Dienstleistungen der Beratung und Vermittlung wegen ihrer „besonderen Funktion" den sonstigen Leistungen für die berechtigten Gruppen vorangestellt worden sind (Deutscher Bundestag, 1996, S. 141). Die geschäftspolitische Weichenstellung der BA stellt nach Auffassung der Gutachter zwar sicher, dass die Beratung auf den Bedürfnissen des Arbeitsmarktes basiert. Gleichzeitig entsteht daraus die Gefahr, dass den Bedürfnissen der ratsuchenden Personen nicht genug Aufmerksamkeit geschenkt wird, wenn es darum geht, ihre Ziele und ihr Potenzial zum Ausdruck zu bringen. Diese Hypothese wird in späteren Studien bestätigt (s. u.).
2. *Überlagerung von Beratung durch leistungs- und förderrechtliche Aufgaben:* Im OECD-Gutachten wird innerhalb der BA eine zweite Form der funktionalen Überlagerung von Beratung festgestellt: "The fact that the Federal Employment Service is a gatekeeper for some financial benefits, particularly for unemployed individuals who are eligible for social-insurance payments but also for some financial support for training and retraining, is similarly both an advantage and a disadvantage in relation to its guidance role" (OECD, 2002, S. 13). Auf der einen Seite ermöglicht diese komplexe Zuständigkeit, dass neben Beratung auch unmittelbar praktische Unterstützung gewährleistet werden kann und die BA einen breiten Zugang zu Bedarfsgruppen auf dem Arbeitsmarkt hat. Andererseits ist damit die Gefahr verbunden, dass die Interaktion zwischen Fachkraft und Berechtigtem durch administrative und weniger durch beraterische Gesichtspunkte geprägt wird, etwa wenn die gemeinsame Erarbeitung vorhandener Potentiale und beruflicher Perspektiven hinter die Klärung von Anspruchsvoraussetzungen, Leistungsdauer und -höhe zurücktritt. Daraus können auch Rollenkonflikte erwachsen, denn die

[1] Ich greife im Folgenden auch auf die deutsche Übersetzung des Bundesministeriums für Bildung und Forschung zurück, veröffentlicht in BA, 2002. Allerdings wurde diese Übersetzung des Gutachtens von Seiten der OECD nicht offiziell autorisiert; deshalb wird unmittelbar nur aus der englischen Originalquelle zitiert.

Fachkräfte treten gegenüber den Arbeitsuchenden zugleich als Berater, Gate-Keeper und Kontrolleure auf.

3. *Geringe IT-Ausschöpfung bei Beratungsangeboten:* Zu ihrer eigenen Überraschung stellt das OECD-Gutachterteam fest: "By comparison with some other countries, the Federal Employment Service has been relatively slow in applying ICT [Information and Communication Technology] to its guidance and placement services. This is surprising, in view of the country's technological sophistication in other fields. It may reflect the difficulties which some large organizations have in changing their methods of work" (a. a. O., S. 13). In diesem Zusammenhang ist es wichtig, darauf hinzuweisen, dass die OECD einen breiten Begriff von Berufsberatung (englisch: Career Guidance) zugrundelegt, der neben Individualberatung auch Gruppenveranstaltungen und berufsorientierende Informationsmedien – gedruckt, elektronisch und in anderer Form – umfasst (OECD, 2004a, S. 10).
4. *Risiko einer weiteren Eingrenzung des Beratungsangebots:* Schließlich wird mit Blick auf die damals parallel zur OECD-Visite tagende Hartz-Kommission festgehalten: "There could be a temptation to focus the service's work with adults more predominantly or even exclusively on adults who are unemployed. In our view, this would be a shortsighted error" (OECD, 2002, S. 13). Diese Aussage wurde im Lichte des öffentlichen Drucks formuliert, wonach von der Hartz-Kommission vor allem Vorschläge für eine deutliche und zugleich schnellstmögliche Senkung der hohen Arbeitslosigkeit erwartet wurden. Demgegenüber sehen die Gutachter das Potential der BA auf einem breiteren Fundament: "The service has a potentially important role to play in encouraging all adults to sustain their employability by regularly reviewing new opportunities for enhancing their skills, both through retraining and through changes of job or even of occupation. In this way, it could contribute to the country's economic competitiveness, as well as encouraging preventive rather than remedial solutions to unemployment" (ebd.).

Auf Basis dieser Bilanz adressiert das Gutachten sechs generelle Handlungsempfehlungen an die BA (a. a. O., S. 21): Empfohlen wird

I. eine deutlichere Trennung zwischen den Verwaltungstätigkeiten der BA und den Stellenvermittlungs- und Berufsberatungstätigkeiten;

II. eine beschleunigte Integration der internetgestützten Dienste der BA;

III. die Unterstützung der Hartz-Kommission bei der Entwicklung von Empfehlungen, wie die BA ihr Dienstleistungsangebot an die gestiegenen Anforderungen an die Beschäftigungsfähigkeit von Erwerbspersonen anpassen kann;

IV. bei der Definition der Ziele der BA eine stärkere Konzentration auf Aspekte, die die individuelle Kundenzufriedenheit und berufliche Laufbahnkompetenz umfassen, neben den vorherrschenden arbeitsmarktorientierten Zielen;

V. eine stärkere Konzentration auf den Aufbau einer professionellen Kultur in der BA und den Abbau der vorherrschenden bürokratischen Kultur;

VI. eine Ausweitung der personellen, zeitlichen und sachlichen Ressourcen, die die BA ihren Berufsberatungsdiensten zur Verfügung stellt.[2]

Zusammenfassend heißt es in dem Gutachten: “In general, it seems that if the demands of lifelong learning are to be met, some overall expansion of resources for guidance purposes within the Federal Employment Service is likely to be needed” (a. a. O., S. 13).

Wie ist nun die Entwicklung der BA im Lichte dieser Handlungsempfehlungen der OECD zu beurteilen?

3 Reformphasen der Bundesagentur für Arbeit

Mit Bezug auf unsere Fragestellung lässt sich die jüngste Entwicklung der BA im Zeitraum von Ende 2002 bis 2013 in zwei große Reformphasen einteilen, die ich hier von ihrer generellen Ausrichtung und weniger in allen Facetten darstellen möchte.

3.1 Erste Reformphase (2002-2007)

Seit den späten 1970er Jahren erlebte Deutschland Jahr für Jahr einen kontinuierlichen Anstieg der Arbeitslosigkeit; die kurze Ära der „immerwährenden Prosperität und Vollbeschäftigung“ verblieb zwar noch in den Köpfen vieler Politiker als vage Bezugsgröße der Arbeitsmarktpolitik, bildet aber immer weniger die Realität auf dem Arbeitsmarkt ab. Auch nach einer kurzen Periode abnehmender Arbeitslosigkeit Ende der 1990er Jahre zeigten die ersten Jahre des 21. Jahrhunderts das inzwischen vertraute Muster steigender Arbeitslosenzahlen (siehe Abb. 1).

---

[2] In diesen Zusammenhang ist auch die Empfehlungen zu sehen, dass alle mit Beratungsaufgaben betrauten Mitarbeiter ein darauf abgestimmtes Studium durchlaufen sollten (OECD, 2002, S. 15).

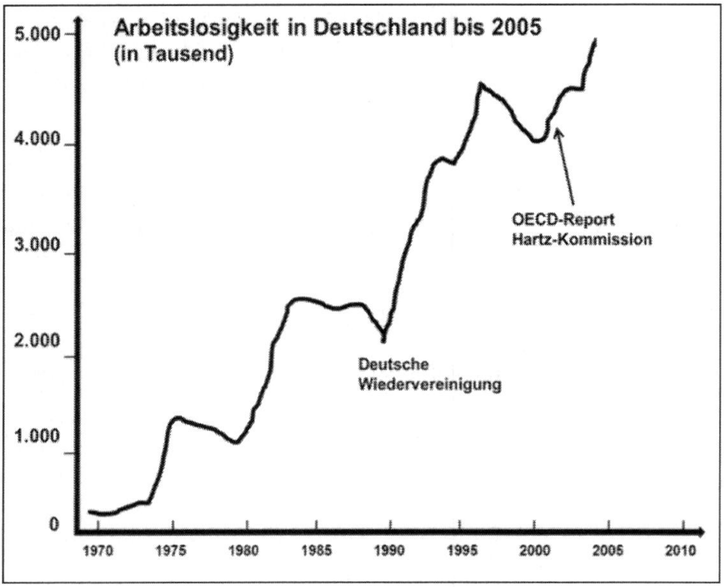

Quelle: Statistik der Bundesagentur für Arbeit (eigene Darstellung)

Abbildung 1: Arbeitslosigkeitsentwicklung in Deutschland von 1970-2005

Im Jahre 2002 geriet diese Entwicklung schlagartig in das allgemeine öffentliche Bewusstsein. Die bis dahin eher schwelende Kritik an der Arbeitsmarktpolitik erhielt mit dem sogenannten „Vermittlungsskandal" kurz vor der Bundestagswahl eine dramatische Wendung und wurde zu einem Leitthema der öffentlichen Debatte. Aus den falsch ausgewiesenen Vermittlungszahlen der BA erwuchs eine grundlegende Kritik an der prinzipiellen Handlungsfähigkeit einer Großbehörde mit fast 100 000 Mitarbeitern, von denen nur ein Drittel unmittelbar mit Vermittlung und Beratung beauftragt waren. In Folge dessen wurden nicht nur führende Köpfe ausgetauscht (erst Jagoda, später Riester, der noch Anfang 2002 mit dem Job-AQTIV-Gesetz ein neues Gesetzespaket zur verbesserten Betreuung und Aktivierung von Arbeitsuchenden auf den Weg gebracht hatte), auch die seit einigen Jahren laufende und kurz vor dem Abschluss stehende Organisationsreform „Arbeitsamt 2000", die innerorganisatorisch als großer Wurf in Richtung Dienstleistungsunternehmen galt, wurde gestoppt. Mit der Berufung der viel beachteten Hartz-Kommission leitete die Bundesregierung den wohl tiefgreifendsten Reformprozess der Arbeitsmarktpolitik ein. Bereits im Sommer 2002 – unter dem Druck der anstehenden Bundestagswahlen – legte die Hartz-Kommission ihre Leitlinien für „Moderne Dienstleistungen am Arbeitsmarkt" vor.

In den darauf folgenden vier Reformgesetzen von 2003-2005 wurden zahlreiche Vorschläge der Kommission aufgegriffen, insgesamt ist aber eine erkennbar straffere Ausrichtung der arbeitsmarktpolitischen Leitlinien auf zügige Eingliederungsprozesse in den Arbeitsmarkt zu erkennen (u. a. Verschärfung der Zumutbarkeit, Senkung der Anspruchsdauer auf Arbeitslosengeld, Fokussierung von Maßnahmen zur schnellstmöglichen Integration). Parallel zu den Reformgesetzen plante die BA zusammen mit externen Beratungsunternehmen ihre organisatorische Restrukturierung. Im Zuge dessen entwickelte sie eine eigene Lesart davon, wie ein moderner Dienstleister am Arbeitsmarkt entstehen könne, insbesondere im Hinblick auf die Führung und Steuerung der Organisation und die administrative Leistungserbringung am „Kunden".

Die häufig gebrauchten Schlagwörter „Modernisierung der Arbeitsmarktpolitik" und „Modernisierung der Arbeitsverwaltung" standen vor allem für die Ermöglichung schnellerer und effektiverer Matching-Prozesse, entweder in Richtung einer unmittelbaren Arbeitsaufnahme oder einer Zuweisung in eine Aktivierungsmaßnahme. Die ausgegebenen Leitmottos dieser Tage lauteten: „Jede Arbeit ist besser als keine Arbeit", „Vermittlung hat immer Vorrang" oder „Vermittler vermitteln".[3] Die Notwendigkeit einer den Integrationsprozess begleitenden oder gar eigenständigen beruflichen Beratung wurde nicht gesehen. Im Gegenteil: Sie könnte die schnellstmögliche Integration in Arbeit „unnötig" verkomplizieren und aufhalten. Die Hauptfunktion der „Kundenberatung" bestand darin, die Weichen in Richtung einer schnellstmöglichen Eingliederung in Arbeit zu stellen. In der ersten großen Evaluation im Anschluss an die Hartz-Gesetze wird von dem beauftragten Forschungskonsortium zum Umbau der BA festgestellt: „Die frühe Beschränkung auf die Festlegung eines Abgangszieles, wie bereits die schnelle Festlegung einer Kundengruppe, erweisen sich als wenig tauglich zur Klärung komplexer, oft auch diffuser und bis weit in die Lebenswelt hineinreichender Problemkonstellationen von Arbeitslosen. Sie zwingen zu einer Herstellung von Eindeutigkeit sowohl beim Vermittler als auch beim Kunden, wo u. U. erst noch weitere Fallabklärung bzw. Selbstklärung notwendig wären" (Bender et al., 2006, S. 181f.). Vor diesem Hintergrund erscheint es nicht verwunderlich, dass die Empfehlungen des OECD-Gutachtens, die auf eine Stärkung von Beratung abzielten, ungehört blieben. Für die meisten Entscheidungsträger in Politik und Verwaltung war diese Perspektive außerhalb ihres Blickfeldes.

---

[3] Fraglos war die BA-Wirklichkeit mit ihren zu dieser Zeit knapp 100 000 Mitarbeiterinnen und Mitarbeiter immer facettenreicher und ambivalenter als hier beschrieben. Entscheidend ist an dieser Stelle aber der Grundtenor jener Reformjahre.

Schnelle Erfolge blieben jedoch aus, und die Arbeitslosigkeit stieg weiter an. Aufgrund einer schwachen Konjunktur und eines erweiterten Erfassungssystems von Arbeitslosigkeit im Zuge der Einführung der Grundsicherung für Arbeitsuchende (SGB II) stieg die Zahl der registrierten Arbeitslosen im Jahre 2005 auf knapp fünf Millionen Menschen und erreichte seit Bestehen der Bundesrepublik Deutschland ihren Höchststand. Mehr denn je waren die Bundesregierung und die BA darauf konzentriert, Lösungen zu finden, die hohen Arbeitslosenzahlen in den Griff zu bekommen.

Ab 2006 begann die Zahl der registrierten Arbeitslosen deutlich zu sinken. Anders als in den Jahrzehnten zuvor handelte es sich dabei offenbar um mehr als eine kurzfristige Verbesserung. Seit mehr als 40 Jahren konnte selbst eine weltweite Rezession diesen positiven Trend auf dem deutschen Arbeitsmarkt nicht aufhalten (vgl. Abb. 2).

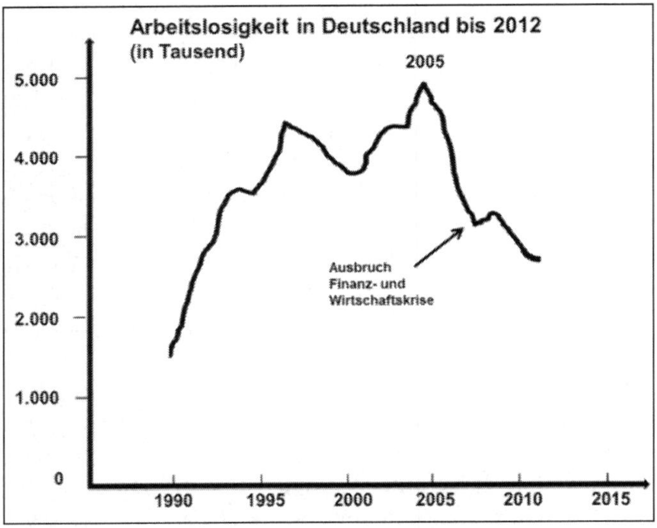

Quelle: Statistik der Bundesagentur für Arbeit (eigene Darstellung)

Abbildung 2: Arbeitslosigkeitsentwicklung in Deutschland von 1990-2012

Zuweilen wird von einem deutschen „Jobwunder“ gesprochen, dies durchaus auch vor dem Hintergrund, dass kein Experte oder Politiker diesen Trend wirklich vorhergesehen hatte – ähnlich wie umgekehrt den Ausbruch der weltweiten Finanz- und Wirtschaftskrise in den Jahren 2007/2008. Jahr für Jahr musste die BA ihren Haushalt um mehrere Milliarden korrigieren, allerdings anders als in früheren Jahren nunmehr in positiver Hinsicht, weil die Einnahmen aus den Arbeitslosenbeiträgen unerwartet deutlich gestiegen waren. Im Jahre 2013 scheint der positive Trend auf dem Arbeitsmarkt etwas ins Stocken zu geraten; allerdings sind auch keine Anzeichen erkennbar, dass sich eine Trendumkehr ankündigen würde. Rückblickend kann das Jahr 2005 also als Wendepunkt in der Entwicklung der bundesdeutschen Arbeitslosigkeit bezeichnet werden.

Mit den positiven Entwicklungen auf dem Arbeitsmarkt verbinden sich aber auch neue Herausforderungen, die durch eine primär matchingorientierte Ausrichtung der Leistungsprozesse nicht mehr bewältigt werden können. Hohe Arbeitslosenzahlen scheinen in Zukunft nicht mehr das entscheidende arbeitsmarktpolitische Thema zu sein.

3.2 Zweite Reformphase (ab 2008/2009)

Die Öffnung für neue Herausforderungen und Perspektiven auf dem Arbeitsmarkt, die die zweite Reformphase der BA einläuten, lässt sich an zahlreichen Indikatoren festmachen, sowohl an programmatischen Aussagen der Geschäftsführung als auch an neu eingeführten Programmen und Fachkonzepten. Ich beginne mit den programmatischen Aussagen, die bis in das Jahr 2020 reichen, und spiegele diese im zweiten Schritt mit den feststellbaren Entwicklungstrends auf der operativen Ebene.

Eine erste programmatische Aussage der Geschäftsführung der BA, die in unserem Zusammenhang von Bedeutung ist, findet sich in der Mitarbeiterzeitschrift von 2008, in der Frank-Jürgen Weise unter der Rubrik „Auf ein Wort“ seine Überzeugung ausgedrückt, dass sich die BA von einer „Sozialversicherung zu einem lebenslangen Berufs- und Karrierebegleiter der Menschen“ weiterentwickeln wird (Weise, 2008). Es folgen mit jeweils zweijährigem Abstand vom Vorstand der BA verantwortete Schriften, in denen die Arbeitsverwaltung im Lichte arbeitsmarktpolitischer Herausforderungen ihre eigene Rolle auslotet.

Die erste Schrift „Gut gerüstet. Fundamente und Perspektiven einer modernen Arbeitsmarktpolitik“, die 2009 veröffentlicht wird, ist durch zwei Zeitperspektiven gekennzeichnet: Erstens durch einen deutenden Rückblick auf die arbeitsmarktpolitischen Reformen und insbesondere auf die organisatorische Neuausrichtung und zweitens durch einen Ausblick auf künftige Aufgabenstellungen. Die zukunftsgerichtete Perspektive signalisiert eine erste Horizonterweiterung gegenüber der ersten Reformphase, die arbeitsmarktpolitischen Herausforderungen werden nicht mehr allein vor dem Hintergrund des Matching-Paradigmas interpretiert. Ein Teil dieser Ausführungen bezieht sich auf kurz vor der Umsetzung stehende Programme und Konzepte, ein anderer Teil deutet mögliche Zukunftsaufgaben an. Das Thema Beratung nimmt auf den rund 70 Seiten aber immer noch einen vergleichsweise geringen Stellenwert ein. An einer Stelle wird immerhin eine programmatisch größere Entwicklungsinitiative angedeutet: „Beratung ist die Basis für andere Leistungen der Grundsicherung und der Arbeitsförderung. Diese Dienstleistung gilt es zu verbessern. Es wird ein rechtskreisübergreifendes Beratungskonzept entwickelt, das den besonderen Personen und Konstellationen des Rechtskreises SGB II Rechnung trägt“ (BA, 2009, S. 51). Konkreter wird es allerdings auch hier nicht, ansonsten wird „Beratung“ nur im Zusammenhang mit dem unmittelbaren Vermittlungsauftrag genannt; eine eigenständige, arbeitsmarktpolitische Bedeutung wird ihr mit Ausnahme der bereits etablierten Dienstleistung für junge Menschen am Übergang von der Schule in den Beruf nicht zugeschrieben (vgl. a. a. O., S. 126).

In der zweiten Schrift „Perspektive 2025. Fachkräfte für Deutschland“, veröffentlicht im Jahre 2011, entwickelt die BA auf Basis von zehn Handlungsfeldern (u. a. Schulabgänger ohne Abschluss reduzieren, Zuwanderung und Fachkräfte steuern, Ausbildung und Qualifizierung vorantreiben) mögliche Potenziale zur Sicherung von künftigen Fachkräften und verortet dabei im Abgleich mit anderen Akteuren in Politik, Wirtschaft und Gesellschaft ihren eigenen, präventiv ausgerichteten Beitrag (BA, 2011). Diese Schrift ist gegenüber der ersten Veröffentlichung thematisch deutlich fokussierter und programmatischer ausgerichtet. In Bezug auf den eigenen Beitrag zur Stärkung des künftigen Fachkräftebedarfs verweist die BA in erster Linie auf bereits laufende Initiativen und Programme und versucht damit zu verdeutlichen, dass sie sich auf die anstehenden Herausforderungen des Arbeitsmarktes bereits eingestellt hat, also nicht nur an kurzfristigen Vermittlungserfolgen orientiert ist. Ein Programm zur deutlichen Stärkung von Beratung, wie sie die OECD zur Bewältigung dieser Zukunftsaufgaben empfiehlt, wird in dieser Veröffentlichung aber nicht entworfen.

In der dritten Schrift „BA 2020. Antworten der Bundesagentur für Arbeit auf Fragen der Zukunft“, veröffentlicht im Jahre 2013, entwickelt die BA auf Grundlage von sechs „Megatrends“ (u. a. Leben und Arbeit werden mobiler, flexibler und volatiler; der demografische Wandel wird spürbar; Teilhabechancen sind zunehmend ungleich verteilt) ein durchgehend auf die Zukunft gerichtetes Aufgabenportfolio. Gegenüber den beiden Vorgängerschriften fällt auf, dass der Dienstleistung Beratung in nahezu jedem Handlungsfeld ein eigenständiger Beitrag zugemessen wird. Zudem wird in dieser Schrift ein zentrales Programm-Management skizziert, das in drei Phasen bis in das Jahr 2020 hineinreichen soll, sodass eine gewisse Verbindlichkeit in der Ausarbeitung und Umsetzung konkreter Programme und Konzepte hergestellt wird, die in den anderen beiden Schriften so nicht erkennbar war.

Im Folgenden sollen die Kernaussagen zur Beratung aus der BA 2020-Veröffentlichung (BA, 2013) mit den sechs (jeweils kursiv gesetzten) Handlungsempfehlungen des OECD-Gutachtens verglichen werden:[4]

I. *Beratung von Administration entlasten:* Um „die Beratungsqualität und -leistung der Vermittlungsfachkräfte" zu erhöhen, sollen diese verstärkt von Verwaltungsaufgaben befreit werden (S. 23); auch eine verbesserte IT-Unterstützung der Arbeitsprozesse soll hierzu einen Beitrag leisten (ebd.).

II. *Rolle IKT stärken:* Die informations- und kommunikationstechnologischen Plattformen der BA sollen weiterentwickelt werden, um den unterschiedlichen Informationsbedürfnissen von Arbeitnehmern stärker Rechnung tragen zu können und interne Geschäftsprozesse zu flexibilisieren (S. 43). Durch Effizienzgewinne freiwerdende Ressourcen sollen in die Beratung von Leistungsberechtigen fließen, die „unsere persönliche Betreuung stärker benötigen" (ebd., S. 14).

III. *Präventive Rolle stärken:* Über den Vermittlungsauftrag hinaus sieht die BA den künftigen Beitrag der arbeitnehmerorientierten Beratung in zwei präventiv ausgerichteten Handlungsfeldern: erstens im Erhalt bzw. in der Weiterentwicklung der individuellen Beschäftigungsfähigkeit und zweitens in der Erschließung von Arbeitsmarktpotentialen. Mit Blick auf das erste Handlungsfeld heißt es: „Die Anpassung des Qualifikations- und Kompetenzprofils von Arbeitnehmern an sich verändernde bzw. steigende Anforderungen in der modernen Arbeitswelt sind Grundvoraussetzung für den Erhalt der Beschäftigungsfähigkeit. Im präventiven Ansatz ist es unsere Aufgabe, in diesem Kontext den Menschen konkrete Entwicklungs- sowie Qualifizierungs- und Fördermöglichkeiten aufzuzeigen. […] Mit einem weiterentwickelten Beratungsangebot für Arbeitnehmer zum Erhalt der Beschäftigungsfähigkeit und zur Realisierung von Aufstiegsmobilität, insbesondere bei gering Qualifizierten, kann die BA dazu einen sinnvollen Beitrag leisten" (ebd., S. 24). Das zweite Handlungsfeld soll durch eine Veränderung der Angebotsstruktur von Beratung bearbeitet werden: Vor dem Hintergrund des bereits spürbaren demographischen Wandels sind – so die BA – die Potenziale von Frauen, Älteren, Migranten und behinderten Menschen für den Arbeitsmarkt stärker zu nutzen: „Infolgedessen wird die BA ihre Beratungsangebote daraufhin ausrichten und dahingehend weiterentwickeln" (ebd., S. 13).

[4] Hier wie im Folgenden konzentriere ich mich auf Beratungsangebote für Erwerbspersonen; auf die Arbeitgeberberatung, die in der BA 2020-Schrift ebenfalls genannt wird und im Rahmen einer sogenannten „Qualifizierungsberatung" für Betriebe verstärkt angeboten werden soll, gehe ich in diesem Beitrag nicht ein.

IV. *Zielsystem differenzieren:* Die OECD hatte der BA empfohlen, neben eng definierten arbeitsmarktpolitischen Zielen auch beratungsaffine Aspekte zu stärken. In der BA-2020-Veröffentlichung heißt es dazu: „Angesichts der beschriebenen Veränderungen in Wirtschaft und Gesellschaft werden wir das Controllingsystem weiter entwickeln und an wichtigen Stellen neu justieren. [...] Neue Themen wie Aufbau, Erhalt und Ausbau der Beschäftigungsfähigkeit, die Intensivbetreuung marktferner Kunden, der weitere Ausbau digitaler Dienste, das neue Dienstleistungsangebot für Unternehmen sowie die Effizienz von Netzwerkstrukturen müssen sinnvoll in unsere Steuerungsprozesse eingebunden werden. [...] Unsere Sichtweise, Erfolge zu messen, soll dabei differenzierter werden. Eine Erfolgsmessung muss neben den betriebswirtschaftlichen auch volkswirtschaftliche Komponenten (wie Vermeidung volkswirtschaftlicher Folgekosten, Gemeinwohl) und den Aspekt der Nachhaltigkeit sowie des präventiven Handelns erfassen“ (ebd., S. 40). Wenn hier auch keine weitere Detaillierung erfolgt, indizieren diese Aussagen gleichwohl ein deutliches Problembewusstsein im Hinblick auf eine Ausdifferenzierung des bestehenden Ziel- und Steuerungssystems in Richtung der neuen Aufgabenbeschreibungen.

V. *Stärkung professioneller Kultur:* Aussagen hierzu können nur aus dem Gesamtzusammenhang der Veröffentlichung erschlossen werden. Angesichts der durchgehenden Erwähnung von Beratung als einer wichtigen Dienstleistung zur Bewältigung der unterschiedlichen arbeitsmarktpolitischen Handlungsaufgaben, deutet sich eine entsprechende Perspektive allerdings an. Ein konkretes Beispiel dafür ist, dass diejenigen Vermittlungsfachkräfte, die Menschen mit komplexen Problemen betreuen, in ihrer Handlungskompetenz durch eine extern zertifizierte Weiterbildung im Bereich des Fallmanagements gestärkt werden sollen (ebd., S. 27). Zugleich ist geplant, die Beratung von Langzeitarbeitslosen zu intensivieren (ebd.).

VI. *Ausweitung von Ressourcen für Beratung:* Auch zu dieser Empfehlung des OECD-Gutachtens ist auf den Gesamttenor der Veröffentlichung abzustellen. Es gibt mehrere Stellen, an denen erwähnt wird, dass die BA durch Effizienzgewinne in den Bereichen der Administration und IT Ressourcen in Richtung Beratung und Vermittlung umverteilen will (ebd., S. 34, 41). Zudem wird in Aussicht gestellt, dass Beratung „immer stärker als eigenständige Dienstleistung angeboten“ (ebd., S. 19) und neue Beratungsangebote getestet werden sollen, bei denen die BA „gemeinsam mit Partnern vor Ort auf die Menschen zugehen und das soziale Umfeld der Kunden stärker einbeziehen" will (ebd., S. 28). Diese Neuausrichtung würde entsprechend auch neue personelle und sachliche Ressourcen erfordern.

Diese im Jahre 2013 formulierten Positionen zeigen nicht nur gegenüber der ersten Reformphase eine bemerkenswerte Veränderung in den geschäftspolitischen Grundpositionen, sondern sie weisen auch erkennbare Schnittmengen mit den Empfehlungen aus dem OECD-Gutachten von 2002 auf. Erstmals wird zudem die besondere Rolle von Beratung in zentralen Handlungsfeldern einer strategisch neu positionierten „BA 2020" herausgestellt. Verbindet sich mit diesen geschäftspolitischen Positionen – der sukzessiven Öffnung für unterschiedliche arbeitsmarktpolitische Herausforderungen auf der einen und der Stärkung von Beratung auf der anderen Seite – tatsächlich eine neue Entwicklungsstufe, gar ein Paradigmenwechsel im Aufgabenverständnis und in der operativen Praxis der BA?

Mit Blick auf das Jahr 2020 lässt sich diese Frage nur schwer prognostizieren. Dennoch müssten erste Anzeichen zu erkennen sein, ob und inwieweit sich die BA auf den Weg gemacht hat, Beratung operativ neu zu verankern: im Verhältnis zur Vermittlung und Administration, in Bezug auf die Zielsteuerung und im Hinblick auf eine präventiv angelegte Angebotsstruktur. Es sind insbesondere vier Entwicklungslinien, die ich mit Blick auf den Ausbau und die Qualitätssteigerung von Beratungsangeboten in der BA als positive Indikatoren werte:

1. *Weiterentwicklung der IKT im Bereich Beratung, Orientierung und Vermittlung:* Das Informations- und Medienangebot der BA wurde in den letzten zehn Jahren verstärkt ausgebaut und nach unterschiedlichen Bedarfslagen von Ratsuchenden strukturiert, z. B. Übergang Schule/Beruf, Arbeitslosigkeit und Weiterbildung. Die Internetangebote, die allen Bürgern auch unabhängig von einem persönlichen Kontakt zur Arbeitsagentur offenstehen, werden nach internen Auswertungen monatlich im sechs- bis siebenstelligen Bereich genutzt. Dazu gehören insbesondere Datenbanken zu Berufen und Weiterbildung, Stellenbörsen, Themenportale und berufskundliche Filme. Die Datenbanken wurden zudem schrittweise mit den internen Arbeitsprogrammen der Beratungs- und Vermittlungsfachkräfte verknüpft und damit in der Beratung sowie bei der Dateneingabe (z. B. bei der Kompetenzerfassung) nutzbar.
2. *Implementation einer neuen Beratungskonzeption:* In einer mehrjährigen Konzeptions- und Implementationsphase hat die BA eine neue Beratungskonzeption eingeführt. Basis ist die Entwicklung eines problemlösungsorientierten Referenzrahmens, in dem ein breit gefächertes, strukturiert aufbereitetes Methodeninventar und Qualitätsstandards bereit gestellt werden (Rübner &

Sprengard, 2011). Für die Beratung von arbeitslosen Menschen und erwachsenen Ratsuchenden wurde erstmalig eine eigene Fachkonzeption ausgearbeitet, die sowohl den Integrationsprozess als auch den beruflichen Entwicklungsprozess abdeckt. Für den Bereich der Arbeitslosenversicherung wurden in einer zweijährigen Einführungsphase alle Beratungs- und Vermittlungsfachkräfte sowie die Teamleiter geschult (2010-2011); für den Bereich der Grundsicherung hat sie 2012 begonnen, Zielmarke sind über 200 Jobcenter. Die breit angelegte und mehrjährige Implementation einer eigenen Beratungskonzeption in beiden Rechtskreisen ist – auch international gesehen – ein bemerkenswerter Schritt.

3. *Vertiefte Orientierungsangebote für junge Menschen:* Die Angebotspalette von Maßnahmen der Berufsorientierung und deren Finanzierung wurden – in Abstimmung mit diversen Bundesprogrammen und zahlreichen Kooperationspartnern – erkennbar ausgeweitet. Die Angebote reichen vom eintägigen Erlebnisparcours über das mehrwöchige Sommercamp bis hin zur schuljahresbegleitenden Maßnahme. Über die bestehenden Regelangebote hinaus soll dadurch die Berufswahl- und Ausbildungsreife von Schülern verstärkt gefördert werden (Kupka & Wolters, 2010). Dieser präventiv ausgerichtete Förderschwerpunkt wurde auch von der CEDEFOP in ihrem Bericht „Lifelong guidance across Europe: reviewing policy progress and future prospects“ (2011, S. 86) positiv hervorgehoben.
4. *Beratungs- und Betreuungsangebote für Personen mit komplexen Problemlagen:* In den Agenturen für Arbeit wurde inzwischen ein über die Regelvermittlung hinausgehendes Angebot etabliert, das sich an Personen richtet, die ein erhöhtes Risiko der Langzeitarbeitslosigkeit bzw. komplexe Problemlagen aufweisen. Evaluationsbefunde hierzu liegen für die sechs Erprobungsstandorte vor. Es werden im Vergleich zur Regelvermittlung und Kontrollgruppe verbesserte Betreuungsrelationen, zeitlich und inhaltlich erweiterte Beratungs- und Bearbeitungsformen sowie höhere Zufriedenheitswerte und Vermittlungsquoten berichtet (Krug & Stephan, 2011; SOFI, 2011). In den Jobcentern, in denen die BA als Leistungsträger mitwirkt, wurden im Jahre 2010 verbindliche Standards zur Betreuung von Personen mit komplexen Bedarfslagen durch ein Fallmanagement festgelegt und eine Weiterentwicklung der fachlichen Grundlagen in Aussicht gestellt (BA, 2010).

Neben diesen Indikatoren, die auf die Stärkung von Beratungs- und Orientierungsangeboten in verschiedenen Handlungsfeldern der BA hindeuten, gibt es eine Reihe von anderen Indikatoren, die diesen Entwicklungstrend gerade nicht bestätigen, ihn ausbremsen bzw. andere Prioritätensetzungen aufzeigen. Hervorheben möchte ich folgende Punkte:

- *Beratungspraxis:* Trotz unterschiedlicher Fragestellungen, Untersuchungsergebnisse und Bewertungen im Detail lässt sich aus den bislang publizierten Studien zu personalen Dienstleistungsprozessen in der BA eine Generalaussage herausdestillieren: Insgesamt gesehen bewegen sich die Beratungsgespräche – in zeitlicher wie in sachlicher Hinsicht – in engen Bahnen; der unmittelbare Integrationshorizont wird nur selten überschritten. Die Studien zeigen, dass in den untersuchten Gesprächen weder beschäftigungsrelevante Themen wie die berufliche Neuorientierung, Erst- oder Weiterbildung von Arbeitsuchenden noch sozial-integrative Problemlagen wie psycho-soziale, finanzielle oder häusliche Probleme einen größeren Raum einnehmen (vgl. Brussig & Knuth, 2011; Hielscher & Ochs, 2009; Kolbe, 2012; Schütz et al., 2011). Dadurch können biographische Veränderungspotentiale, informell erworbene Kompetenzen und tieferliegende Probleme aus dem Blick geraten und entweder ungenutzt oder unbearbeitet bleiben. Inwieweit durch die Einführung der Beratungskonzeption eine Veränderung der Beratungspraxis feststellbar ist, wird derzeit in einer wissenschaftlichen Evaluationsstudie untersucht.
- *Zielsystem der BA:* Zwar wird im Zielsystem der BA inzwischen auch die Kundenzufriedenheit mit den Dienstleistungen der Arbeitsagenturen erhoben, im Mittelpunkt steht jedoch die Erreichung von jährlich festgelegten Integrationsquoten. In der Diskussion um einen Prüfbericht des Bundesrechnungshofs zum Zielsteuerungssystem der BA von 2012 wird unter anderem kritisiert, dass die Agenturen ihre verfügbaren Ressourcen zu sehr auf die Erreichung von möglichst hohen Eingliederungszahlen und auf marktnahe Kundengruppen ausrichten würden, wohingegen Aufgaben, die nicht im Zielsystem abgebildet werden, z. B. beraterische Aufgaben, Förderung der Beschäftigungsfähigkeit von Langzeitarbeitslosen oder Netzwerkaktivitäten, eher eine geringe Bedeutung einnehmen (vgl. Bundesarbeitsgemeinschaft Arbeit, 2013). Dadurch besteht die Gefahr, dass die zuvor skizzierten Entwicklungen und Perspektiven operativ ausgebremst oder marginalisiert werden. Die BA hat diese Kritik – wie oben dargestellt – in ihre BA-2020-Perspektive mit aufgenommen, die operative Umsteuerung wird aber noch eine größere Herausforderung darstellen. Darauf werde ich im letzten Abschnitt dieses Beitrags noch eingehen.
- *Beratungsangebot für erwachsene Ratsuchende:* Die BA hat mit ihrer bundesweiten Kampagne „Weiter durch Bildung“ zwar auf die essentielle Bedeutung der beruflichen Aus- und Weiterbildung in der heutigen Arbeitswelt aufmerksam gemacht und damit ein wichtiges Thema aufgegriffen, das im OECD-Gutachten von 2002 angesprochen wurde (vgl. auf der Homepage der BA). Allerdings folgte daraus bislang keine, über Einzelinitiativen hinausweisende Gesamtstrategie, die auf die Weiterentwicklung eines eigenständigen

und operativ bedeutsamen Beratungsangebots für Erwerbspersonen zielt. Anders als im Bereich der Berufsberatung für junge Menschen, in dem die BA ihr Angebot kontinuierlich weiterentwickelt, ist diese Entwicklung im Bereich der Beratung von Erwachsenen nicht zu beobachten.

Gut zehn Jahren nach dem OECD-Gutachten ist das Bild also zweigeteilt: Einerseits sind Anzeichen für eine Stärkung von laufbahnbezogenen Beratungsangeboten in der BA zu erkennen, andererseits scheint die Reichweite dieser Entwicklung an erkennbare Grenzen zu stoßen. Wie ist diese Mehrdeutigkeit im Bereich der Programmatik und Programme der BA zu erklären und wie sind die Chancen zu beurteilen, dass die BA den Weg in Richtung eines lebensbegleitenden Berufs- und Karrierebegleiters nachhaltig verfolgt? Hierzu werde ich abschließend zwei Argumentationslinien skizzieren.

4 Politische und struktur-theoretische Herausforderungen

Die Rolle und Entwicklung von Beratungsdienstleistungen in der BA sehe ich durch zwei ambivalent ausgestaltete Kontextbedingungen geprägt: einerseits durch die Mehrdeutigkeit des politisch-rechtlichen Handlungsrahmens und andererseits durch das Spannungsverhältnis zwischen systemischen und lebensweltlichen Formen der Bewältigung von Aufgabenstellungen innerhalb der BA.

1. Als Verwaltungsträger der Arbeitsförderung und als ein Leistungsträger der Grundsicherung für Arbeitsuchende ist die BA Adressat und Akteur der Arbeitsmarktpolitik zugleich. Der durch die beiden Rechtskreise SGB III und SGB II vorgegebene Handlungsrahmen ist durch eine grundlegende Mehrdeutigkeit in der Aufgabenstellung gekennzeichnet. So soll die BA als Träger der Arbeitsförderung nach durchgängiger Auffassung der Bundesregierung und bestehender Rechtslage einerseits ein individualisiertes und hochwertiges Beratungsangebot für alle Jugendlichen und Erwachsenen sicherstellen und damit deutlich über ihren Versicherungsauftrag hinaus gesamtgesellschaftliche Aufgaben übernehmen (§§ 29ff. SGB III, Deutscher Bundestag, 2011, S. 2, 10). Andererseits soll sie für eine schnellstmögliche Integration von Arbeitslosen sowie für eine hocheffiziente Ausgabenpolitik Sorge tragen. Auch das Recht der Grundsicherung ist durch eine grundlegende Ambivalenz gekennzeichnet: Auf der einen Seite steht der Handlungsauftrag an die zuständigen Träger, Leistungsberechtigte schnellstmöglich in Arbeit einzugliedern – selbst wenn diese nicht bedarfsdeckend ist – und fehlende Mitwirkung mit bis zu 100 % der Regelleistungen zu sanktionieren. Auf der anderen Seite haben die Leistungsträger den Auftrag, angesichts der vielfach komplexen Bedarfslagen der berechtigten Personen eine umfassende Unterstützung sicherzustellen, die neben beschäftigungsorientierten Zielen auch Fragen der sozialen Teilhabe und bildungsbezogene Aspekte umfasst (§§ 1, 14 SGB II).

In der Gesetzesbegründung wird explizit darauf hingewiesen, dass sich die Dienstleistung der Beratung auf das „gesamte Leistungsspektrum der Grundsicherung für Arbeitsuchende“ zu erstrecken hat (Deutscher Bundestag, 2010, S. 149).

Je nach Anlass und Anfrage berufen sich politische Entscheidungsträger mal auf diesen, mal auf jenen Aufgabenschwerpunkt, wenngleich der spezifische Beitrag der Arbeitsmarktpolitik im Allgemeinen und der BA im Besonderen hauptsächlich an der Entwicklung und Höhe der Arbeitslosenzahlen gemessen wird. Dagegen haben es die Ansprüche an eine vertiefte und lebensbegleitende berufliche und sozialintegrative Beratung deutlich schwerer, zumal deren Effekte erst in einer Mittelfristbetrachtung nachweisbar sind (Maguire & Killeen, 2003). Dementsprechend konnten auch die verschiedenen Resolutionen und Studien der Europäischen Union, die sich mit der Etablierung einer vernetzten Beratungsinfrastruktur beschäftigen, bislang nur eine punktuelle, nicht aber systematische Bedeutung entfalten (CEDEFOP, 2011).

Ein nachhaltiger und systematischer Ausbau von Beratungsangeboten – so wie in der „BA 2020“-Strategie skizziert – ist erst dann eine realistische Option, wenn dieser Ausbau politisch ausdrücklich gewollt und rechtlich eindeutig verankert wird. Auch wenn die Aktivierungsdebatte nicht mehr so scharf geführt wird, wie zu Zeiten der Agenda 2010, dürften noch „dicke Bretter“ zu bohren sein, um ein sozialpolitisch differenziertes Aktivierungsverständnis handlungswirksam werden zu lassen; ein Aktivierungsverständnis, in dem Forderungen nicht einseitig an die Eigenleistungsfähigkeit und Eigenverantwortung der Bürger adressiert, sondern auch die steigenden Anforderungen an die Sozialpolitik gesehen werden, z. B. in verstärktem Maße geeignete Angebote für unterschiedliche Zielgruppen zu entwickeln (Fretschner, Hilbert & Stöbe-Blossey, 2003, S. 48). Anders als in vielen Krisenländern der Europäischen Union, in denen die akute Bewältigung einer sprunghaft gestiegenen Arbeitslosigkeit in den Mittelpunkt gerückt ist, bietet sich für Deutschland aber immerhin ein gutes Gelegenheitsfenster, den präventiven und inklusiven Charakter der Beschäftigungspolitik nachhaltig auszubauen. Eine qualitativ hochwertige und gut verzahnte Beratungsinfrastruktur könnte hierfür das Fundament bilden und die BA als bundesweit operierender Anbieter einen wichtigen Part übernehmen.

2. Ich möchte noch auf einen anderen, eher theoretisch begründeten Sachverhalt aufmerksam machen, der zu berücksichtigen ist, wenn es um die Frage nach den Bedingungen der Möglichkeit geht, Beratung innerhalb der BA nachhaltig auszubauen. In Anlehnung an die Theorie von Jürgen Habermas (1981) sehe ich die BA durch ein grundlegendes, internes Spannungsverhältnis zwischen systemischen und lebensweltlichen Handlungslogiken und Geltungsansprüchen geprägt. Beratung, als die eine Seite des Spannungsverhältnisses, muss sich öffnen für

subjektive Perspektiven, persönliche und soziale Lebenswelten, insbesondere wenn es um berufliche und sozialintegrative Fragestellungen geht (Rübner & Göckler, 2014). Gerade aus ihrer hohen Responsivität gegenüber den Ratsuchenden und der einzelfallbezogenen Problembearbeitung entsteht ihr spezifischer Beitrag. Sie kann zwar durch organisatorische Routinen und Steuerungsvorgaben entlastet, aber nicht von der Eigendynamik und Eigenlogik konkreter Interaktionsprozesse entbunden werden (Koproduktion). Im Bereich des professionellen Handelns mit Klienten bleibt letztlich die kommunikativ-interaktive Logik der Beratung gegenüber der Logik zweckrationaler, technologischer Handlungsplanung maßgeblich (vgl. Schütze, 1996). Beratung vollzieht sich grundsätzlich in einem Kommunikationsmodus, der auf Fragen, Zuhören und Verstehen sowie auf Rat und Auskunft basiert. Sie muss insoweit auf strategisch-instrumentelle Formen der Handlungskoordination ebenso verzichten wie auf das Steuerungsmedium der Macht. Veränderung auf Seiten des Ratsuchenden setzt Partizipation an den in der Beratung vollzogenen Handlungen und Erkenntnissen voraus, jedenfalls solange es tatsächlich um Beratung geht. Für Großorganisationen, die zur Erfüllung ihres Handlungsauftrages auf diese Form verständigungsorientierter Kommunikation angewiesen sind, bedeutet das ein Kontroll- und Steuerungsproblem, da sie nur indirekt in diese Form der Produktionsprozesse eingreifen können. Prozesse wie diese bleiben letztendlich eine Art „Black Box“ innerhalb des Organisationssystems. Allerdings können sie durch den Einsatz von Steuerungsinstrumenten und Ressourcenzuteilung organisatorisch begrenzt und kanalisiert werden (Kolbe, 2012). Umgekehrt ist es für Großorganisation stets riskant, wenn individualisierte Dienstleistungen aus bestimmten Gründen operativ ein stärkeres Gewicht erhalten sollen, so wie im Strategiepapier „BA 2020“ angekündigt.

Dass wir es hier mit grundsätzlichen Herausforderungen zu tun haben, zeigen die Beobachtungen von Watkins-Hayes (2009) für das amerikanische Wohlfahrtssystem, konkret für die organisatorische Rahmung der Arbeit von *street-level bureaucrats* im Bereich der staatlichen Unterstützung von bedürftigen Familien.

- Watkins-Hayes stellt zum einen fest, dass die Arbeit der *caseworker* mit bedürftigen Familien durch einen doppelten Auftrag aus „help and hassle“ bzw. „support and surveillance“ gekennzeichnet ist, ein Spannungsverhältnis, „that undergrid the public's ambivalence about this population“ (a. a. O., S. 13f.). Dieses Spannungsverhältnis wurde im Zuge der 1996 eingeleiteten Reformen dieses Fürsorgezweigs („work first“ mit einer zeitlich begrenzten Unterstützung) dadurch verstärkt, dass die Problemlagen, mit denen die hilfebedürftigen Eltern in die Agenturen kommen, häufig quer zu der geforderten, schnellstmöglichen Integration in den Arbeitsmarkt liegen und vor Ort „irgendwie“ bearbeitet werden müssen.

- Zum anderen beobachtet Watkins-Hayes als ein durchgängiges Moment, dass sich die Einrichtungen im Rahmen ihrer internen Steuerungs- und Evaluationsprozesse ausgesprochen schwer tun, die Seite im Hilfeprozess abzubilden, die nicht primär auf einer formal akkuraten Arbeitsweise und auf An- und Abmeldungen von Hilfebedürftigen basiert:

  "Accurate and efficient paperwork management outweights most evaluation criteria as add-ons. Most supervisors I observed were able to outline many of the complex issues that their clients face in their welfare-to work transitions that go beyond the job placement program and child care referrals that workers routinely provided. However, the efficacy with which workers help clients address these issues, even in a limited way, plays no role to speak of the enforcement of the evaluation system" (a. a. O., S. 110).

Resultat ist eine eigentümliche Ambivalenz, wie wir sie auch im deutschen Kontext beobachten können:

> "By not consistently implementing a coherent incentive structure and other organizational cues to make the professional model of choice explicit, the organization, in effect, rewards efficiency engineering while creating expectations that workers should become social-work-like case managers" (a. a. O., S. 16).

So fehlen vor Ort häufig die Ressourcen und Anreize für die Mitarbeiter, um ein *in-depth case management* umzusetzen.

Angesichts dieser politischen und strukturellen Herausforderungen sehe ich die BA in absehbarer Zeit eher durch eine spannungsreiche Vielfalt an Ideen und Programmen, Steuerungs- und Kommunikationsformen geprägt als durch eine eindeutige Ausrichtung am Paradigma eines lebenslangen Berufs- und Karrierebegleiters, wie es durch die OECD bzw. den Europäischen Rat skizziert worden ist. Dennoch halte ich die schrittweise Erweiterung des Dienstleistungsspektrums der BA um beraterische Angebote für sehr wahrscheinlich; zu offensichtlich sind inzwischen die vielfältigen Herausforderungen und Bedarfslagen auf dem Arbeitsmarkt der Gegenwart und Zukunft. Art, Umfang und Geschwindigkeit des Ausbaus hängen jedoch von zahlreichen Randbedingungen ab, wie der Entwicklung der wirtschaftlichen Lage und der politischen Meinungs- und Willensbildung in Fragen von Bildung, Beschäftigung und sozialer Teilhabe. Auch sozialwissenschaftliche Analysen und Studien zur Ausgestaltung und Wirkung von Beratung im öffentlich-rechtlichen Kontext können einen – wenn auch wohl nur kleinen – Beitrag zur Meinungsbildung und Weiterentwicklung von Beratungsangeboten leisten.

Literatur

BA (2002) (Hrsg.). OECD-Gutachten zur Berufsberatung – Deutschland. Nürnberg: Bundesagentur für Arbeit.

BA (2009). Gut gerüstet. Fundamente und Perspektiven einer modernen Arbeitsmarktpolitik. Nürnberg: Bundesagentur für Arbeit.

BA (2010). Fallmanagement in der Grundsicherung für Arbeitsuchende. Geschäftsanweisung Nr. 01/2010 vom 13.01.2010. Verfügbar unter: http://www.arbeitsagentur.de/nn_27836/zentraler-Content/HEGA-Internet/A04-Vermittlung/Dokument/GA-NR-01-von-2010-01-13.html [11.09.2013].

BA (2011). Perspektive 2025. Fachkräfte für Deutschland. Nürnberg: Bundesagentur für Arbeit.

BA (2013). BA 2020. Antworten der Bundesagentur für Arbeit auf Fragen der Zukunft. Nürnberg: Bundesagentur für Arbeit.

Bender, G., Bieber, D., Hielscher, V., Marschall, J., Ochs, P. & Vaut, S. (2006). Evaluation der Maßnahmen zur Umsetzung der Vorschläge der Hartz-Kommission. Arbeitspaket 2: Organisatorischer Umbau der BA. Bericht 2006. Saarbrücken. Verfügbar unter: http://www.iso-institut.de/download/2007_01_16_iso-ochs-Bericht_BAEval_%20AP2.pdf [11.09.2013].

Brussig, M. & Knuth, M. (2011). Die Zukunft der Grundsicherung – Individualisieren, konzentrieren, intensivieren. Expertise im Auftrag der Abteilung Wirtschafts- und Sozialpolitik der Friedrich-Ebert-Stiftung. (WISO Diskurs). Bonn: Friedrich-Ebert-Stiftung.

Bundesarbeitsgemeinschaft Arbeit (2013). Verfügbar unter: http://www.bagarbeit.de/themen/key@770 [11.09.2013].

CEDEFOP (Hrsg.). (2011). Lifelong guidance across Europe: reviewing policy progress and future prospects. Working paper No 11. Luxembourg: European Union. Verfügbar unter: http://www.cedefop.europa.eu/en/publications/18625.aspx [11.09.2013].

Council of the European Union (2004). Resolution of the council and of the representatives of the member states meeting within the council on strengthening policies, systems and practices in the field of guidance throughout life in Europe. (Dokument 9286/04 EDUC 89 SOC 234). Brussels. Verfügbar unter: http://ec.europa.eu/education/lifelong-learning-policy/doc/guidance/resolution2004_en.pdf [11.09.2013].

Deutscher Bundestag (1996). Entwurf eines Gesetzes zur Reform der Arbeitsförderung (Arbeitsförderungs-Reformgesetz – AFRG). Drucksache 13/4941.

Deutscher Bundestag (2010). Entwurf eines Gesetzes zur Ermittlung von Regelbedarfen und zur Änderung des Zweiten und Zwölften Buches Sozialgesetzbuch. Drucksache 17/3404.

Deutscher Bundestag (2011). Zur Situation der Berufs- und Bildungsberatung in Deutschland. Drucksache 17/5717.

Fretschner, R., Hilbert, J. & Stöbe-Blossey, S. (2003). Der aktivierende Staat und seine Implikationen für die soziale Arbeit. In H.-J. Dahme & H.-U. Otto (Hrsg.), Soziale Arbeit für den aktivierenden Staat (S. 37-56). Opladen: Leske & Budrich.

Habermas, J. (1981). Theorie des kommunikativen Handelns. 2 Bände. Frankfurt/M.: Suhrkamp Verlag.

Hielscher, V. & Ochs, P. (2009). Arbeitslose als Kunden? Beratungsgespräche in der Arbeitsvermittlung zwischen Druck und Dialog. Berlin: Edition Sigma.

IAB (2013). Agenda 2010 – 10 Jahre Arbeitsmarktreformen. Infoplattform. Verfügbar unter: http://infosys.iab.de/infoplattform/dokSelect.asp?pkyDokSelect =128&title=Agenda_2010_-_10_Jahre_Arbeitsmarktreformen&show=Lit& sortLit=2 [11.09.2013].

Kolbe, C. (2012). Irritationen im Zwangskontext – Interaktionen im SGB II. WSI-Mitteilungen, 65, 198-205.

Krug, G. & Stephan, G. (2011). 3. Ergebnisbericht zum Modellprojekt Pinguin in den Agenturen Bautzen, Leipzig und Mönchengladbach. Nürnberg: IAB.

Kupka, P. & Wolters, M. (2010). Erweiterte vertiefte Berufsorientierung. Überblick, Praxiserfahrungen und Evaluationsperspektiven. (IAB-Forschungsbericht 10). Nürnberg: Institut für Arbeitsmarkt- und Berufsforschung.

Maguire, M. & Killeen, J. (2003). Outcomes from career information and guidance services. Paris: European Commission & OECD.

OECD (2002). OECD Review of Career Guidance Policies. Germany. Country Note. OECD Review Team: Peter Plant, Tony Watts. Verfügbar unter: http:// www.oecd.org/education/educationeconomyandsociety/1939079.pdf [11.09.2013].

OECD (2004a). Career guidance. A handbook for policy makers. Paris: OECD, European Communities.

OECD (2004b). Career guidance and public policy. Bridging the Ggap. Paris: OECD Publications.

Rübner, M. & Sprengard, B. (2011). Beratungskonzeption der Bundesagentur für Arbeit – Grundlagen. Nürnberg: Bundesagentur für Arbeit. Verfügbar unter: http://www.arbeitsagentur.de/zentraler-Content/Veroeffentlichungen/ Beratung/Beratungskonzeption-der-BA-Grundlagen.pdf. [11.09.2013].

Rübner, M. & Göckler, R. (2014). Beratung in der Arbeitsförderung und Grundsicherung. In R. Göckler, M. Rübner, K. H. Kohn, U. Jäger & M. Frank, Beschäftigungsorientiert beraten und vermitteln. Standards für die Arbeitsförderung und Grundsicherung. Regensburg: Walhalla.

Schütz, H., Steinwede, J., Schröder, H., Kaltenborn, B., Wielage, N., Christe, G. & Kupka, P. (2011). Vermittlung und Beratung in der Praxis. Eine Analyse von Dienstleistungsprozessen am Arbeitsmarkt. (IAB-Bibliothek, 330). Bielefeld: Bertelsmann.

Schütze, F. (1996). Organisationszwänge und hoheitsstaatliche Rahmenbedingungen im Sozialwesen: Ihre Auswirkungen auf die Paradoxien des professionellen Handelns. In A. Combe & W. Helsper (Hrsg.), Pädagogische Professionalität. Untersuchungen zum Typus pädagogischen Handelns (S. 183-275). Frankfurt/M.: Suhrkamp Verlag.

SOFI (2011). Evaluation/Implementationsanalyse zum Projekt „Interne ganzheitliche Unterstützung zur Integration im SGB III“ (PINGUIN): Agenturen Bautzen, Leipzig, Mönchengladbach. Schlussbericht. Göttingen: Soziologisches Forschungsinstitut.

Watkins-Hayes, C. (2009). The new welfare bureaucrats: Situated bureaucrats and entanglements of race, class, and welfare. Chicago, IL: University of Chicago Press.

Weise, F.-J. (2008). Auf ein Wort. Dialog. Mitarbeiterzeitschrift der BA, Nr. 2.

II. Zielgruppenspezifische Ansätze der beschäftigungsorientierten Beratung

Bettina Franzke und Christiane Selka

Kontakte von Wiedereinsteigerinnen mit der Bundesagentur für Arbeit: Eine Bestandsaufnahme und Handlungsempfehlungen für eine zielgruppenspezifische Beratung und Förderung[1]

Schlagwörter: Beruflicher Wiedereinstieg – zielgruppenspezifische Beratung – gendersensible Beratung

Key words: vocational re-entry – target specific counselling – gender sensitive counselling

1 Einführung: Beruflicher Wiedereinstieg als Handlungsfeld der Bundesagentur für Arbeit

Wiedereinsteigerinnen sind Frauen, die nach einer Familienphase eine erneute Erwerbstätigkeit in Betracht ziehen. Unterschiedliche Organisationen – so auch die Bundesagentur für Arbeit (BA) – bieten Beratung und Unterstützung für diese Personengruppe an. Neben Aspekten der Chancengleichheit geht es dabei um die Erschließung dieser Zielgruppe zur Fachkräftesicherung in Deutschland.

Verschiedene Studien haben gezeigt, dass nicht erwerbstätige Frauen sowohl von ihrer Anzahl als auch von ihrer Qualifikation ein nicht zu vernachlässigendes Potenzial darstellen (vgl. Allmendinger, 2010; Böhm, Drasch, Götz & Pausch, 2011). In ihrer Broschüre „Perspektive 2025: Fachkräfte für Deutschland" benennt die BA zehn zentrale Handlungsfelder, die gemeinsam den Schlüssel zur Deckung des Fachkräftebedarfs darstellen. Das Handlungsfeld 5 beabsichtigt, die Erwerbsbeteiligung von Frauen zu erhöhen und auf die Ausweitung der Arbeitszeit von Teilzeitbeschäftigten hinzuwirken (Bundesagentur für Arbeit, 2011).

Angesichts dieser Entwicklungen ist es nicht verwunderlich, dass das Thema „Beruflicher Wiedereinstieg" in den letzten Jahren verstärkt in den öffentlichen und

---

[1] Der Beitrag basiert auf dem Abschlussbericht zu der Studie „Nichtleistungsberechtigte Wiedereinsteigerinnen in Westdeutschland und die Arbeitsförderung nach SGB III" (Ebach & Franzke, 2013). Das Projekt wurde durch das Bundesministerium für Familie, Senioren, Frauen und Jugend (BMFSFJ) gefördert. Die Durchführungsverantwortung lag beim Wissenschaftszentrum Berlin für Sozialforschung (WZB). Die Hochschule der Bundesagentur für Arbeit (HdBA) war bei der Umsetzung des Projektes im Auftrag des WZB beteiligt.

politischen Fokus gerückt ist. Es werden erhebliche Anstrengungen unternommen, Frauen für den Arbeitsmarkt zurück zu gewinnen. Das vom Bundesministerium für Familie, Senioren, Frauen und Jugend (BMFSFJ) initiierte und in Kooperation mit der Bundesagentur für Arbeit umgesetzte Aktionsprogramm „Perspektive Wiedereinstieg“ verfolgte das Ziel, Frauen nach einer mehrjährigen familienbedingten Erwerbsunterbrechung beim Wiedereinstieg zu unterstützen (Bundesministerium für Familie, Senioren, Frauen und Jugend & Bundesagentur für Arbeit, 2013).

Während Frauen, die Kinder bekamen, früher oft dauerhaft aus der Erwerbsarbeit ausstiegen und in der sogenannten „Stillen Reserve“ verschwanden, sind sie heute zum Wiedereinstieg bereit. Als Motive für eine Rückkehr in den Beruf geben Mütter materielle als auch immaterielle Gründe an. Den Frauen geht es um die finanzielle Sicherung im Alter, das Auskommen der Familie, ihr Selbstwertgefühl und den Wunsch, eigenes Geld zu verdienen. Zwischen 69 und 78 Prozent der in einer Repräsentativbefragung befragten Mütter stimmen diesen vier Motiven für einen beruflichen Wiedereinstieg zu (Wippermann, 2011, S. 23).

Es stellt sich die Frage, über welche Erwartungen und Erfahrungen Frauen berichten, die eine Berufsrückkehr in Erwägung ziehen und sich deshalb an eine Agentur für Arbeit wenden. In diesem Beitrag werden Ergebnisse aus dem Forschungsprojekt „Nichtleistungsberechtigte Wiedereinsteigerinnen in Westdeutschland und die Arbeitsförderung nach SGB III“ vorgestellt (vgl. Ebach & Franzke, 2013).

Untersucht wurden die Kontakte von Wiedereinsteigerinnen mit der Bundesagentur für Arbeit im Rechtskreis SGB III.[2] Im Fokus standen dabei die Erwartungen und Anliegen von Wiedereinsteigerinnen an die Agentur für Arbeit. Erfahrungen von Wiedereinsteigerinnen mit der Organisation der Bundesagentur für Arbeit konnten weiterhin mit Erfahrungen von BA-Beschäftigten, die dieser Zielgruppe in verschiedener Weise begegnen, verglichen werden. Darüber hinaus wurden in Zusammenhang mit Wiedereinsteigerinnen Interaktionen in den Agenturen für Arbeit analysiert. Letztlich wurde auch ergründet, weshalb sich Wiedereinsteigerinnen für oder gegen eine Arbeitslos- bzw. Arbeitssuchendmeldung entscheiden.

Als sogenannte Nichtleistungsberechtigte haben Wiedereinsteigerinnen keinen Anspruch auf Arbeitslosengeld und damit oft keinen Grund, sich arbeitslos zu

[2] Als Wiedereinsteigerinnen werden in dieser Studie Frauen bezeichnet, die familienbedingt ihre Erwerbsarbeit unterbrochen oder ihren Berufseinstieg nach abgeschlossener Berufsausbildung oder Studium aufgeschoben haben und nun einen beruflichen Wiedereinstieg in Erwägung ziehen. Der Begriff Wiedereinsteigerin ist damit weiter gefasst als der Begriff der Wiedereinsteigerin im Rahmen des Aktionsprogramms „Perspektive Wiedereinstieg“ und als die Definition von Berufsrückkehrerin bzw. Berufsrückkehrer bei der Bundesagentur für Arbeit.

melden. Wenn sie nicht arbeitslos gemeldet sind, haben die betreffenden Frauen keinen Zugang zu arbeitsmarktpolitischen Instrumenten der Bundesagentur für Arbeit. Sie können weder an Maßnahmen zur Aktivierung und beruflichen Eingliederung teilnehmen noch einen Bildungsgutschein zur beruflichen Weiterbildung erhalten oder mit einem Eingliederungszuschuss an einen Arbeitgeber gefördert werden.

Aus den hier vorgestellten Forschungsergebnissen wurden Empfehlungen abgeleitet, wie Wiedereinsteigerinnen besseren Zugang zur Arbeitsförderung der Agenturen für Arbeit erhalten können.

2 Forschungsfragen und hypothetisches Modell

Dem Forschungsdesign lag das in Abbildung 1 wiedergegebene hypothetische Modell zugrunde.

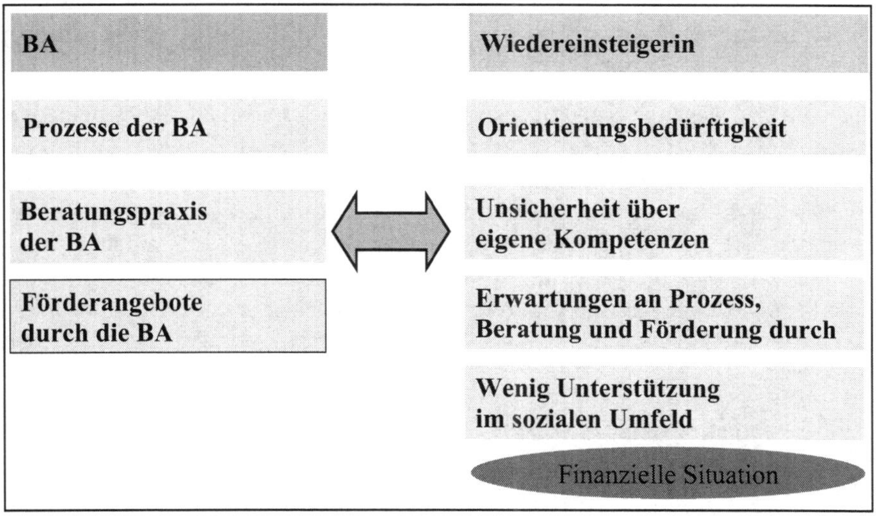

Abbildung 1: Die Bundesagentur für Arbeit und die Situation von Wiedereinsteigerinnen – hypothetisches Modell

Es stellte sich die Frage, wie die teilweise hoch standardisierten Prozesse bei der BA, die in der BA gelebte Beratungspraxis sowie Förderangebote durch die Organisation aufgenommen werden und in welcher Weise diese den beruflichen Wiedereinstieg unterstützen. Auf Seiten der Wiedereinsteigerinnen ist von einer gewissen Orientierungsbedürftigkeit auszugehen. Insbesondere bei längerer Erwerbsunterbrechung ist außerdem anzunehmen, dass bei den Wiedereinsteigerinnen Unsicherheiten über ihre eigenen Kompetenzen bestehen. Hinzu kommt die zu vermutende geringe Unterstützung der Wiedereinsteigerinnen in ihrem sozialen Umfeld. Letztlich wird eine Wiedereinsteigerin, wenn sie sich denn an die BA wendet, auch bestimmte Erwartungen an die Beratung und Förderung durch die BA haben.

Die finanzielle Situation der Wiedereinsteigerinnen wurde als weiterer Einflussfaktor in Erwägung gezogen. Angenommen wird, dass wenn die finanzielle Situation eine Erwerbsarbeit erfordert, die jeweilige Frau den beruflichen Wiedereinstieg stärker vorantreiben wird. Wenn dies nicht der Fall ist, wird der Wiedereinstieg bei Hindernissen möglicherweise aufgegeben oder aufgeschoben.

3 Methodisches Vorgehen

Geforscht wurde in sechs Agenturen für Arbeit in zwei Bundesländern, davon jeweils in einem mit und ohne Landesinitiative Wiedereinstieg. Bei der Auswahl der Agenturen waren in jedem Bundesland eine größere Stadt, eine Kleinstadt und eine ländliche Region vertreten.

In 29 leitfadengestützten Interviews wurden die Erwartungen und Anliegen untersucht, mit denen sich nichtleistungsberechtigte Wiedereinsteigerinnen (W) an die Agentur für Arbeit wenden. Zehn von ihnen hatten bei der Agentur den Status arbeitsuchend oder arbeitslos, 19 waren nicht bzw. nicht mehr bei der Agentur gemeldet. Die Erwartungen der Wiedereinsteigerinnen wurden mit den Angeboten der Agentur abgeglichen. Darüber hinaus wurden bei 15 Hospitationen auf Hospitationsbögen (HB) die konkreten Interaktionen zwischen Vermittlungsfachkräften (zwölf Frauen, drei Männer) und Wiedereinsteigerinnen beobachtet und analysiert.

Um die Perspektive von BA-Beschäftigten näher kennen zu lernen, wurden zusätzlich sieben Interviews in Service Centern, sechs Interviews in den Eingangszonen und 16 Interviews mit Vermittlungsfachkräften (VFK) geführt. Außerdem wurden in den sechs Agenturen, in denen empirische Erhebungen stattfanden, die Beauftragten für Chancengleichheit am Arbeitsmarkt (BCA) befragt.

Abschließend wurden in zwei Workshops mit Vermittlungsfachkräften und BCA Handlungsempfehlungen für die zielgerichtete Beratung und Förderung von Wiedereinsteigerinnen herausgearbeitet. Dabei wurden die Erfahrungswerte von je drei weiteren Agenturen in jedem Bundesland einbezogen. Ferner wurden an den Workshops Verantwortliche für Beratungskonzepte in der Zentrale der BA beteiligt.

Die Daten aus den Interviews und Hospitationen wurden qualitativ-inhaltsanalytisch ausgewertet.

Die Daten wurden zwischen November 2011 und Februar 2012 erhoben. Die Studie ist explorativ angelegt. Sämtliche Ergebnisse verstehen sich als Ausgangspunkt und Impuls für die weitere Forschung und praktische Arbeit. Weitreichende Ableitungen müssten sorgfältig geprüft und ggf. durch vertiefende Forschung abgesichert werden.

4 Ergebnisse

4.1 Die Situation der Wiedereinsteigerinnen

Wiedereinsteigerinnen, die ein Vermittlungsgespräch bei einer Agentur für Arbeit in Anspruch nehmen, bilden bezüglich Alter, Qualifikation und Lebenslage eine heterogene Gruppe. Die betreffenden Frauen zeigen sich hoch motiviert, wieder in das Erwerbsleben einzusteigen. Sie treten relativ selbstbewusst auf und haben klare berufliche Perspektiven. Nur wenige fühlen sich orientierungsbedürftig. Die Frauen suchen in der Regel sozialversicherungspflichtige Beschäftigungen und erleben ihre momentane Beschäftigungssituation (d. h. keine Erwerbsarbeit oder geringfügige Beschäftigungen) als unvorteilhaft. Sie sind sehr an Qualifizierung und Weiterbildung interessiert. Wenn sie bei der Agentur für Arbeit vorstellig werden, haben sie bereits die Kinderbetreuung geregelt und damit in dieser Hinsicht die Voraussetzungen für eine (Teilzeit-)Beschäftigung geschaffen.

Die Partner der Wiedereinsteigerinnen zeigen sich beim beruflichen Wiedereinstieg wenig unterstützend. *„Der erwartet von mir eigentlich nur fertige Ergebnisse“* (W9), stellt eine der Befragten heraus. Oder es heißt: *„Wenn ich was für mich will, muss ich das selber hinkriegen“* (W7). Ihre eigene Berufstätigkeit ordnen die Frauen derjenigen des Mannes, der den Hauptteil des Familieneinkommens sichert, unter. Die Haupt-, mitunter auch alleinige Verantwortung für Haushalt und Kinder liegt weiterhin bei der Frau und Mutter. Dies kommt in der Aussage zum Ausdruck: *„Er würde nicht zurückstecken ..., damit ich mehr arbeiten kann“* (W1).

Die Vermittlungsfachkräfte teilen diese Einschätzungen über die Lebenspartner der Wiedereinsteigerinnen. Dass die Lebenspartner oft wenig unterstützend sind, wird als ein Hemmnis erkannt. Wer nach Trennung und Scheidung wieder in den Beruf einsteigen möchte, gilt bei den Vermittlungsfachkräften tendenziell als *„schwieriger Fall“* (HB 15).

In vielen weiteren Punkten stimmen die Sichtweisen der Vermittlungsfachkräfte mit dem Selbstbild der Wiedereinsteigerinnen überein: Die Vermittlungsfachkräfte erleben die Frauen überwiegend als motiviert und *„Powerfrauen“*, die bereit seien, *„einiges zu tun“* (VFK7). Die Wiedereinsteigerinnen würden nach außen selbstbewusst auftreten, seien jedoch im Inneren unsicher. Sie „*trauen sich [...] nicht wirklich*“ (VFK3) und würden sich „*einfach schlechter verkaufen können*“ (BCA4). Wiedereinsteigerinnen würden viele Fragen stellen und hätten mitunter unrealistische Vorstellungen über die Erwerbsarbeit. Frauen, die in den Beruf zurückkehren wollen, würden mehrheitlich über eine Berufsausbildung oder ein Hochschulstudium verfügen und hätten in der Regel eine klare berufliche Perspektive vor Augen. Sie äußerten ein großes Interesse an Qualifizierung und Weiterbildung. Die meisten hätten bereits für den Fall einer Arbeitsaufnahme die Kinderbetreuung geregelt. Nur wenige zeigten sich orientierungslos, viele jedoch erlebten ihre Beschäftigungsaussicht negativ und hätten Absagen aus Bewerbungen hinnehmen müssen. Insgesamt wird die familienbedingte Erwerbsunterbrechung als Hemmnis im Integrationsprozess bewertet. Darüber hinaus sehen die Vermittlungsfachkräfte die fehlende zeitliche Flexibilität sowie die mangelnde Mobilität der Frauen als schwierig für die Vermittlung an. Stereotypisierungen treten nur vereinzelt auf; so bezeichnet eine Vermittlungsfachkraft Frauen, die in den Beruf wieder einsteigen wollen, als *„meine Muttis“* (HB 1).

4.2 Erwartungen der Wiedereinsteigerinnen und Angebote der Agentur

Wiedereinsteigerinnen wenden sich mit sehr unterschiedlichen Erwartungen und Anliegen an die Agentur für Arbeit. Es konnten fünf verschiedene Haltungsmuster identifiziert und mit den bestehenden Angeboten der Agentur abgeglichen werden (s. zusammenfassend Tab. 1).

Tabelle 1: Erwartungen von Wiedereinsteigerinnen und Angebote der Agentur für Arbeit

	Erwartungen der Wiedereinsteigerinnen	Angebote der Agentur für Arbeit	Möglich für
Gruppe 1	Informationen und Beratung zu Berufen, beruflichen Möglichkeiten und dem Arbeitsmarkt	Informations- und Beratungsangebot	Ratsuchende, Arbeitsuchende, Arbeitslose mit und ohne Leistungsbezug
Gruppe 2	Arbeitsvermittlung und Stellenangebote	Vermittlungsangebot	Arbeitsuchende, Arbeitslose mit und ohne Leistungsbezug

Gruppe 3	Konkrete Hilfe bei Bewerbungen und Stellensuche	Teilweise abgedeckt durch: • Beratungsangebot, wenn VFK konkrete Hilfe-stellung geben oder das Berufsinformationszentrum Angebote vorhält • Förderangebot in Form von Bewerbungstrainings	je nach Angebot
Gruppe 4	Weiterbildungs-angebote	Förderangebot	Arbeitslose mit und ohne Leistungsbezug
Gruppe 5	Umfassende Beratung und Unterstützung	wird von der Agentur nicht geleistet	

Eine erste Erwartung von Wiedereinsteigerinnen an die Agentur für Arbeit besteht in der **Information und Beratung zu beruflichen Möglichkeiten und dem Arbeitsmarkt**. Eine Wiedereinsteigerin hat den Wunsch, *„dass man da eben ein bisschen Motivation kriegt"* (W4), während eine andere sich *„ein bisschen der Wegführung, wie ich jetzt wieder in dieses Berufsleben hineinkomme"* (W8) erwartet.

Diesem Anliegen kann die Agentur grundsätzlich gerecht werden. Die Informationsveranstaltungen der Beauftragten für Chancengleichheit am Arbeitsmarkt werden von den Wiedereinsteigerinnen positiv aufgenommen. Über die Beratung durch Vermittlungsfachkräfte berichten sie, dass diese noch individueller auf sie abgestimmt und ihre familiären Aufgaben und zeitlichen Einschränkungen noch stärker berücksichtigt werden könnten. Angeregt wird ein sensibler Umgang der Agentur für Arbeit sowie von Bildungsträgern mit Wiedereinsteigerinnen. Eine Wiedereinsteigerin hebt hervor, dass es ihr wichtig sei, als Individuum in einem familiären Kontext wahrgenommen zu werden und *„nicht nur (...) als Nummer 15 vom Stapel des Tages da durchgeschleust zu werden"* (W1). Die Wiedereinsteigerinnen erhoffen sich ferner, dass auf ihre spezifische Situation eingegangen wird. Es heißt: *„Also ich denke, da ist es wichtig, mal im Ton und im Verständnis einen Unterschied zu machen zwischen jemand (...), der (...) nicht so wirklich arbeitswillig ist, aber immer irgendetwas möchte, und Müttern, die einfach sich dazu entschieden haben (...), ob ich mich manchmal so bewusst entschieden habe, weiß ich gar nicht, es war so der Weg, ich bin einfach erstmal zuhause geblieben und jetzt möchte ich gerne wieder eine Arbeit finden, ich möchte hier nicht irgendetwas beantragen, was Quatsch ist, sondern etwas, was sinnvoll ist und deswegen* *möchte ich da auch sinnvoll beraten werden“* (W20). Einige Wiedereinsteigerinnen wünschen sich eine spezielle Abteilung oder Anlaufstelle für Wiedereinsteigerinnen und Alleinerziehende innerhalb der Agentur für Arbeit.

Weiterhin erwarten die Frauen von der Agentur für Arbeit **Arbeitsvermittlung und Stellenangebote:** Dieser Erwartung kann die Agentur im Allgemeinen durch Vermittlungsangebote entsprechen. Einige Wiedereinsteigerinnen mit diesem Anliegen bedauern, entweder keine oder keine aus ihrer Sicht passenden Vermittlungsvorschläge erhalten zu haben.

Konkrete Hilfe bei Bewerbung und Stellensuche ist eine weitere Erwartung, mit der sich Wiedereinsteigerinnen an die BA wenden. Eine Wiedereinsteigerin stellt heraus, dass sie bei der Erstellung von Bewerbungsunterlagen *„eigentlich total hilflos“* (W29) sei. Diese Aufgabe nimmt die Agentur wahr, indem Vermittlungsfachkräfte individuelles Feedback zu Bewerbungsunterlagen geben oder in Veranstaltungen, zum Beispiel im Rahmen einer speziell für diese Gruppe aufgelegten Informationsreihe (im Berufsinformationszentrum), über das Thema „Bewerbung“ gesprochen wird. Darüber hinaus ist ein Förderangebot in Form von Bewerbungstrainings möglich. Einige Frauen stellen heraus, dass sie die erhoffte Rückmeldung und direkte, konkrete Hilfestellung ihrer Vermittlungsfachkraft zu ihren Bewerbungsunterlagen nicht erhalten haben. Mitunter wollen die Vermittlungsfachkräfte sie zu einem mehrwöchigen Bewerbungstraining anmelden, was nicht von allen Frauen gewünscht und als zielführend angesehen wird. Besonders hilfreich und nützlich werden hingegen Veranstaltungen des Berufsinformationszentrums zum Themenfeld „Bewerbung und Stellensuche“ eingeschätzt.

Wiedereinsteigerinnen wenden sich auch an die Agentur, weil sie **Weiterbildungen** suchen und umsetzen wollen. Teilweise adressieren sie sehr konkrete Weiterbildungswünsche an die Vermittlungsfachkräfte. Dabei werden Präsenz- gegenüber Online-Kursen bevorzugt. Die Agentur kann auf Weiterbildungswünsche eingehen, wenn entsprechende Fördervoraussetzungen vorliegen. In der Regel wird auf die Lernbörse der BA und Bewerbungstrainings verwiesen. Bei EDV-Kursen ist keine klare Linie erkennbar: Während einigen Wiedereinsteigerinnen keine EDV-Kurse zur Verfügung gestellt werden, sollen andere an diesen teilnehmen, obwohl dies nicht ihrem Anliegen entspricht. Trainingsmaßnahmen (mit Praktikum), betriebswirtschaftliche Weiterbildung und die Ausbildung in Bedarfsberufen (z. B. Pflege) sind weitere Förderungen, welche die Agenturen den Wiedereinsteigerinnen anbieten.

Die Erwartung einer **umfassenden Beratung und Unterstützung** ist selten, kommt aber vor: In diesem Fall erwarten die Wiedereinsteigerinnen in ihrer Lebenssituation eine umfassende Beratung und Unterstützung, welche unter anderem auf die Klärung bzw. Lösung von Problemlagen im sozialen oder privaten Umfeld abzielt. In diesem Bereich hält die Agentur kein Beratungsangebot vor und verweist ggf. auf externe Beratungsstellen bzw. Coachingangebote für Wiedereinsteigerinnen.

In der Gesamtbetrachtung reagiert die Agentur für Arbeit auf die Erwartungen der Wiedereinsteigerinnen mit den ihr zur Verfügung stehenden Angeboten. Doch nicht jede Frau hat freien Zugang zu allen Angeboten. Dieser hängt auch vom Status ab: Während Information und Beratung allen Wiedereinsteigerinnen offen stehen, setzen Arbeitsvermittlung und Stellenangebote voraus, dass die Person arbeitsuchend oder arbeitslos gemeldet ist. Hilfe bei Bewerbungen und Stellensuche ist, je nachdem, von wem sie geleistet wird (Berufsinformationszentrum, Vermittlungsfachkraft, Maßnahmeträger), ebenfalls nur zum Teil unverbindlich (Berufsinformationszentrum), während sie als Maßnahme den Status „arbeitslos“ voraussetzt. Die Weiterbildung von Wiedereinsteigerinnen durch Maßnahmen der BA kann nur gefördert werden, wenn die Person arbeitslos gemeldet ist.

4.3 Gründe für und gegen eine Arbeitsuchend- und Arbeitslosmeldung

Die Studie brachte hervor, dass die Gründe von Wiedereinsteigerinnen, sich weder arbeitsuchend noch arbeitslos zu melden, oft darin liegen, dass sie sich noch in der Orientierungsphase sehen und keine (von ihnen angenommenen) Verpflichtungen und Verbindlichkeiten eingehen möchten. Hinzu kommen Berührungsängste zur Institution der BA sowie die Wahrnehmung, nach Teilnahme an einem Wiedereinstiegskurs im Rahmen des ESF-Programms bzw. der Landesinitiative keinen weiteren Beratungsbedarf zu sehen.

Diejenigen Wiedereinsteigerinnen, die sich arbeitsuchend, aber nicht arbeitslos melden, fürchten ebenfalls die mit einer Arbeitslosmeldung verbundenen Verpflichtungen oder sie erfüllen (noch) nicht die Voraussetzung für eine Arbeitslosmeldung.

Bei finanzieller Notwendigkeit sind bzw. wären die Wiedereinsteigerinnen eher bereit, sich arbeitslos zu melden.

4.4 Anforderungen an Vermittlungsfachkräfte im Kontext der Beratung und Vermittlung von Wiedereinsteigerinnen

In den Hospitationen wurde beobachtet, dass die an die Vermittlungsfachkräfte im Allgemeinen und im Kontext der Beratung und Vermittlung von Wiedereinsteigerinnen im Besonderen gestellten Anforderungen zahlreich und hoch sind.

In **fachlicher Hinsicht** muss die Vermittlungsfachkraft über sehr gute Kenntnisse des Arbeitsmarktes verfügen. Sie sollte mit verschiedenen Berufsbildern vertraut sein und den Arbeitskräftebedarf in ihrer Region einschätzen können.

Gleichzeitig benötigt die Vermittlungsfachkraft fundiertes Wissen im Sozialrecht, insbesondere in Bezug auf Fördervoraussetzungen für Umschulungen und Weiterbildungen sowie über Förderinstrumente. Bei der Vermittlungsfachkraft wird die Fähigkeit vorausgesetzt, einschätzen zu können, ob und ggf. wie bestimmte Weiterbildungen bzw. Weiterqualifizierungen die Beschäftigungsfähigkeit einer Person steigern. Die Wirkkraft von Weiterbildung und Bewerbungsstrategien variiert je nach Kundengruppe. Was sich für eine Kundin ohne familienbedingte Erwerbsunterbrechung als sinnvoll erwiesen hat (z. B. eine bestimmte Fördermaßnahme), kann für eine Wiedereinsteigerin noch zu früh sein. Aber auch das Gegenteil kann der Fall sein: Während bei einem durchschnittlichen Kunden ein psychologisches Gutachten keinen Begründungszusammenhang findet, kann ein solches bei einer Wiedereinsteigerin einen Beitrag zur Standort- und Zielbestimmung leisten.

Damit die Vermittlungsfachkraft Fragen von Wiedereinsteigerinnen beantworten kann, sollte sie sich zudem mit renten- und steuerrechtlichen Aspekten auskennen. Zumindest wird von ihr erwartet, dass sie an eine kompetente andere Stelle verweist.

Unabdingbar sind Kenntnisse BA-spezifischer Prozesse: Um in der Organisation wirken zu können, muss eine Vermittlungsfachkraft beispielsweise das Profiling, BA-spezifische IT-Anwendungen und Dokumentationsformen sowie den Abschluss und die Überprüfung von Eingliederungsvereinbarungen beherrschen.

Zum Standard in der Vermittlung gehört es, dass Kundinnen und Kunden einer Vermittlungsfachkraft ihre Bewerbungsmappe zeigen und sie Rückmeldungen über Optimierungsmöglichkeiten ihrer Unterlagen erhalten. Im Falle von Wiedereinsteigerinnen wird von einer Vermittlungsfachkraft erwartet, dass sie spezifische Fragen bei der Darstellung familienbedingter Erwerbsunterbrechungen und geringfügiger Beschäftigungen beantworten kann. Darüber hinaus sollte sie auf die Möglichkeiten eines Bewerberprofils auf der BA-Internetseite hinweisen und zur Generierung eines solchen Profils beraten können.

Für die Entwicklung einer zu der Qualifikation und spezifischen Situation der Wiedereinsteigerin passenden Bewerbungs- und Integrationsstrategie benötigt die Vermittlungsfachkraft Kreativität, Wissen und Erfahrung.

Die Vermittlungsfachkräfte werden den fachlichen Anforderungen, die sich ihnen im Kontext der Integration von Wiedereinsteigerinnen stellen, insofern gerecht, als dass sie die für Kundinnen und Kunden ohne familienbedingte Erwerbsunterbrechung geltenden rechtlichen Voraussetzungen, Kompetenzmessungen, Förderungen, Integrations-, Weiterbildungs- und Bewerbungsstrategien sowie BA-Prozesse auf Wiedereinsteigerinnen übertragen. Sobald es um Detailfragen geht, verweisen die Vermittlungsfachkräfte erstens auf die Info-Veranstaltung zum Wiedereinstieg und zweitens auf zielgruppenspezifisches Informationsmaterial wie den Leitfaden zur Berufsrückkehr.

Die an die Vermittlungsfachkraft in **beraterischer Hinsicht** gestellten Anforderungen betreffen die beraterische Einstellung und Beziehungsgestaltung, Techniken und Methoden der Beratung sowie die Ressourcenaktivierung.

Um die Lebenswelt und das Erleben einer Kundin zu verstehen, bedarf es der aus der klientenzentrierten Gesprächsführung bekannten beraterischen Haltungen der Empathie und Wertschätzung (vgl. Rogers, 1977). Beide Variablen sind entscheidend für den Aufbau und die Aufrechterhaltung einer positiven Beziehung zu der ratsuchenden Person. Darüber hinaus wird die Kontaktherstellung durch das Eingehen auf Wünsche und Bedürfnisse der Wiedereinsteigerinnen gefördert.

Als weitere Anforderung konnte die Beherrschung und situative Anwendung von Beratungsmethoden und -techniken herausgestellt werden. Von Bedeutung sind hierbei die verschiedenen Zuhörtechniken wie Zusammenfassen, Paraphrasieren und aktiv-aufmerksames (empathisches) Zuhören. Ebenfalls relevant sind Fragetechniken, wobei der offenen gegenüber einer geschlossenen Form in Beratungsgesprächen der Vorzug zu geben ist, um die Sichtweisen der ratsuchenden Person einzubeziehen. Darüber hinaus wird von der Vermittlungsfachkraft verlangt, dass sie die Feedbackregeln verinnerlicht hat und in der Lage ist, den Wiedereinsteigerinnen zu ihrem jeweiligen Qualifikationsprofil sowie den individuellen Vermittlungschancen und möglichen Bewerbungsstrategien konstruktive Rückmeldungen zu geben. Nicht zuletzt ist auch entscheidend, für die Wiedereinsteigerin eine Transparenz des Beratungsprozesses herzustellen und mit ihr gemeinsam den weiteren Weg zu gestalten.

Insbesondere gegenüber der Zielgruppe der Wiedereinsteigerinnen ist eine ressourcenaktivierende Gesprächsführung unerlässlich. Diese steht im Gegensatz zu stark problemorientierten Sichtweisen und Beratungsformen und ist stets dann beraterisch empfohlen, wenn bei der zu beratenden Person Stärken aktiviert und Perspektivwechsel hervorgerufen werden sollen.

Über alle Vermittlungsfachkräfte hinweg ist Folgendes ersichtlich: Unter der Voraussetzung, dass eine Vermittlungsfachkraft durch ihre beraterische Haltung und ihre Gesprächskompetenz eine gute Beziehung zur Wiedereinsteigerin aufbaut, sie kommunikative Techniken adäquat einsetzt und dem Gespräch eine ressourcenorientierte Richtung gibt, hat dies eine gute Gesprächsatmosphäre zur Folge. Die Wiedereinsteigerin erlebt die Ergebnisse als hilfreich und geht motiviert aus dem Gespräch heraus. Setzt sich eine Vermittlungsfachkraft dagegen über die beraterischen Anforderungen hinweg und agiert vorrangig auf der Sachebene, ohne den Aufbau eines Arbeitsbündnisses zu fördern, so verläuft das Gespräch eher konflikthaft und die Wiedereinsteigerin geht auf Distanz zum Geschehen.

4.5 Merkmale der Interaktion in den Vermittlungsgesprächen

Bei den Wiedereinsteigerinnen lassen sich zu Beginn des Vermittlungsgesprächs vier Verhaltensmuster feststellen. Ein erster Typus tritt laut und selbstbewusst auf. Ein zweiter zeigt sich ruhig und gelassen. Ein dritter Typus verhält sich unsicher und zurückhaltend. Ein vierter begegnet der Vermittlungsfachkraft mit Skepsis, bedingt durch kritische Erfahrungen mit einer Agentur für Arbeit oder einem Jobcenter in der Vergangenheit.

Unabhängig vom anfänglichen Auftreten der Wiedereinsteigerinnen, begegnen die Vermittlungsfachkräfte den Wiedereinsteigerinnen in den beobachteten Gesprächen zugewandt und sorgen für eine positive Atmosphäre. **Aufbau und Aufrechterhaltung eines Arbeitsbündnisses** sind zumeist gegeben, können jedoch im Laufe des Gesprächs durch ein ausführliches, im 4-Phasen-Modell vorgesehenes und für die Vermittlung grundsätzlich nützliches Profiling und das Verwehren von Förderungen auf die Probe gestellt werden.[3]

Eine Schlüsselfrage für das Gelingen des Beratungsgesprächs ist weiterhin, ob es den Vermittlungsfachkräften gelingt, mögliche negative Emotionen bei den Kundinnen empathisch aufzunehmen. Wiedereinsteigerinnen erleben die Situation der Arbeitssuche von neutral bis sehr negativ. Etwa die Hälfte der beobachteten Wiedereinsteigerinnen legt sehr offen Gefühle der Frustration, Enttäuschung, Verzweiflung, Hilf- bzw. Perspektivlosigkeit, Überforderung, Empörung oder des Ärgers dar. *„Welche Chancen habe ich überhaupt?“* (HT15), *„Melden sich die Firmen dann auch? Wie realistisch ist das?“* (HT14), sind Beispiele entsprechender Gefühlsäußerungen. Auslöser der negativen Emotionen sind fehlende Rückmeldungen oder Absagen bei der Stellensuche und Verunsicherungen bezüglich der eigenen Kompetenzen und Arbeitsmarktchancen (*„Es gibt Bürokauf-*

---

[3] Bei dem 4-Phasen-Modell handelt es sich um ein BA-internes Konzept, nach dem die arbeitnehmerorientierte Beratung und Vermittlung einem strukturierten, aus vier Phasen bestehenden Problemlöseprozess folgt. Nach einer Erhebung von Stärken und Potenzialen, dem sog. Profiling, geht es um die Erarbeitung von arbeitsmarktlichen Zieloptionen. Anschließend werden Strategien mit Blick auf diese Optionen ausgewählt und diese in einem letzten Schritt u. a. über die Eingliederungsvereinbarung umgesetzt und nachgehalten (vgl. Zentrale der Bundesagentur für Arbeit, 2012).

frauen wie Sand am Meer", HB3). Verzweiflung kommt auch in der Aussage *„Hauptsache, ich bin erst einmal drin, dann kann ich mich beweisen. Doch ich komme nicht rein"* (HT14) zum Ausdruck. Den Vermittlungsfachkräften gelingt es, abhängig von der gezeigten Empathie und Wertschätzung, auf diese Emotionen einzugehen. **Einfühlende Reaktionen führen dabei zu einem besseren Arbeitsbündnis**, als wenn die zum Teil starken Gefühlsäußerungen der Wiedereinsteigerinnen ignoriert oder negativ kommentiert werden.

Die Gefühle von Wiedereinsteigerinnen sowie Erlebens- und Verhaltensweisen von Vermittlungsfachkräften treten zum Großteil symmetrisch auf. Verhält sich die Vermittlungsfachkraft eher abweisend und kommuniziert sie überwiegend auf der Sachebene, hat dies negative Gefühle bei der Wiedereinsteigerin zur Folge. Gelingen Aufbau und Aufrechterhaltung einer positiven Beziehung, wird das Arbeitsbündnis gestärkt und die Frauen gehen motiviert und zufrieden aus dem Gespräch.

Die am beruflichen Wiedereinstieg interessierten Frauen betonen ihre Offenheit für neue Berufsfelder und die Bereitschaft zur Einarbeitung in unbekannte Themengebiete. Eine Wiedereinsteigerin bringt es auf den Punkt, wenn sie herausstellt: *„Ich kann alles, wenn ich mich einarbeite"* (HT7). Allerdings können und wollen die meisten Wiedereinsteigerinnen nur Teilzeit im Rahmen der verfügbaren Kinderbetreuungsmöglichkeiten arbeiten. Der großen inhaltlichen Flexibilität steht eine begrenzte zeitliche Flexibilität gegenüber. **Typische Fragen**, die Wiedereinsteigerinnen an die Vermittlungsfachkräfte adressieren, lauten: Kann ich in meinen alten Beruf zurückkehren?, Wie komme ich an eine Teilzeitstelle?, Was brauche ich an Weiterbildung? und Wie kann mich die Agentur finanziell unterstützen?

In den Gesprächen erhalten die Wiedereinsteigerinnen überwiegend **Informationen** zu ihren Fragen. Bei der Stellensuche, Erstellung und Optimierung von Bewerbungsunterlagen und -strategien werden sie punktuell unterstützt, unter anderem durch Rückmeldungen zu den Bewerbungsunterlagen. In der Regel findet ein Stellensuchlauf statt und die Hälfte der Frauen erhält Vermittlungsvorschläge.

Vermittelt wird tendenziell in **geringfügige Beschäftigungen** (400-Euro-Jobs, Zeitarbeit) sowie in **Tätigkeiten unter- oder außerhalb der Qualifikation** der Wiedereinsteigerinnen. Die Entwicklung einer systematischen, individuellen Integrationsstrategie für die Wiedereinsteigerinnen wurde nicht beobachtet.

Die (oft sehr kritische) **Einstellung des Lebenspartners** zum Wiedereinstieg wird, sofern dies von der Wiedereinsteigerin angesprochen wird, zur Kenntnis genommen, jedoch in der Regel nicht zum Thema im Vermittlungsgespräch gemacht. Mit den Motiven und Ängsten der Wiedereinsteigerinnen wird beraterisch nicht gearbeitet. Ebensowenig wird zur Statusfrage beraten. Wenn der bisherige Status „ratsuchend“ war, wird dieser stets in „arbeitsuchend“ oder „arbeitslos“ überführt. Nähere Erläuterungen und Abwägungen über den für die jeweilige Frau passenden Status fanden in den beobachteten Gesprächen nicht statt.

Zur **Erfassung von Qualifikationen** und Kompetenzen wird das BA-spezifische Tool zum Profiling angewendet. Dabei stellte sich in den Beobachtungen heraus, dass dieses außerberuflich oder in der Berufspraxis erworbene Fähigkeiten, Fertigkeiten und Kenntnisse der Wiedereinsteigerinnen nicht erfasst und diese möglichen Arbeitgebern nicht aufgezeigt werden können.

Die Mitarbeiterinnen und Mitarbeiter der BA treten als Kenner des Arbeitsmarktes, BA-spezifischer Tools (Online-Lernbörse, Kursnet usw.) und Feedbacklieferant zu den Bewerbungsunterlagen auf. Bezüglich der Finanzierung von Weiterbildungen, Umschulungen und **Fördermaßnahmen** besteht keine einheitliche Linie. Hier hängt es von der regionalen Agentur ab, ob und ggf. welche Unterstützung eine Wiedereinsteigerin zu erwarten hat. In zwei Dritteln der Gespräche wurden keine Maßnahmen eingeleitet.

50 Prozent der Frauen erhalten einen **Folgetermin**. Bei den anderen stellt sich die Frage, wie es ohne eine fortlaufende Begleitung und Beratung durch die Agentur weitergehen soll. Es ist davon auszugehen, dass die Agentur nur punktuell berät, den Prozess des Wiedereinstiegs nicht kontinuierlich unterstützt bzw. begleitet und die Frauen in keinem weiteren Kontakt zur Agentur stehen.

Die **Eingliederungsvereinbarung** wird oft nicht näher erläutert. Beide Seiten scheinen dies als formales Dokument zu betrachten: Die Mehrheit der Wiedereinsteigerinnen unterschreibt die Vereinbarung, ohne diese zu hinterfragen oder zu kommentieren.

5 Handlungsempfehlungen für die beschäftigungsorientierte Beratung

Die Workshops mit den Praxisvertreterinnen und -vertretern, Gender- und Beratungsexpertinnen brachten Empfehlungen zur Beratung und Förderung von Wiedereinsteigerinnen zum Vorschein. Eine Standortbestimmung zur Wirksamkeit bzw. dem Nutzen verschiedener Aspekte hinsichtlich der Förderung des beruflichen Wiedereinstiegs findet sich in Tabelle 2.

Tabelle 2: Einschätzung des Nutzens verschiedener Aspekte hinsichtlich der Förderung des beruflichen Wiedereinstiegs durch Teilnehmende der Workshops

Nr.	Thema	Ist
1	Ansprache der Zielgruppe	-
2a	Beratung durch Vermittlungsfachkräfte bei der Arbeitsagentur	-
2b	Förderinstrumente der BA	+
2c	Arbeitgeber-Beratung	o
3	Rolle der Beauftragten für Chancengleichheit am Arbeitmarkt	+
4	Kooperationen der BA	+
5a	ESF-/Bundes-/Landesprogramme	+
5b	Mehrgenerationenhäuser	-

- Optimierungsbedarf; o ausbaufähig; + positive Einschätzung.

Positiv bewertet wurden die verfügbaren Förderinstrumente der BA, das Engagement der Beauftragten für Chancengleichheit am Arbeitsmarkt für Wiedereinsteigerinnen, bestehende Kooperationen zwischen den Agenturen und anderen Einrichtungen sowie das Vorhandensein von ESF-, Bundes- oder Landesprogrammen, mit denen Frauen gezielt beim Wiedereinstieg unterstützt werden. Das bestehende Förderinstrumentarium passt grundsätzlich auf die Zielgruppe der Wiedereinsteigerinnen, sofern es denn ausgeschöpft und individuell angepasst werden kann (z. B. der Eingliederungszuschuss).

Die Ansprache der Zielgruppe der Wiedereinsteigerinnen, deren Beratung in den Agenturen für Arbeit sowie mögliche Vernetzungen mit Mehrgenerationenhäusern haben hingegen Optimierungsbedarf. Auch bezüglich der Arbeitgeberberatung gibt es Ideen, sich noch stärker auf die Bedarfe von Wiedereinsteigerinnen einzurichten. Hier geht es um die Verstärkung der Strategien zur Akquisition von Teilzeitstellen sowie die Vorstellung von Wiedereinsteigerinnen vor Ort bei den Unternehmen.

Zur verbesserten Ansprache der **Zielgruppe** wurde empfohlen, generell die Willkommenskultur und Dienstleistungsmentalität innerhalb der Organisation weiter zu fördern. Außerdem wird es als hilfreich angesehen, für die Frauen einen niedrigschwelligen Zugang zur Agentur für Arbeit (z. B. Sprechstunden im Berufsinformationszentrum) zu schaffen, um Hemmschwellen abzubauen, Befürchtungen von Wiedereinsteigerinnen zu beseitigen und sie in einem „unbelasteten Ambiente abzuholen".

Bei der Weiterentwicklung der **Beratungsprozesse und -angebote** ist an mehrere Punkte zu denken. Der Status „ratsuchend" ist im Kontext der beschäftigungsorientierten Vermittlung noch relativ neu. Die Möglichkeiten der Beratung zum Beispiel bei beruflicher Um- und Neuorientierung müssen erst noch erprobt werden. Zurzeit gilt die Richtlinie, den Status „ratsuchend" rasch zugunsten eines anderen Status aufzuheben. Eventuell kann es sinnvoll sein, eine Person über mehrere Beratungstermine hinweg in diesem Status zu belassen, um einer „Sondierungsberatung" Zeit und Raum zu geben. Bei einer solchen Sondierungsberatung würde die Beraterin oder der Berater mit der Frau klären, inwieweit sie zu diesem Zeitpunkt wieder einsteigen möchte und grundsätzlich zum Wiedereinstieg bereit ist (ggf. auch mehrere Gespräche im Status „ratsuchend").

Wie ein optimaler Beratungsprozess für Wiedereinsteigerinnen aussehen könnte, ist in Abbildung 2 wiedergegeben: Nach dem Besuch einer Informations- bzw. Gruppenveranstaltung bei der Beauftragten für Chancengleichheit am Arbeitsmarkt könnte eine Sondierungsberatung durch die BA oder andere externe Stellen erfolgen. In dieser Phase ist eine Wiedereinsteigerin als „ratsuchend" gemeldet. Erst wenn die Wiedereinsteigerin beschlossen hat, wieder eine Erwerbsarbeit aufzunehmen und hierfür die Voraussetzungen in ihrem sozialen Umfeld geschaffen worden sind (z. B. Sicherstellung der Kinderbetreuung), kann an dem konkreten Einstieg gearbeitet werden. Jetzt können Fördermaßnahmen und die Arbeitsvermittlung bei den Agenturen für Arbeit greifen, wobei eine Arbeitslosmeldung das Spektrum an Möglichkeiten erhöht.

Insgesamt sollten Betreuung und Beratung in den Agenturen für Arbeit intensiviert sowie der Beratungsgedanke weiter gestärkt werden. Kundinnen brauchen Zeit und einen angemessenen Rahmen, um Vertrauen zu gewinnen. Systemische Betrachtungsweisen setzen voraus, dass ganzheitlich und auf den sozialen Kontext geschaut wird, bevor das Denken und Handeln in Vermittlungsprozessen einsetzt. Im Einzelnen wird angeregt, Fragen zur zeitlichen Verfügbarkeit und Mobilitätsbereitschaft hintanzustellen, um ein stabiles Arbeitsbündnis aufzubauen. Ferner sollte bei Bedarf die Möglichkeit einer ausführlichen Kompetenzdiagnostik bestehen.

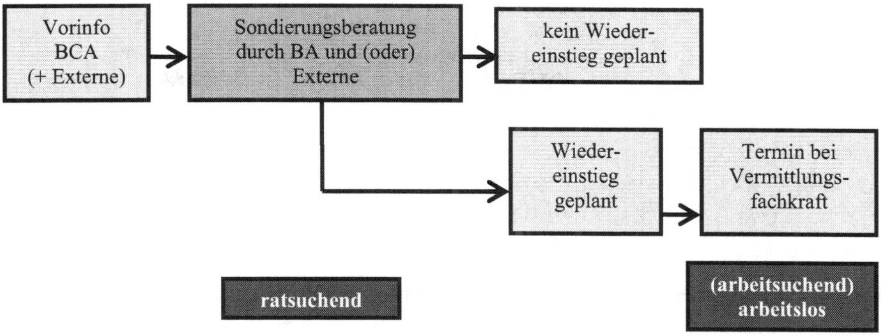

Abbildung 2: Optimaler Beratungsprozess beim beruflichen Wiedereinstieg

Individual-Coaching wurde in den Workshops als „das beste und wichtigste Instrument für diese Zielgruppe“ betrachtet und wird von Wiedereinsteigerinnen selbst positiv erlebt. Entsprechend sollten entsprechende Fördermöglichkeiten auf- bzw. ausgebaut werden.

Nicht unwesentlich wäre in diesem Zusammenhang eine Anpassung des Zielsteuerungs- und Controllingsystems: Hohe Beratungsqualität und die Gewinnung von Wiedereinsteigerinnen als erfolgreicher Beitrag zur Fachkräftesicherung sollten sichtbar gemacht werden und bei der Zielerreichung klar zu erkennen sein.

In den Workshops wurde auch über die Einführung spezifischer Ansprechpartnerinnen und -partner für Wiedereinsteigerinnen in den Agenturen diskutiert. In der Vergangenheit hat es vereinzelt innerhalb einzelner Agenturen wie München oder Hamburg entsprechende Einrichtungen gegeben. Diese sind jedoch zwiespältig zu bewerten: Einerseits zeigen die Modelle, dass die betreffenden Frauen ggf. eine kompetente, komplett auf ihre Zielgruppe ausgerichtete Erstberatung vorfinden. Andererseits bedarf es berufsfeld- und arbeitsmarktspezifischer Kenntnisse und Integrationsstrategien, um Frauen nach einer Erwerbsunterbrechung wieder in den Arbeitsmarkt zu bringen. Die Empfehlung von HdBA und WZB zielt deshalb darauf ab, anstelle einer Parallelstruktur die bestehenden BA-Beratungskonzepte und -prozesse mit Blick auf diese Zielgruppe anzupassen bzw. auszurichten (siehe auch o. g. Punkte) sowie die Vermittlungsfachkräfte allgemein stärker mit zielführenden Ansätzen und Methoden zur Beratung dieser Gruppe vertraut zu machen.

6 Diskussion und Ausblick

Zurückkommend auf die **Ausgangsfragen** kann festgehalten werden, dass die Angebote der Bundesagentur für Arbeit weitgehend ausreichen, um den Erwartungen und Beratungsanliegen von Wiedereinsteigerinnen an die BA zu entsprechen. Um das Förderspektrum voll ausschöpfen zu können, ist es zielführend, dass die Frauen arbeitslos gemeldet sind, auch dann, wenn der Weg hin zu einer Integration in Arbeit intensiver Beratung und einer individuellen Integrationsstrategie bedarf.

Beschäftigte der BA erleben Wiedereinsteigerinnen oft widersprüchlich, einerseits hoch motiviert und selbstbewusst, doch gleichzeitig unsicher und ambivalent. Erstrebenswert wäre, Beratungshaltungen und -kompetenzen bei den Vermittlungsfachkräften weiter zu stärken sowie zeitliche Rahmenbedingungen so zu schaffen, dass dem Beratungsbedarf noch besser entsprochen werden kann und sie sich auf die mitunter komplexe Situation von Wiedereinsteigerinnen einstellen können. Die Herstellung eines stabilen Arbeitsbündnisses, Empathie und die Begleitung über einen längeren Prozess hinweg scheinen hier aus beraterischer Perspektive gesehen die Schlüssel zu sein.

Die Ergebnisse der Studie verdeutlichen, dass mit der **Verstetigung von Perspektive Wiedereinstieg** (Bundesministerium für Familie, Senioren, Frauen und Jugend & Bundesagentur für Arbeit, 2013) und den darin enthaltenen Angeboten und Verfahrensweisen konzeptionell der richtige Weg eingeschlagen wurde, um einen gelingenden Wiedereinstieg zu unterstützen. Mit der Aufnahme individuellen Coachings in die Regelförderung ist davon auszugehen, dass Wiedereinsteigerinnen in der Zukunft bundesweit gute Unterstützungsbedingungen vorfinden. Aufgaben und Rolle der BA in diesem Prozess sind klar umrissen. Vermittlungsfachkräfte der BA fokussieren sich auf ihren originären Auftrag: Die professionelle Beratung und Vermittlung von Menschen in den Arbeitsmarkt, welche auch die arbeitgeberorientierte Akquisition von Stellen für Wiedereinsteigerinnen einschließt.

Um gute Beratung, gerade im Zuge des demografischen Wandels und der Fachkräftesicherung, transparenter zu machen und ihr einen höheren Stellenwert zu geben als bisher, ist die Notwendigkeit zu unterstreichen, Kennzahlen zur Beratungsqualität zu entwickeln und diese in dem Controllingsystem zu verankern.

Zwar könnten zielgruppenspezifische Ansprechpartner/-innen und Anlaufstellen gute Dienste bei der Erstansprache und Erstberatung insbesondere der „stillen Reserve" leisten, dennoch sollte dies nicht darüber hinwegtäuschen, dass Gendersensibilität, Genderkompetenz und zielgruppenspezifisches Wissen Querschnittsqualifikationen darstellen, über welche alle Beratungs- und Vermittlungsfachkräfte verfügen sollten. **Gendertrainings** für die beschäftigungsorientierte Beratung (vgl. Franzke, 2010, 2013) schärfen den Blick für Stereotype und Rollenmuster bei der eigenen Person und in den Situationen von Ratsuchenden. Es ist höchste beraterische Kompetenz gefragt, traditionelle Rollenmuster, die der Existenzsicherung und den Verwirklichungsmöglichkeiten von Frauen und Männern entgegenstehen, zu identifizieren und diesen entgegen zu wirken.

Hilfreich für den beruflichen Wiedereinstieg von Frauen, gender- und sozialpolitisch jedoch umstritten, ist die staatliche Förderung bzw. Bezuschussung von haushaltsnahen Dienstleistungen, welche den Wiedereinstieg positiv flankieren könnten.

Wünschenswert für die **weitere Forschung** wäre die Analyse von Beratungsprozessen aus Gendersicht: Wie zeigt sich die Kategorie „Gender" in der beschäftigungsorientierten Beratung? In welcher Weise geht es in der beschäftigungsorientierten Beratung und Vermittlung um Männlichkeiten und Weiblichkeiten von Berufen, Beschäftigungen, Beschäftigungsformen u. s. w.? Die Beratung von Menschen in beruflicher Um- und Neuorientierung ist ein weiteres Forschungsfeld, das Wiedereinsteigerinnen berührt, jedoch darüber hinaus von hohem allgemeinem Interesse ist. In einer Zeit, da das Berufsleben über 40 Jahre umfasst und sich Berufsbilder hoch dynamisch entwickeln, betrifft die berufliche Orientierung schon lange nicht mehr nur Jugendliche, sondern auch viele Erwachsene. Interessant wäre es sicherlich auch, die hier vorgestellte Studie mit Wiedereinsteigerinnen im Rechtskreis SGB II zu wiederholen. Eine Erwerbsarbeit aufzunehmen ist hier von existenzieller Notwendigkeit, schwierige Lebenslagen (z. B. von Alleinerziehenden) sind eher der Alltag als die Ausnahme und zur beruflichen Integration von erwerbsfähigen Frauen nach familienbedingter Erwerbsunterbrechung gibt es keine Alternative.

Literatur

Allmendinger, J. (2010). Verschenkte Potenziale? Lebensverläufe nicht erwerbstätiger Frauen. Frankfurt/M., New York: Campus.

Böhm, K., Drasch, K., Götz, S. & Pausch, S. (2011). Potenziale für den Arbeitsmarkt. Frauen zwischen Beruf und Familie. Nürnberg: Institut für Arbeitsmarkt- und Berufsforschung. Verfügbar unter: http://doku.iab.de/kurzber/2011/kb2311.pdf [01.09.2013].

Bundesagentur für Arbeit (2011). Perspektive 2025: Fachkräfte für Deutschland. Verfügbar unter: http://www.arbeitsagentur.de/zentraler-Content/Veroeffentlichungen/Sonstiges/Perspektive-2025.pdf [01.09.2013].

Bundesagentur für Arbeit (2012). Das arbeitnehmerorientierte Integrationskonzept der Bundesagentur für Arbeit (SGB II und SGB III). Verfügbar unter: http://www.arbeitsagentur.de/zentraler-Content/HEGA-Internet/A04-Vermittlung/Publikation/Leitkonzept-Arbeitsvermittlung-nicht-Reha.pdf [07.10.2013].

Bundesministerium für Familie, Senioren, Frauen und Jugend & Bundesagentur für Arbeit (2013). Perspektive Wiedereinstieg. Verfügbar unter: http://www.perspektive-wiedereinstieg.de [01.09.2013].

Franzke, B. (2010). Vermittlung von Berufsbildern – Wirkung und Relevanz von Rollenmustern und Geschlechterstereotypen bei der Beratung junger Menschen. Konzeption eines Gendertrainings. Mannheim: HdBA-Bericht. Verfügbar unter: http://www.hdba.de> Forschung > Berichte [01.09.2013].

Franzke, B. (2013, in Bearbeitung). Genderaspekte in der beschäftigungsorientierten Beratung. Neue Erkenntnisse und Weiterentwicklungen für die Arbeit im SGB II und SGB III.

Ebach, M. & Franzke, B. (2013). Nichtleistungsberechtigte Wiedereinsteigerinnen in Westdeutschland und die Arbeitsförderung nach SGB III. Abschlussbericht. Berlin: Ministerium für Familie, Senioren, Frauen und Jugend. Verfügbar unter: http://www.bmfsfj.de/BMFSFJ/Service/Publikationen/publikations liste,did=200404.html [07.10.2013].

Rogers, C. R. (1977). Therapeut und Klient. Grundlagen der Gesprächspsychotherapie. Frankfurt/M.: Fischer.

Wippermann, C. (2011). Zeit für Wiedereinstieg – Potenziale und Perspektiven. Eine Untersuchung vom DELTA-Institut und Sinus Sociovision für das BMFSFJ. Verfügbar unter: http://www.bmfsfj.de/RedaktionBMFSFJ/Broschuerenstelle/Pdf-Anlagen/Zeit-f_C3_BCr-Wiedereinstieg-Potenziale-und-Perspektiven,property=pdf,bereich=bmfsfj,sprache=de,rwb=true.pdf [01.09.2013].

Peter Guggemos

Berufliche Beratung und Personalentwicklung für Menschen mit einem hohen Body Mass Index – brauchen wir einen Paradigmenwechsel?

Schlagwörter: Arbeitsverwaltung – Diversity – dicke Menschen – Gewichtsdiskriminierung – Personalentwicklung

Key words: job insertion – discrimination – diversity – obesity – human resources development – weight discrimination

1 Ausgangsüberlegungen

Ausgangspunkt des nachstehenden Aufsatzes, wie auch des seit 2010 laufenden Forschungsprojektes „Schwer Arbeit finden", ist die Annahme, dass beleibte Menschen – hier mit einem Body Mass Index[1] von deutlich über 30 definiert – entsprechend dem herrschenden neoliberalen Zeitgeist einer doppelten Ausgrenzungsgefahr ausgesetzt sind. Sie sind diskriminierbar zum einen als Erwerbslose, und zum zweiten weil sie als Dicke vom gängigen Schönheitsideal des Schlankseins abweichen. Beide Sachverhalte können zugleich in einem Spannungsverhältnis zur Norm der Protestantischen Arbeitsethik bzw. innerweltlichen Askese im Sinne Max Webers (Weber, 2010) gesehen werden. Hiermit ist hinsichtlich der Erwerbslosigkeit eine vermeintlich verweigerte Bedürfnisversagung zugunsten einer Erwerbstätigkeit gemeint, und im Fall dicker Menschen zusätzlich eine anscheinend unterlassene Anpassung an die Norm, sein Gewicht durch ein „angemessenes" Ernährungs- und Bewegungsverhalten innerhalb einer gesellschaftlich erwünschten Toleranzbreite zu halten[2]. Das Neoliberale hieran ist die Machbarkeitsvorstellung eines schlanken Körpers, wie er durch Modezeitschriften, Beauty & Wellness-Medien, Sport- und Gesundheitsprojekte sowie Casting-Shows allseitig propagiert wird. Hiergegen protestieren lediglich einige wenige Sozial- und Er-

[1] Der Body Mass Index berechnet sich aus dem Gewicht geteilt durch die Körpergröße im Quadrat. Ein zwei Meter großer Mann mit einem Gewicht von 100 kg hätte demnach einen BMI von 25. Kritisieren lässt sich am BMI dass er nichts aussagt über die Fettverteilung bzw. die Muskel-Fett-Relation des jeweiligen Menschen, sodass Bodybuilder wie A. Schwarzenegger mit BMI 32 ebenfalls in die Kategorie der dicken Menschen fallen würden.

[2] Nicht nur Sarrazin (2010, S. 77-79) nennt Übergewicht in einem engen Zusammenhang mit Unterschichtzugehörigkeit. Zur Zuschreibung vermeintlich Dicken-typischer Merkmale vgl. die Studienbefunde von Schorb (2009) sowie Monaghan (2008).

nährungswissenschaftlerInnen, manche FachärztInnen, die Dicken-Selbsthilfe-Bewegung[3] und einige reflektierte LeserbriefschreiberInnen.

Mit der genannten Haltung des Kampfes gegen mutmaßliche Dickmacher und Übergewicht (Beispiel Künast, 2006) gehen erhebliche Bestrebungen einher, eine angeblich gesunde, rohkostlastige, fleisch-, zucker- und fettarme Ernährung von Kindesbeinen an zu propagieren, um hierdurch dem – oft erst durch eine Absenkung der geduldeten Toleranzbreite für das individuelle Körpergewicht als dick etikettierten und je nach Lesart bis zu zwei Drittel der Gesamtpopulation umfassenden – höhergewichtigen Bevölkerungsanteil gravierende Verhaltensänderungen aufzuerlegen (Monaghan, 2008). Die Rollen von Gut und Böse scheinen hierbei klar definiert, geht es doch erklärtermaßen um Gesundheit, Attraktivität, Lebensperspektiven und Kostendämpfung im Gesundheitswesen. Allerdings, und das ist der kritische Einwand dazu, werden bei dieser Diskussion unterschiedliche Veranlagungen, individuelle physiologische Vorgänge, nachweislich negative Auswirkungen von Diäten auf die Lebenserwartung und Jo-Jo-Effekte, die mittelfristig das Körpergewicht eher noch steigern[4], gar nicht erst reflektiert bzw. ausgeblendet.

Würde man statt der neoliberalen Annahme der Machbarkeit des Schlankseins eingestehen, dass es von Natur aus Dicke und Dünne gibt, und dass dies aufgrund unterschiedlicher Umweltbedingungen einen kollektiven Überlebensvorteil bedingen kann (Frank, 2012), so müssten viele Aussagen von Schlankheitsaposteln als schlichte Diskriminierung, wenn nicht Beleidigung beleibter Menschen aufgefasst werden. Als Kostprobe derartiger Verlautbarungen soll hier ein aktuelles Interview-Zitat des deutschen Schönheitschirurgen Werner Mang dienen: „Übergewicht ist der Schönheitskiller Nummer eins. Wenn man dick ist, ist die Erotik und die Ästhetik dahin.“ (Mang, 2012). Wir gehen hier zugunsten von Herrn Mang davon aus, dass er Schlanksein per se für machbar hält, und nicht etwa dicke Menschen beleidigen wollte.

Unterstellt man jedoch dass ein hohes Gewicht oftmals nicht nur eine vorübergehende und damit kurze Phase im Leben eines Menschen kennzeichnet, so ist die Etikettierung dicker Personen durch Herrn Mang als tendenziell „hässlich“ und „unerotisch“ weit problematischer; nämlich insbesondere dann, wenn sie von

---

3 Da die Dicken-Selbsthilfebewegung ihrerseits von „Fat Acceptance Movement“ spricht, wird hier bewusst der Begriff Dicke“ oder „dicke Menschen“ verwendet, wenngleich in einem deskriptiven aber zugleich diskriminierungsfreien Sinne (vgl. Fort & Stevens, 2010).

4 Das Überschreiten des Ausgangsgewichtes nach einer Hungerphase wurde bereits in den 1940er Jahren im Minnesota Starvation Experiment festgestellt (Brozek, Keys, Henschel, Mickelsen & Longstreet Taylor, 1950).

dickeren Menschen ihrerseits übernommen wird und zu deren Selbststigmatisierung und damit beschädigten Identität beiträgt (Singer, 2008).

In der Arbeit mit dicken Kindern und Jugendlichen, aber auch in der Berufsberatung, Arbeitsvermittlung und Personalentwicklung stellt sich nun die Frage, ob die Beratenden ebenfalls vom herrschenden Schlankheitsideal ausgehen, den Krieg gegen das Übergewicht ausrufen und dabei die betroffenen Personen in nicht selten übergriffiger Form zu Verhaltensweisen nötigen, die in ihrer Wirkung bestenfalls fraglich, oft sogar gesundheitlich kontraproduktiv sind, sodass der Kampf gegen das Fett letztlich zur Bekämpfung der Dicken selbst gerät.

Übernehmen Dicke die negative gesellschaftliche Zuschreibung in ihr Selbstbild, so könnte dies zu einem Phänomen führen, wie es aus der Arbeit mit behinderten Menschen bekannt ist: Yvette den Brok aus der holländischen Selbsthilfebewegung behinderter Menschen spricht hier von „internalisiertem Validismus“ (den Brok, 2007, S. 146), und meint damit die Übernahme gesellschaftlicher Zuschreibung von Minderwertigkeit in die eigene Identitätskonstruktion. Würde sich diese Wirkung auch für die beratende Arbeit mit dicken Menschen auf deren Weg in eine Erwerbstätigkeit feststellen lassen – so die Absicht bestünde, die beleibteren KundInnen abzuspecken -, so wäre dies ein eklatanter Widerspruch zu den ansonsten üblichen Beratungszielen wie Selbstreflexion zur Wahrnehmung eigener Kompetenzen, Empowerment, Stärkung von Kohärenzgefühl und Selbstwirksamkeitsüberzeugung, und müsste zu einer grundsätzlichen Revision der Berater-Haltung führen.

2 Leitfragen und methodisches Vorgehen

Ausgangspunkt der Befassung mit dem Thema Dicksein aus der Warte der beschäftigungsorientierten Beratung war die Frage ob die beobachtbare Einstellung zu Dicken und die ihnen gegenüber an den Tag gelegten Handlungsstrategien als sinnvoll und zielführend einzustufen sind, oder ob sie einer grundlegenden Veränderung im Sinne eines Paradigmenwechsels oder zumindest -wandels bedürfen. Intention des nachstehenden Aufsatzes ist es entsprechend, darzulegen weshalb das bei Studierenden mit Zielrichtung Arbeitsmarktmanagement häufig beobachtete Ziel die sozialen Kundinnen und Kunden abzuspecken kaum als sinnvolles Beratungsziel der Arbeitsverwaltung begriffen werden kann, und zu erläutern welche Alternativen es hierzu gäbe. Im Forschungsprojekt „Schwer Arbeit finden“ sind neben der Frage nach Alternativen zum Abspeckziel zwei weitere Fragen zugrunde gelegt:

- Lässt sich die eingangs beschriebene Vermutung doppelter Ausgrenzung erwerbsloser *und* zugleich dicker Personen (neben ggf. weiteren Ausgrenzungsdimensionen wie Geschlecht, Alter, Hautfarbe, Religion, Unterschichtzugehörigkeit) bestätigen?
- Und falls ja, geht damit auch eine innere Selbstausgrenzung einher, analog zum „internalisierten Validismus" nach den Brok?

Die Grundhaltung des Forschungsprojektes ist ein Diversity-Verständnis, dem zufolge jedem Menschen weitestgehend unabhängig von seinen Persönlichkeitsmerkmalen, zu denen auch das individuelle Gewicht gehört, mit Achtung und Wertschätzung begegnet werden sollte. Dies gilt uneingeschränkt auch für Beratungssituationen der Arbeitsverwaltung (Guggemos, 2007).

Im empirischen Projekt wurden und werden qualitative Interviews als Leitfadenbefragungen mit drei Personengruppen geführt:

- mit beruflich etablierten Personen ab BMI 35,
- mit erwerbssuchenden bzw. erwerbslosen Personen höheren Gewichts, sowie
- mit Arbeitsvermittlern und weiteren Arbeitsmarktfachleuten aus der Forschung, von Bildungsdienstleistern, Behörden und Ministerien, sowie aus Personalabteilungen von Unternehmen und Öffentlichem Dienst.

Zusätzlich fließen in das Projekt die Erkenntnisse aus einigen Bachelor-Thesen von Studierenden ein, die jeweils einige qualitative Interviews führten und Teilaspekte des Themas untersuchten.

Im Sinne des *Mainstreaming* werden die abschließenden Befunde mit Steuerungsverantwortlichen für arbeitsmarktorientierte Beratung und Vermittlung in Politik und Arbeitsverwaltung diskutiert.

3 Bisherige Befunde

Was das empirisch beobachtete Bewegungs- und Ernährungsverhalten der beleibteren Befragten anbelangt, zeigt sich eine große Bandbreite, die von *Couch Potatoes* bis ausgiebigem täglichem Sporttreiben, und von durchgängig kontrolliertem Essen bis zum bacchantischen Genießen reicht.

Als Zwischenbefund der bisherigen Interviews kann zum Belastungserleben festgehalten werden, dass Dicke, wenn sie denn überhaupt unter ihrem Körpergewicht leiden, dies im Regelfall in psychischer Hinsicht eher tun als in physischer. Körperliche Beschwerden umfassen i. d. R. eine gewisse Kurzatmigkeit bei stärkerer körperlicher Belastung, Probleme bei langem Stehen, und bei einzelnen aber lange nicht allen Diabetes. Im Arbeitslosensample befand sich ein Mann der wegen seines hohen Gewichtes (über 200 kg) so gravierende Knieprobleme bekam dass er seine Wohnung nicht mehr verlassen konnte.

In körperlich wenig belastenden Berufen wie Büro, EDV, Beratung u. Ä. wirkt sich ein höheres Gewicht üblicherweise nicht auf die Arbeitsleistung aus und für dickere Menschen lassen sich auch keine erhöhten Fehlzeiten feststellen[5]. Mitunter zeigt sich sogar ein überkompensatorisches Verhalten nach dem Motto „nur keine Blöße geben", „ja nicht den Eindruck verminderter Leistungsfähigkeit aufkommen lassen", und „eher mehr leisten, als gefordert ist". Dies bedingt allerdings im einen oder anderen Fall auch das Risiko der Überarbeitung und Hintanstellung eigener Bedürfnisse und damit eine Burnout-Gefährdung. Im Gegenzug erhält das kompensatorische Verhalten jedoch das Selbstbewusstsein aufrecht und verhindert die Übernahme generalisierter negativer Fremdzuschreibungen gegenüber dicken Menschen ins eigene Selbstkonzept.

Kompensationen können jedoch auch in anderen Lebensbereichen liegen, beispielsweise im Stolz darauf viele Bücher gelesen und akademische Grade erworben oder besondere politische, wirtschaftliche oder ehrenamtliche Leistungen erbracht zu haben, und über selbst aufgebaute weitreichende und mächtige Netzwerke zu verfügen.

Eine positive Wirkung für das Selbstbewusstsein bedingt auch die Selbstakzeptanz als dicker Mensch. Diese setzt jedoch voraus, von dem Gedanken Abschied zu nehmen, man sei eine „eigentlich schlanke Person in einem dicken Körper", oder dass das aktuelle Dicksein Ausdruck davon sei, dass es einem momentan nicht gut gehe (Beispiel: die Schauspielerin Elizabeth Taylor; Taylor, 1988), und das Anfreunden mit der Identitätskonstruktion eben ein dickerer Mensch zu sein (Balters, 2005; Gröner, 2011; Sitzler, 2011; aus ernährungswissenschaftlicher wie medizinischer Sicht Frank, 2012 und Pollmer, 2011).

Betrachtet man beruflich erfolgreiche Dicke, so zeichnen sich diese durch dieselben Variablen aus wie erfolgreiche schlanke Menschen, etwa durch eine gute Ausbildung, kommunikative Kompetenz, Fleiß, ein gutes Selbstbewusstsein, In-

[5] Relative statistische Zahlen, die auf erhöhte Krankheits- und Mortalitätszahlen dicker Menschen hinweisen, verschweigen im Regelfall die äußerst niedrigen Ausgangs-Referenzwerte. Hierzu ein Rechenbeispiel: Wenn von 100 Frauen der Grundgesamtheit eine vor dem 60. Lebensjahr stirbt, und dieses Risiko bei Dicken um 50 % erhöht ist, dann heißt dies dass auch unter den Dicken 98.5 von 100 das Lebensalter von 60 erreichen. Da das Risiko von Frauen unter 60 Jahren zu sterben deutlich geringer ist als dasjenige der Männer müsste eine Firma der es primär um die Überlebenswahrscheinlichkeit ginge, statt eines schlanken Mannes besser eine dicke Frau einstellen. (Springer, 2011). De facto liegt die Lebenserwartung der Personen mit BMI zwischen 25 und 30 höher als diejenige der Schlankeren, und sinkt erst in der Gruppe deutlich über BMI 30 langsam. (Frank 2012, S. 96-109; Pollmer, 2011, S. 169-198).

vestitionen in soziale Netzwerke und Eigen-PR. Die in der Öffentlichkeit sichtbaren Dicken wie Helmut Kohl, Reiner Calmund, Beth Dito, Hella von Sinnen, Ottfried Fischer sowie die mittlerweile verstorbenen Dirk Bach, Dieter Pfaff und Günther Strack vermochten ihr Dicksein zudem zu einer unverwechselbaren Marke zu machen. Nicht alle, aber immerhin einige konnten ihrem Dicksein auch Positives abgewinnen, sahen sich selbst z. B. als „gewichtige Persönlichkeit", „gestandene Geschäftsfrau und nicht mehr das kleine Blondchen", als jemand der wahrgenommen wird und einen gewissen Respekt einflößt. Das schloss nicht aus dass Attraktivitätsnachteile ebenfalls gesehen und manche Handlungsstrategien als verstellt wahrgenommen wurden: Schlanker zu sein könnte beispielsweise im Wahlkampf Bonuspunkte bringen, die Chancen am Partnerschaftsmarkt erhöhen, Flirten und Herumalbern mit dem Chef erleichtern u. Ä. Folglich mussten kompetenzbasierte Strategien entwickelt werden, die bis in den Bereich der emotionalen Intelligenz reichen.

Beruflich wenig erfolgreichen dicken Menschen gelingt es im Durchschnitt seltener, ihrem Dicksein etwas Positives abzugewinnen, insbesondere wenn das Selbstbewusstsein eher schwach ausgeprägt ist. Die Gründe hierfür sind vielfältig – sei es, dass sie die gesellschaftliche Ausgrenzung internalisiert haben, sich in irgendeiner Weise für minderwertig halten, sich in einer Opferrolle wähnen, Stigmatisierungen durch Dritte erwarten, oder dass sie sich zur Vermeidung von Diskriminierungserfahrungen selbst zurückziehen und dadurch nach und nach sozial isolieren und insgesamt ein negatives Selbstbild entwickeln. Verglichen mit den Beratungszielen des Empowerments und aktiver Bewältigungsstrategien, bzw. der Steigerung von Kontrollüberzeugung und Kohärenzgefühl zeigen Personen, die die Ausgrenzung internalisiert haben, tendenziell gegenläufige Dispositionen und Verhaltensweisen im Vergleich zu den beruflich erfolgreichen Dicken. Die Unterscheidung zwischen „dick und selbstbewusst" und „dick und schwaches Selbstbewusstsein" wirkt sich nur in der Tendenz aus, d. h. es konnten auch erwerbstätige Personen gefunden werden die unter ihrem Dicksein psychisch leiden, und andersherum auch Erwerbslose denen ihr Dicksein offensichtlich nichts auszumachen schien und die über ein gutes Selbstwertgefühl verfügten. Das Risiko dass das Dicksein auf das Selbstwertgefühl drückt wirkt sich auch dergestalt aus dass einige Befragte beruflich, verglichen mit ihren formalen Bildungs- und Ausbildungsabschlüssen und daraus ableitbaren Gehaltserwartungen, deutlich unter ihrem Potenzial blieben.[6] Wenngleich auch das Gegenteil feststellbar war, etwa beruflich und ökonomisch sehr erfolgreiche Personen die lediglich über ein

[6] Dies kann auch daran liegen dass ihnen berufliche Einstiegs- und Aufstiegschancen vorenthalten wurden.

nicht abgeschlossenes Studium verfügten, oder Befragte zu finden waren die mehrfach betonten man dürfe zwar dick sein, aber keinesfalls das Dicksein als Entschuldigung für jedwede Misserfolge heranziehen, so ergibt sich hieraus doch der Hinweis für die beschäftigungsorientierte Beratung bzw. Arbeitsvermittlung genauer hinzuschauen, verschüttete Kompetenzen freizulegen, Resilienzfaktoren und individuelles Selbstbewusstsein zu stärken. Dies gilt in besonderem Maße für Personen mit weiteren Arbeitsmarktnachteilen, zu denen in Deutschland beispielsweise die Verantwortung für kleine Kinder, ein Migrationshintergrund oder eine Behinderung gehören.

4 Beratungsempfehlungen

Kern der Empfehlungen zum Umgang mit dicken Menschen in der Beratung und Vermittlung Erwerbssuchender ist eine Kommunikation auf Augenhöhe und ein durchgängig wertschätzender Umgang, der bei der Akzeptanz des Dickseins anfängt. Das Ansprechen des Körpergewichtes durch den Berater oder die Vermittlerin bedingt stets die Gefahr der Übergriffigkeit und erschwert bis verhindert in deren Folge die Kooperation mit der beleibten Zielperson. Das Dicksein sollte bzw. darf der Erfahrung langjähriger Berater zufolge nur angesprochen werden,

- wenn dies von der Kundenseite her gewünscht wird,
- wenn ein gutes Vertrauensverhältnis besteht und die Person ihrerseits etwas am Dicksein ändern möchte, oder
- wenn das Dicksein Teil eines allgemein dürftigen Erscheinungsbildes mit deutlichen Verwahrlosungstendenzen ist, sodass die optische Performance insgesamt als Vermittlungsnachteil im Beratungsgespräch thematisiert werden sollte.

Überdies gilt es zu berücksichtigen, dass Arbeitsvermittler im Regelfall keine ausgebildeten Gesundheitsfachleute, Therapeuten oder Ökotrophologen sind und es ihnen somit auch nicht zustünde, ihren Klienten Vorschriften oder auch nur Vorschläge zum Abnehmen zu machen oder diese gar im vertragsanalogen Konstrukt einer Eingliederungsvereinbarung festzuschreiben. Dies gilt uneingeschränkt auch dann, wenn das hohe Gewicht der jeweiligen Person ein tatsächliches Vermittlungshemmnis darstellt.

Selbst wenn Erwerbssuchende im Beratungsgespräch ihrerseits eine rigide Abnehm-Strategie favorisieren würden, stellt sich angesichts der in repräsentativen Studien festgestellten negativen gesundheitlichen Langzeitfolgen (Frank, 2012, S. 96-109; Pollmer, 2011, S. 169-198) die Frage, ob ein derartiges Ansinnen seitens der Arbeitsverwaltung unterstützt werden sollte. Dicke Menschen haben nämlich nur dann eine annähernd genau so hohe Lebenserwartung wie Schlanke, wenn sie auf Diäten weitestgehend verzichten, wogegen die Lebenserwartung dicker Personen mit zahlreichen Diäten deutlich verkürzt ist (Frank, 2012, S. 96-109 sowie Pollmer, 2011, S. 169-198, mit Verweisen auf etliche repräsentative US-amerikanische Studien mit jeweils mehreren 10 000 ProbandInnen). Letzterem Malus-Punkt könnten im Erfolgsfall der Diät lediglich eine – wenngleich meistens nur kurzfristige – Stärkung des Selbstwertgefühls und im Verbund damit temporär verbesserte Vermittlungschancen der abnehmwilligen KundInnen gegengerechnet werden.

In den Leitfadengesprächen wurde auch nach der individuellen Einstellung zu chirurgischen Eingriffen zur Gewichtsreduktion wie operative Magenverkleinerung, Einsetzen eines Magenballons oder Magen-Bypass gefragt. Selbstbewusste Personen lehnten diese Operationen im Regelfall ab und erachteten sie allenfalls für seltene Fälle lebensbedrohlicher Fettleibigkeit als legitim. Personen aus unteren Schichten, Menschen mit schwächerem Selbstwertgefühl und einige Erwerbslose zeigten sich demgegenüber empfänglicher für derartige Maßnahmen, und erhofften sich hierüber beruflichen Erfolg und Lebensglück. Sie wussten auch öfter über Bekannte zu berichten die derartige Operationen bereits hinter sich hatten. Hieraus ließe sich in politischer Hinsicht kritisch diagnostizieren dass die (Über-)Betonung des Schlankheitsideals im Verbund mit der neoliberalen Vorstellung der Gestaltbarkeit des individuellen Aussehens und Körpergewichtes zu einer so starken kognitiven und emotionalen Gleichsetzung von Schlanksein und Lebenserfolg führen kann, dass für die Realisierung dieses Zieles gravierende Eingriffe in die körperliche Unversehrtheit ebenso hingenommen werden wie ggf. eine erhebliche Reduktion der Lebenserwartung.

Wo die Überzeugung herrscht dass Schlanksein um jeden Preis erforderlich ist, ist die Haltung nicht weit dass Dicksein und damit auch Dicke mit einem Makel behaftet sind und damit kaum erfolgreich sein können. Diese im Fall individuellen Dickseins offensichtlich kontraproduktive Einstellung könnte Ausgangspunkt eines kompetenzorientierten Selbstbewusstseins-Coaching sein, das idealerweise bereits in der Schule anfangen würde, und eine gute Alternative wäre zum Kreuzzug gegen das Übergewicht. Die kritische Ernährungs- und Diätforschung, die hier allenfalls am Rande gestreift werden kann, weist bekanntlich darauf hin dass Ernährungskonzepte nach der sog. Getreideampel insofern meist kontraproduktiv sind weil Rohkost und Vollkorn von den meisten Personen nicht vertragen werden und daher zu Verdauungsproblemen führen – warum wohl haben unsere Vorfahren seit Tausenden von Jahren Getreide ausgemahlen, wenn es in nichtgemahlener Form angeblich gesünder ist? (Frank, 2012; Pollmer, 2011; Schorb, 2009). Diätkritiker betonen reduzierte Lebenserwartung und Jojo-Effekte als Folgen der Diäten, sowie den Überlebensvorteil gewisser Energiespeicher unter Stressbedingungen, mit Hinweisen u. a. auf geringere Mortalitätszahlen infolge von Herzinfarkten und Herzkrankheiten bei beleibteren Personen im Vergleich zu schlanken (Peters, 2013).

Die skeptische Haltung gegenüber Diäten schließt gesundheitsförderliche Beratungs- und Coaching-Ansätze gegenüber erwerbssuchenden und zugleich dicken Personen nicht aus, sondern erklärt lediglich das Ziel abzunehmen zur falschen Priorität. Empfehlenswert erscheinen alle ganzheitlichen, Gesundheit als gestaltbar betrachtenden Gesundheitsförderungsansätze, die geeignet sind das Kohärenzgefühl im Sinne von Antonovsky (1997), die Kontrollüberzeugung hinsichtlich eigener Kompetenzen sowie ein proaktives Coping-Verhalten bei der Arbeitssuche zu unterstützen. Das gesundheitliche Förderziel ist dabei die Steigerung des allgemeinen Wohlbefindens in körperlicher wie psychisch-seelischer Hinsicht. Dazu gehört u. a. Opferbilder durch Bilder selbststeuernder Subjekte zu ersetzen, das Bemühen um Systemverstehen zu fördern, Handlungsstrategien auch in schwieriger Lage zu erproben und das Selbstbewusstsein auch anhand kleiner Erfolgserlebnisse zu stärken, sowie etwaige Suchtabhängigkeiten therapeutisch zu behandeln.

Die Befragten betonten stets dass beschäftigungsorientierte Beratung wie arbeitgeberorientierte Vermittlungsbemühungen an Kompetenzen orientiert sein müssten[7], und dass Räume – etwa über Praktika oder Probearbeiten – geschaffen werden sollten um diese Kompetenzen auch zeigen zu dürfen. Bis zur politischen Verankerung eines Antidiskriminierungsschutzes im AGG wollte nur eine Minderheit der Befragten gehen. Hierunter befanden sich allerdings, neben einigen besonders beleibten Personen, auch einige aus dem Kreis der politisch Aktiven (Stadträte, Gewerkschaftsfunktionäre u. Ä.). Letztere schätzten einen rechtlichen Schutz so ein dass hiervon Denkanstöße im Sinne einer Breiten-Sensibilisierung ausgehen könnten, erhofften sich davon jedoch noch kein Ende der Dickendiskriminierung, in etwa analog zu den AGG-Ergebnissen in den Bereichen Gender und religiös-kulturelle Akzeptanz.

Wenngleich nicht mit dem Fokus auf dicken Menschen, liegen einige Befunde zu gesundheitsförderlichen Coaching-Modulen für Erwerbssuchende vor, die gemeinsam mit psychologischen und medizinischen Fachkräften entwickelt und in die Arbeit mit Langzeitarbeitslosen integriert wurden (Ayan, Kaczerowski, Kastner & Kuhnert, 2007; Erfahrungsberichte in Hollederer, 2009).

---

[7] Vgl. Allgemein zur Förderung der Arbeits- und Beschäftigungsfähigkeit das von Juhani Ilmarinen entwickelte Modell „Haus der Arbeitsfähigkeit“ (Tempel & Ilmarinen, 2013).

Speziell für die Arbeit mit dicken erwerbslosen Personen bietet sich ein ganzheitliches Wohlfühl-Programm unter dem Label *„wellness at every size"* an, das Freude an Bewegung vermittelt, aber weder an universellen Leistungszielen noch am Ziel der Gewichtsreduktion orientiert sein sollte. In den im Zuge der noch laufenden Studie „schwer Arbeit finden" durchgeführten Interviews trat häufig eine vormalige Leidensgeschichte dicker Kinder im Schulsportunterricht zutage. Diese sollte keinesfalls in der Arbeit mit beleibten erwerbssuchenden Erwachsenen fortgeführt werden. Zugleich gilt es an dieser Stelle festzuhalten, dass frühere Negativerlebnisse aus dem Schulsportunterricht auch Jahrzehnte später noch starke Vorbehalte gegenüber jeder Art von außen induzierter organisierter Bewegung bewirken können, die es im Coaching von Erwerbssuchenden erst einmal zu bearbeiten und zu überwinden gilt, ehe beleibte Menschen angstfrei und mit Freude an gemeinschaftlichen Bewegungsaktivitäten teilnehmen können. Ein Befragter bekannte beispielsweise, er bewege sich durchaus sehr gerne, habe aber immer dann Bedenken, wenn das Label „Sport" darüber stünde, weil ihn dies an seine misslichen Schulsporterfahrungen erinnern würde.

5 Noch ein Wort zu den Schlanken

Nach unseren Befunden leiden auch viele schlanke Menschen unter dem Schönheitsideal des Schlankseins. Nicht wenige schlanke Personen – Frauen wohl noch deutlich häufiger als Männer – ersetzen ihr natürliches Essverhalten mit der biologischen Dialektik von Hunger und Sättigung durch ein sog. „kontrolliertes" Essverhalten, d. h. durch eine bewusst begrenzte Nahrungsaufnahme. Dieser Sachverhalt spiegelt sich in Studien wider (z. B. Frank, 2012; Stangl, 2012), aber auch in Gesprächsauszügen mit schlanken Frauen mittleren Alters aus unserer eigenen Studie: „Ich esse nie auf, ich bin eigentlich immer auf Diät." „Bei mir läuft eine innere Kalorienzähltabelle mit". „Ich esse mich nicht satt, sondern nur bis der schlimmste Hunger weg ist." „Ich esse im Normalfall gar nicht zu Abend, sondern trinke nur ein Glas Wein." Hieran zeigt sich, dass das medial verbreitete Schlankheitsideal so niedrig angesetzt ist, dass es selbst den schlankeren Bevölkerungsteilen nur unter großen Mühen gelingt, ihr schlankes Körpergewicht zu halten.

Hieraus resultiert aber auch eine wesentliche Quelle der Diskriminierung dicker Menschen durch schlanke, entsprechend der Annahme, dass wenn sich die Schlanken schon kasteien und zusammenreißen müssen, um schlank bleiben zu können, dies von den Dicken erst recht erwartet werden dürfe. Hierbei wird allerdings – in Analogie zum Zitat von Werner Mang im Abschnitt „Ausgangsüberlegungen" – der Denkfehler gemacht, dass es entsprechend der Vorstellung von der Energiebalance jedem Menschen gleichermaßen möglich sein müsste, durch

Drosselung der Energiezufuhr bei gleichzeitig erhöhter Energieabfuhr etwa über Sport, sein Gewicht nachhaltig zu reduzieren. Unterschiede im Körperbau, in der genetischen Disposition oder im Stoffwechsel werden dabei i. d. R. ausgeblendet, ganz zu schweigen von medizinisch diagnostizierbaren nachhaltigen Störungen im Cortisol-Haushalt (Frank, 2012; Pollmer, 2011).

6 Studierende beim Forschen über dicke Menschen

Sehr interessant sind die Beobachtungen hinsichtlich Studierender, die im Zuge von Abschlussarbeiten über dicke Menschen forschten, zumal es sich bei diesem Personenkreis um Studierende der Fachrichtungen „Arbeitsmarktmanagement" bzw. „Beschäftigungsorientierte Beratung und Fallmanagement" handelte. Diese treten bereits wenige Monate später als Arbeitsvermittler und Berufsberater erwerbssuchenden Personen gegenüber, weshalb ihre Einstellung gegenüber dicken Menschen als prototypisch für die generelle Einstellung junger und noch wenig erfahrener Personen aus der deutschen Arbeitsverwaltung gelten kann. Festzustellen war, dass ihrerseits schlanke Studierende (allesamt Frauen) zu Anfang ihrer Studien stets das Bild im Kopf hatten, dass die Dicken abspecken müssten und dass es ihnen sehr schwer fiel, dieses Ziel im Laufe ihrer Forschungen zu revidieren. Da in ihren Köpfen der offizielle Body Mass Index-Maßstab dominierte, demzufolge das Übergewicht oberhalb von BMI 25 anfängt, interviewten sie teilweise vermeintlich „dicke" Personen mit BMI 26.[8] Erst nach und nach lernten sie dicke Menschen so wertzuschätzen wie sie sind und durch diese Einstellungsveränderung fiel es ihnen – nach anfänglichen Problemen, dicke Interviewpartner zu finden – dann auch leichter, potenzielle Gesprächspartner zum Interview zu motivieren. Auffällig blieb allerdings, dass letzteres den ihrerseits etwas fülligeren studentischen Interviewerinnen deutlich leichter gelang.

Aus den Gesprächen mit dicken Personen und mit Vermittlern lernten die Studierenden, dass es als übergriffig empfunden werden kann, auf sein Gewicht angesprochen zu werden. Dicke sollten besser dick belassen und als Dicke akzeptiert werden und gemäß ihres beruflichen Potenzials und ihrer Stärken so vermittelt werden, wie sie sind. Folglich geht es im Beratungs- und Vermittlungsprozess darum, deren Selbstakzeptanz und ihr ganzheitliches Wohlbefinden zu stärken, ihnen Wertschätzung entgegen zu bringen, ihre Kompetenzen freizulegen, zu entfalten und gemeinsam herauszustellen und gegebenenfalls auch bei ArbeitgeberInnen gezielt für Dicke zu werben und der sozialen Diskriminierung entgegen zu

[8] Nach den von Frank (2012) und Pollmer (2011) rezipierten medizinischen Langzeitstudien ist die Lebenserwartung der leicht Molligen mit BMI zwischen 26 und 30 jeweils etwas höher als bei etwas schlankeren und bei den etwas dickeren Vergleichsgruppen. Die Fachwelt spricht hier vom „Gewichtsparadoxon".

treten. Die berufliche Diskriminierung scheint von Branche zu Branche unterschiedlich stark zu sein, beispielsweise etwas schwächer im Öffentlichen Dienst und im EDV-Bereich und deutlich stärker in der Beauty-, Mode- und Fitness-Branche, wie eine Studie über Düsseldorf zeigt (Wolf, 2012).

7 Fazit

Die Ausgangsfrage nach einem erforderlichen Paradigmenwechsel in der Beratung dicker Menschen als Kunden der Arbeitsverwaltung lässt sich hinsichtlich der im vorherigen Abschnitt betrachteten (schlanken) Studierenden dahingehend beantworten, dass es bei diesen tatsächlich einen Paradigmenwechsel gab, weg von der Perspektive „Dicke sollten eigentlich schlank sein und deshalb abspecken", hin zu „so vermitteln, wie sie sind".

Die erfahreneren Kollegen in der Arbeitsverwaltung zeigten sich im Vergleich zu den jungen deutlich vorsichtiger und erkannten meistens die potenzielle Übergriffigkeit im Ansinnen, die dicken Kunden abspecken zu wollen. In der Arbeitsverwaltung muss sich ein solcher Paradigmenwechsel hin zur Akzeptanz dicker Personen und deren Wertschätzung in einer Kommunikation auf Augenhöhe folglich „nur" mehr bei den schlanken Berufsneulingen vollziehen, die hierzu von ihren erfahrenen Kollegen lernen können.

Das neue Paradigma für den Umgang mit beleibten Menschen in der Personalentwicklung und der Arbeitsverwaltung könnte *„Weight Diversity"* sein. Erfahrene Fachleute für betriebliche Gesundheitsförderung wissen im Regelfall, dass das Schlanksein nicht zur Norm erhoben werden sollte und dass Interventionen etwa zur Diabetes-Prävention einen jeweils ganz individuellen und vorsichtigen Zugang innerhalb eines psychologischen Vertrauensverhältnisses brauchen. Hierbei ist die Absichtsbildung als erster Schritt zur Kooperation zwischen Mitarbeiter und Gesundheitsfachkraft der schwierigste Schritt, der allenfalls begünstigt aber nicht erzwungen werden kann. Von radikalen Diäten raten Gesundheitsfachleute normalerweise grundsätzlich ab, da diese weder nachhaltige Effekte auf das Gewicht, noch positive Wirkungen für die Gesundheit der Betroffenen insgesamt haben (Frank, 2012; Pollmer, 2011).

Dies bedeutet für die Beratung in der Arbeitsverwaltung das Dicksein von Kunden in Analogie zu Religion, Behinderung oder sexueller Orientierung als eine im Regelfall konstante und weitestgehend unveränderliche Personenvariable zu begreifen. Historisch gesehen wurde bei der sexuellen Ausrichtung ebenfalls lange Zeit versucht, homosexuelle Menschen in ihrer Orientierung zu ändern, bekanntlich mit ausgebliebenem Erfolg.

Parallelen zum Umgang mit dem anderen Diversity-Merkmal einer Behinderung ergeben sich insofern als eine Behinderung ebenfalls sowohl als a) Merkmal einer Person, oder b) als gemeinsame Frage des Umgangs mit der jeweiligen Behinderung aufgefasst werden kann. Das a priori-Dazugehören behinderter Menschen im Sinne des Inklusionsverständnisses der UN-Behindertenrechtskonvention von 2009 ließe sich entsprechend auch auf dicke Menschen anwenden. Dicke müssten folglich nicht erst sozial „integriert" werden, sondern gehören im Sinne des Inklusionsverständnisses bereits per se zur Gesellschaft dazu. Hierfür müssten letztere weder als behinderte Menschen behandelt werden – wogegen sich viele wehren würden –, noch müsste der rechtliche Antidiskriminierungs-Schutzschirm des AGG nach dem Beispiel einiger US-amerikanischer Bundesstaaten auf dicke Menschen erweitert werden. Wie die Ausführungen zu zeigen versuchten, ist es für eine gesellschaftliche wie auch arbeitsweltliche Inklusion dicker Menschen jedoch unabdingbar, dem *Weight Diversity*-Leitbild zu folgen, im Sinn eines Paradigmenwechsels weg von den neoliberalen Diskursen, denen zufolge Schlanksein als für alle machbar gilt (Zur Kritik an den neoliberalen Schlankheitsdiskursen vgl. Schmidt-Semisch & Schorb, 2008; Schorb, 2009 sowie unter Gender-Vorzeichen Walter, 2011).

Für die Gesundheitsförderung beleibter Personen wären diskriminierungsfreie Umgangs-Codes ebenso anzuraten wie Konzepte von *„Wellness at every size"*, die eine Alternative zum klassischen, oft schon in der Schulzeit diskreditierten leistungsorientierten Sportansatz darstellen, individualisiert vorgehen und Freude an Bewegung entsprechend der Neigungen der jeweiligen Person vermitteln. Derartige motivierende Ansätze bedürfen der Kooperation mit Gesundheitsfachleuten und sind kaum durch Mitarbeiter der Arbeitsverwaltung quasi nebenbei zu leisten. Hier heißt das Minimalziel, erst einmal einen diskriminierungsfreien Umgang mit dicken Kunden zu gewährleisten.

Literatur

Antonovsky, A. (1997). Salutogenese: Zur Entmystifizierung der Gesundheit: Tübingen: Dgvt.

Ayan, T., Kaczerowski, M., Kastner, M. & Kuhnert, P. (2007). Gesund & Fit bleiben. Frankfurt/Oder: DAA Brandenburg-Ost.

Balters, A. (2005). Nur Engel dürfen dick sein. Moers: Brendow.

Brok, Y. den (2007). Behinderung, Geschlecht und Vielfalt am Arbeitsmarkt. In P. Guggemos (Hrsg.), Diversity Management. Europäische Beiträge zur Arbeitsvermittlung und Personalentwicklung (S. 136-168). Augsburg: AIP.

Brozek, J., Keys, A., Henschel, A., Mickelsen, O. & Longstreet Taylor, H. (1950). The biology of human starvation. Minneapolis: The University of Minnesota Press.

Fort, E. & Stevens, D. (2010). Obesity. Vol. 6: The development of fat acceptance movement. Baldwin City: Webster's Digital Services.

Frank, G. (2012). Lizenz zum Essen. Stressfrei essen, Gewichtssorgen vergessen. (5. Aufl.). München: Piper.

Gröner, A. (2011). Nudeldicke Deern. Free your mind and your fat ass will follow. Reinbek: Rowohlt/Wunderlich.

Guggemos, P. (Hrsg.). (2007). Diversity Management. Europäische Beiträge zur Arbeitsvermittlung und Personalentwicklung. Augsburg: AIP.

Hollederer, A. (Hrsg.). (2009). Gesundheit von Arbeitslosen fördern! Ein Handbuch für Wissenschaft und Praxis. Frankfurt/M.: Fachhochschulverlag.

Künast, R. (2006). Die Dickmacher. Warum die Deutschen immer dicker werden und was wir dagegen tun müssen. München: Goldmann.

Mang, W. (2012). Interview mit B. Hofmann. In Augsburger Allgemeine vom 29. August 2012, S. 12.

Monaghan, L. F. (2008). Men and the war on obesity. A sociological study. London: Routledge.

Peters, A. (2013). Mythos Übergewicht: Warum dicke Menschen länger leben. Was das Gewicht mit Stress zu tun hat – überraschende Erkenntnisse der Hirnforschung. München: C. Bertelsmann.

Pollmer, U. (2011). Esst endlich normal! Das Anti-Diät-Buch (4. Aufl.). München: Piper.

Sarrazin, T. (2010). Deutschland schafft sich ab. Wie wir unser Land aufs Spiel setzen (5. Aufl.). München: Deutsche Verlags-Anstalt.

Schmidt-Semisch, H. & Schorb, F. (Hrsg.). (2008). Kreuzzug gegen Fette. Sozialwissenschaftliche Aspekte des gesellschaftlichen Umgangs mit Übergewicht und Adipositas. Wiesbaden: Verlag für Sozialwissenschaften.

Schorb, F. (2009). Dick, doof und arm? Die große Lüge vom Übergewicht und wer von ihr profitiert. München: Droemer.

Singer, V. (2008). Diskriminierung von übergewichtigen Menschen. Eine Studie zu Zusammenhängen mit selbstwertrelevanten kognitiven Prozessen. Marburg: Tectum.

Sitzler, S. (2011). Bauchgefühle. Mein Körper und sein wahres Gewicht. München: C. H. Beck.

Springer, J. (2011). Die Erfahrungen übergewichtiger Frauen in der Arbeitswelt. Mannheim: HdBA (BA-Thesis).

Stangl, A. (2012). Frauen mit höherem Gewicht und ihr (konstruktiver) Umgang mit medialen Schlankheitsidealen. Mannheim: HdBA (BA-Thesis).

Taylor, E. (1988). Vom Dicksein, vom Dünnsein, vom Glücklichsein. München: Droemer Knaur.

Tempel, J. & Ilmarinen, J. (2013). Arbeitsleben 2025. Das Haus der Arbeitsfähigkeit im Unternehmen bauen. Herausgegeben von Marianne Giesert. Hamburg: VSA.

Walter, N. (2011). Living Dolls. Warum junge Frauen heute lieber schön als schlau sein wollen. Frankfurt/M.: Krüger.

Weber, M. (2010). Die protestantische Ethik und der Geist des Kapitalismus, Vollständige Ausgabe. Herausgegeben und eingeleitet von D. Kaesler (3. durchgesehene Aufl.). München: C. H. Beck.

Wolf, J. (2012). Dicksein in der creative-class-Stadt Düsseldorf – Akzeptanz und Toleranz oder ästhetisch motivierte Diskriminierung? Mannheim: HdBA (BA-Thesis).

Gert-Holger Klevenow

Entwicklung eines qualitativen Prädiktors zur Diagnose der mittelfristigen Re-Integrationswahrscheinlichkeit von Arbeitsuchenden

Schlagwörter: Arbeitsvermittlung – Beratungsmotivation – Problemtypologie – Prädiktor für berufliche Integration

Key words: employment service – counselling motivation – problem typology – predictor for professional re-integration

1 Einleitung

Die Ergebnisse, die hier vorgestellt werden, basieren auf Teilauswertungen eines IAB-Projekts[1] (Hirseland et al., 2009) im Kontext des SGB III, dessen Datenerhebung in den Jahren 2007-2010 stattfand. Bei der Gewinnung der Stichprobe, die über 100 Arbeitssuchende umfasst, wurden neben soziodemografischen Variablen (Alter, Geschlecht, Qualifikation) auch Angaben zur „Kundengruppe" (s. u.) sowie zur arbeitsmarktlichen Situation berücksichtigt.

Ziel dieses BA-internen Projekts ist es, Faktoren erfolgreichen Vermittelns zu identifizieren, um daraus Empfehlungen für eine „gute Vermittlungspraxis" zu entwickeln. Um Antworten auf diese Leitfrage zu entwickeln, wurde ein explorativer, qualitativer Forschungsansatz (Hirseland, Kaps, Promberger & Zahradnik, 2008) in der Tradition der Grounded Theory (Glaser & Strauss, 1998) gewählt: Neben dem tatsächlichen Vermittlungsgeschehen sollten auch die organisatorischen Rahmenbedingungen und ihr Einfluss erkundet werden. Dazu wurden die Vermittlungsgespräche der Arbeitssuchenden der Stichprobe beobachtet, tontechnisch aufgezeichnet und anschließend in anonymisierter Form transkribiert. Sowohl die Arbeitssuchenden wie ihre Vermittlungsfachkräfte wurden hinterher interviewt. Erstere wurden ca. neun Monate später nochmals telefonisch befragt, wobei ihre aktuelle berufliche Situation erhoben wurde und wie sie die Vermittlung rückblickend bewerteten. Um die Rahmenbedingungen zu untersuchen, wurden u. a. Führungskräfte interviewt.

Durch den Einsatz verschiedener Methoden sollte ermöglicht werden, die einzelnen Befunde durch Triangulationen (Flick, 2008) abzusichern. Beispielsweise können für die Analyse eines Vermittlungsgesprächs zusätzlich die Gesprächsbeobachtungen, das transkribierte Gespräch, die bei der Vermittlung erhobenen

---

[1] Ich danke dem Forschungsbereichsleiter PD Dr. Promberger sowie dem Projektleiter Dr. Hirseland für das Überlassen anonymisierter Daten für diese Teilstudie.

Daten sowie die Nachgespräche mit dem Arbeitssuchenden und seiner Vermittlungsfachkraft als weitere Datenquellen genutzt werden.

Ziel der Ergebnisse der Teilstudie, die hier vorgestellt wird, war es, die subjektiven Sichtweisen, den gedanklichen Umgang von Arbeitssuchenden mit ihrer aktuellen beruflichen Situation genauer kennen zu lernen und zu rekonstruieren. Während der Phase des Analysierens und Kodierens sollten sich Typologien als nützlich oder viabel[2] herausstellen.

In Feldern der Sozialen Arbeit (vgl. Pantucek, 2009), also auch im Bereich der Arbeitsvermittlung (Hielscher & Ochs, 2009), spielen Einteilungen von Hilfebedürftigen, hier Arbeitssuchenden, nach „Kundengruppen“ oder „Profillagen“ (BA, 2012) mittlerweile eine konstitutive Rolle.

Eine solche Differenzierung folgt der Annahme, dass es Mengen von Arbeitssuchenden gibt, die sich hinsichtlich bestimmbarer, für die Re-Integration in den Arbeitsmarkt bedeutsamer, Merkmale unterscheiden (lassen), sodass hinsichtlich genau dieser Merkmale homogene Gruppen gebildet werden können. Damit verbindet sich die Absicht und die Hoffnung, dass für jede dieser homogenen Gruppen spezifische Formen und Techniken der Beratung und Vermittlung zunächst entwickelt und dann zur Verfügung gestellt werden können, mit denen sie effektiv in den Arbeitsmarkt reintegriert werden können.

2 Datenanalyse und theoretisches Sampling

2.1 Bildung des Samples durch Kodieren

Die zentrale Datengrundlage der Teilstudie bilden transkribierte Gespräche sowie die Beschäftigungssituation zum Zeitpunkt des Nachgesprächs, etwa neun Monate nach dem beobachteten Vermittlungsgespräch.

Im Sinne der Forschungsstrategien in der Konzeption der „Grounded Theory“ (Glaser & Strauss, 1998, S. 53) wurde das Sample konstruiert. Dabei bildet ein Fall aus dem interessierenden sozialen Feld den Ausgangspunkt. In dieser Untersuchung lässt sich der Ausgangsfall soziodemografisch so umreißen: weiblich, zwischen 20 und 30 Jahre alt, abgeschlossene kaufmännische Lehre und mehrere Jahre Berufserfahrung im Verkauf von Textilien. Hinsichtlich der Zielvorstellung der Analyse, der Rekonstruktion der subjektiven Sicht, wurde u. a. sichtbar, dass sich die Arbeitssuchende intensiv darum bemühte, die Arbeitslosigkeit zu verlassen. Dabei formulierte sie jedoch einige Ansprüche an die formale und inhaltliche

[2] Viabilität (= Gangbarkeit), aus konstruktivistischer Sicht ein zentrales Gütekriterium (Glaserfeld, 1997, S. 43).

Ausgestaltung der Arbeitsbedingungen ihres zukünftigen Arbeitsplatzes, die aus Sicht der Vermittlungsfachkraft „unrealistisch“ waren. Angebotene berufliche Alternativen schlug die Arbeitssuchende zum damaligen Zeitpunkt aus.

Glaser und Strauss (1998, S. 55) schlagen als Strategie zur Konstruktion eines Samples vor, von einem Fall ausgehend, zunächst ähnliche Fälle zu untersuchen. Es ist also die strategische Frage zu beantworten, nach welchen Kriterien das nächste Interview ausgewählt werden sollte, wenn es um die Rekonstruktion subjektiver Sichtweisen geht: Im konkreten Fall wurde die „Kundengruppe“ verwendet, nach der Arbeitssuchende zum damaligen Zeitpunkt klassifiziert wurden; es wurden daher im nächsten Schritt Vermittlungsgespräche mit Arbeitssuchenden ausgewählt, die derselben Kundengruppe zugeordnet waren.

Beim Einlesen und probeweisen Kodieren der Aussagen, den berichteten Lebensereignisse und den Reaktionen der Arbeitssuchenden in den Vermittlungsgesprächen, zeigten sich spezifische Aspekte ihrer Lebenssituation, die aus psychologischer Perspektive als bedeutsam gelten. Beispielhaft werden einige dieser Perspektiven skizziert, die sich während der ersten fünf Fallanalysen anboten:

- Die Arbeitsuchenden sahen sich zwar alle dem Phänomen der Arbeitslosigkeit ausgesetzt, aber sie unterschieden sich u. a. darin, ob sie diese für eine Schwierigkeit hielten, die sie mit ihren Kompetenzen und Ressourcen glaubten bewältigen zu können (Konzept der Selbstwirksamkeitsüberzeugung nach Bandura, 1997; Schwarzer & Jerusalem, 2002) oder ob sie sich einem Problem gegenüber sahen, für das ihnen die passenden Bewältigungsheuristiken und Handlungsstrategien fehlten.
- Des Weiteren unterschieden sie sich aus der Perspektive des Problemlösens (Dörner, 1979; Hussy, 1984, 1993) darin, wie sie ihre Situation und ihre Ziele in der Interaktion mit der Vermittlungfachkraft formulierten.
- Die Arbeitsuchenden zeigten, gedeutet auf der Basis ihres Sprechens und beschriebenen Verhaltens, ganz unterschiedliche Bereitschaft, sich auf die Gespräche mit den Vermittlungsfachkräften einzulassen: Das verweist im Rahmen komplementärer Beziehungen (Watzlawick, Beavin & Jackson, 1969) auf Konzepte wie die Beratungsmotivation (de Shazer, 1989), gewährtes bzw. vorenthaltenes Vertrauen (Deutsch, 1973; Rogers, 1972) oder (fehlende) compliance (Haisch, Gundlach & John, 1989; Ley, 1982), ein spezifisches Konzept für das Arzt-Patient-Verhältnis.
- Manche Arbeitssuchenden wirkten in der Selbstdarstellung ihrer Anstrengungen, wieder in Arbeit zu kommen, „aktiver“, andere „passiver“: Das erinnerte an die Typologie von Arbeitslosen, die Jahoda, Lazarsfeld und Zeisel (1975) im Jahr 1933 aus den Beobachtungen in Marienthal gewonnen und beschrieben

haben. Alltagspsychologisch[3] wird ein solches „passives Verhalten“ üblicherweise entweder als Desinteresse bzw. mangelnde Motivation gedeutet, mit der Folgerung, dass solche Menschen „angetrieben“, „motiviert“ oder „gefordert“ werden sollten, oder als fehlende Kompetenz, mit der Folgerung, dass sie „ausgebildet“, „trainiert“ oder „gefördert“ werden müssen. Ein „passives“ Verhalten kann aber beispielsweise auch psychiatrisch gedeutet werden, als ein erstes Symptom depressiven Verhaltens (DSM-IV-TR, 2003) mit den potentiellen Endstadien der „Verzweiflung“ oder „Apathie“, wie sie bei Jahoda benannt werden, mit der Folgerung, frühzeitig therapeutisch zu begleiten.

Über die Aufnahme weiterer Gespräche in das Sample im Sinne des „theoretical sampling“ (Glaser & Strauss, 1998, S. 53) wurde anfangs vor allem deutlich, dass nur wenige der skizzierten analytischen Kategorien auf alle erkundeten Fälle anwendbar waren: Manche wurden nur in einigen wenigen Fällen sichtbar und bedürfen zusätzlich spezifischer fachlicher Kompetenzen, wie bspw. das valide Diagnostizieren einer depressiven Symptomatik. Manche Kategorie erwies sich für die gegebenen Erhebungseinheiten, Vermittlungsgespräche im Kontext des SGB III, als zu fein, wie bspw. Coping-Strategien nach Lazarus (1991) oder Selbstwirksamkeitsüberzeugungen nach Bandura (1997).

So blieb lange Zeit unklar, welches Kriterium bzw. welche Kriterien nützlich sind, um anfangs „ähnliche“, später zunehmend „unähnliche“ Fälle auswählen zu können. Auch das zunächst genutzte Kriterium der „Kundengruppe“ erfüllte diese Funktion nur teilweise.

Im Laufe der Analysen kristallisierten sich zwei Perspektiven als gangbar heraus, weil sie sich in den bis dahin untersuchten Fällen als nützlich erwiesen hatten und auch auf die neu hinzugenommenen anwendbar waren:

- eine motivationspsychologische, wie groß die Bereitschaft ist, sich auf die Vermittlung oder Beratung einzulassen;
- eine kognitionspsychologische, wie die Kunden ihr Problem in der Interaktion mit der Vermittlungsfachkraft fassen. Der relativ einfache und durchgängige analytische Zugang mittels dieser Perspektive ist nicht überraschend, da die aktuellen Vermittlungs- und Beratungs-Konzeptionen der Bundesagentur für Arbeit (2012; Rübner & Sprengard, 2011) im Rahmen dieses Paradigmas entwickelt wurden, so dass sich entsprechende inhaltliche Bezüge an vielen Stellen in den Gesprächen finden ließen.

---

[3] Alltagspsychologische Denk- und Deutungsmuster werden in der wissenschaftlichen Psychologie u. a. im Rahmen „attributionspsychologischer Modelle“ untersucht und beschrieben. Nach Heider (1958) „erklären“ wir uns als Alltagsmenschen die „Leistungsfähigkeit“ einer Person als Produkt ihres „Könnens“ und „Wollens“.

Glaser und Strauss (1998, S. 69) bezeichnen diesen Prozess als „theoretische Sättigung“, während dessen u. a. erkundet wird, auf wie viele Situationen, Fälle oder Gespräche sich die Kategorien anwenden lassen; wissenschaftlich formuliert, wie groß ihr Geltungsbereich ist. Drängen sich bei diesem Prozess der Erweiterung des Samples durch neue, möglichst andersartige Fälle keine anderen Auswertungskategorien auf, die die Gespräche oder das Verhalten bzw. Handeln der Vermittler und Arbeitssuchendem in einem ergänzenden oder anderen Licht erscheinen lassen, sollte das theoretische Sampling beendet werden; im konkreten Fall endete der Prozess nach der Analyse von 33 Vermittlungsgesprächen.

Um das qualitative Kodieren methodisch zu verbessern, wurden explizierte Modelle der Motivations- und Kognitionspsychologie genutzt, die im nächsten Abschnitt beschrieben sind.

Während der Gesprächsanalysen (vgl. Beitrag 7 in diesem Band), in deren Rahmen das kommunikative Handeln der Vermittlungsfachkräfte minutiös erfasst und beschrieben wurde, wurden die Aussagen, Fragen und Darstellungen der Arbeitssuchenden intensiv wahrgenommen. Auf dieser Grundlage wurde ihre Beratungsmotivation und die Problemlage, in der sie sich sehen, summarisch eingeschätzt und den entsprechenden Kategorien des jeweiligen Modells zugeordnet.

Dieser Prozess ist vergleichbar mit dem, was in der psychodiagnostischen Literatur unter dem Stichwort der „Klinischen Urteilsbildung“ (Amelang & Zielinski, 2004, S. 419-421; Fisseni, 2004, S. 251-154) behandelt wird.

2.2 Theoretische Kontexte

Typologie der Beratungsmotivation
De Shazer (1989) entwickelte eine Typologie, die die Bereitschaft von Personen beschreibt, sich auf Beratungsgespräche einzulassen. Diesen Typen oder Interaktionsprozessstadien zugeordnet sind Handlungsheuristiken für Berater, die sich in jahrelanger Praxis bewährt haben und die in Tabelle 1 zusammenfassend dargestellt sind (vgl. Bamberger, 2010, S: 71-75).

Der erste Typ, bezeichnet als *Kunde* (Bamberger, 2010, S. 75), wird als eigenverantwortlich, sozial kompetent und zielorientiert beschrieben. Bezogen auf die Aufgaben der BA ist dies eine Person, die interessiert die Leistungen der BA einfordert: Vermittlungs-, Beratungs- oder Geldleistungen. Vermittlungsfachkräfte reagieren richtig, wenn sie entsprechend handeln.

Tabelle 1: Typologie der Beratungsmotivation auf der Basis von Bamberger (2010, S. 71-75)

Typ	Kennzeichnendes Kundenverhalten	Heuristik für angemessenes Beraterverhalten
Kunde	Will ... • (Geld-)Leistungen; • in Arbeit vermittelt werden; • ggf. beraten werden.	• vermitteln und • beraten; • ggf. fördern.
Besucher	unfreiwillig anwesend; es gibt kein explizites Problem; Besucher ... • werden geschickt oder • mitgebracht.	Es gibt keine Beratungsgrundlage: Besucher sollten „eingeladen" werden zum beraterischen Gespräch.
Klagende	• klagen über konkrete Probleme; • stellen keinen Bezug her zwischen sich selbst und ihrer Situation; • fühlen sich ohnmächtig und ungerecht behandelt. Motiviert ist ein solches Verhalten durch die Suche nach Mitklägern.	• nicht mitklagen; • beraterisches Ziel: Zusammen mit einem Kunden muss ein neues Beziehungsmuster zwischen „Anderen – Problem – Selbst" entwickelt und eingeführt werden.
Leidende	• klagen über vage Probleme; • diese sind emotional stark verankert. Oft ist bei diesen Personen eine große Einsamkeit spürbar.	• sich mitleidend (empathisch) einlassen

Den zweiten Typ bezeichnet de Shazer (vgl. Bamberger, 2010, S. 72-73) als *Besucher*: Personen dieses Typs sind unfreiwillig anwesend. Sie wurden aufgefordert zu erscheinen, wurden geschickt oder mitgebracht und haben kein explizites Anliegen oder Problem – aber möglicherweise ein implizites, das es zu erkunden gilt. Explizit fehlt zunächst eine Grundlage für ein sinnvolles Gespräch: Niemanden kann man dazu zwingen, ein Problem zu haben oder interessiert zu sein. De Shazer schlägt für diese Personengruppe als Heuristik vor, sie zur inneren Beteiligung einzuladen, bspw. durch zirkuläre Fragen[4] wie sie im Kontext systemischer und lösungsorientierter Beratungsansätze entwickelt worden sind (Schlippe & Schweitzer, 2007; Schiepek, 1999): „Was vermuten Sie, hat ‚Z' dazu bewogen, Sie hierher zu schicken?" Oder mit einem Beispiel von Bamberger (2010, S. 73): „Wenn wir jetzt einmal unterstellen, dass XY es wirklich gut meint, was könnten wir dann Sinnvolles zusammen tun, damit es Ihnen tatsächlich gut geht?" Für viele Vermittler besteht die Herausforderung, evtl. sogar das Problem nicht darin, eine

[4] Zirkuläre Fragen sind bspw. schon in KOLA (2002) in die Vermittlungsmethodik der BA eingeführt worden.

solche Frage zu stellen, sondern die so eröffnete und spezifisch gestaltete Beziehung in sich schlüssig[5] und konsequent weiterzuführen. – Es gibt zwei oft zu beobachtende Handlungsalternativen: Eine besteht darin, sich um den Besucher zu bemühen, auch gegen dessen Willen – das endet für Vermittler oft in „Kostproben in Sachen Burnout-Syndrom" (Bamberger, 2010, S. 72). Eine andere besteht darin, Besucher zur Mitarbeit zwingen[6] zu wollen: Das eröffnet in der Regel eine Eskalationsspirale des Einsatzes von Druckmitteln, was Vermittlungsfachkräfte sehr viel Zeit und Energie kostet, wenn sie dies ernsthaft verfolgen, und daher auf einige wenige „Besucher" beschränkt bleibt und daher oft genug schnell wieder beendet wird.

Der Typ des *Klagenden* (Bamberger 2010, S. 73-74) ist daran zu erkennen, dass er sich über viele einzelne, konkrete Dinge beklagt, die ihm widerfahren. Er fühlt sich ohnmächtig und hilflos gegenüber den Zumutungen der Umwelt. Auffällig dabei ist, dass er keinen Bezug zwischen den Ereignissen und der eigenen Person herstellt. Die Handlungsheuristik für Vermittlungsfachkräfte empfiehlt, sich nicht in das Problemmuster des Klagens einbinden zu lassen, nicht mit zu klagen; statt dessen sollen Berater Menschen dieser Art helfen, neue Beziehungsmuster zu entwickeln[7], in denen sie ihre konkreten Beziehungen zu Ereignissen und anderen Menschen reflektieren lernen. – In dem Sample der 33 Vermittlungsgespräche waren drei Klagende zu identifizieren: Zwei dieser Gespräche endeten damit, dass die Vermittlungsfachkräfte in die Klage der Arbeitssuchenden über die „Ungerechtigkeit dieser Welt" mit einstimmten.

Bamberger hat die Typologie De Shazers um den Typ des *Leidenden* (2010, S. 74-75) erweitert, der daran zu erkennen ist, dass seine Klagen vage und stark emotional verankert sind. Als wirkungsvolle Handlungsheuristik gilt, sich mitleidend einzulassen; im Sinne der Klienten-zentrierten Beratung nach Rogers (1972) empathisch[8] zu sein. Ein solches Verhalten setzt benenn- und beschreibbare beraterische Kompetenzen voraus; im Fall von Leidenden auch diagnostische, um unterscheiden zu lernen, ab wann ein Leiden emotional so stark verankert erscheint,

[5] Rückmeldungen über viele Jahre von Studierenden oder Teilnehmern von Beratungstrainings bestätigen das.

[6] Im medizinischen Kontext unter dem Stichwort „forced compliance" untersucht; Hielscher und Ochs (2009, S. 92-95) verwenden dafür im Vermittlungskontext den Begriff des „bürokratischen Gesprächs".

[7] Bei typischen Klagenden misslingt die bei vielen Vermittlungsfachkräften zu beobachtende Reaktion, belehrend-darstellend zu intervenieren. – Die beraterische Kunst besteht darin, die entsprechenden Erfahrungswelten dieser Menschen zu aktivieren.

[8] Dies ist eines der zentralen Leitkonzepte, seit es in der BA Beratungskonzepte gibt, also seit ca. 40 Jahren.

dass ihm ein Krankheitswert zukommen könnte, was wiederum bedeutet, dass die Person aktuell möglicherweise nicht arbeitsfähig ist. Eine solche Problematik muss medizinisch-psychiatrisch abgeklärt werden.

Um potentiellen Missverständnissen vorzubeugen, weil „Typologien" oft stabile Muster beschreiben: Das Konstrukt der Motivation stellt in der Psychologie keine stabile menschliche „Eigenschaft" dar, sondern ist, vor allem in den „Erwartungs x Wert"- Modellen (Heckhausen, 1980, S. 216-218) durch seinen Prozesscharakter und doppelten, jeweils wertbezogenen Situationsbezug gekennzeichnet, in den im Fall der Interaktion, ein Gesprächspartner mit einbezogen ist: die Situations-Folge- sowie die Handlungs-Folge-Erwartung. Bezogen auf ein konkretes Vermittlungsgespräch impliziert das zunächst die Frage nach den Zielen, die eine arbeitsuchende Person verfolgt, und mit welchen Wahrscheinlichkeiten (Situations-Folge- und Handlungs-Folge-Erwartung) sie für ihr Handeln im Gespräch rechnet, diese Ziele erreichen zu können. Zum Beispiel wird ein arbeitssuchender Tischler, mit 20-jähriger guter Berufserfahrung, der weiterhin in seinem Beruf arbeiten möchte, und der weiß, dass die Stellenbörse der Bundesagentur für Arbeit offene Stellen für Tischler enthält, mit der Situations-Folge-Erwartung zu seiner Vermittlungsfachkraft gehen, dass dieser Zugang, gegenüber anderen Recherchewegen, sehr nützlich ist, da er in einem Gespräch viele offene Stellen angeboten bekommen wird. Seine Handlungs-Folge-Erwartung wird ebenfalls hoch sein, da seine Chancen auf eine neue Stelle steigen, wenn er sich auf viele offene bewerben kann: So eingestimmt, wird er mit sehr großer Wahrscheinlichkeit als „Kunde" im Sinne de Shazers zum Vermittlungsgespräch erscheinen. Dagegen wird ein 50-jähriger, arbeitslos gewordener Ingenieur, der damit rechnet, dass die Stellenbörse der BA kaum offene Stellen für ältere Ingenieure bereit hält, und der davon überzeugt ist, dass Zeitungen und vor allem Fachnachrichten viel mehr Stellenangebote enthalten, mit sehr geringer Situations-Folge-Erwartung seiner Vermittlungsfachkraft gegenüber treten: Welche positiven Handlungs-Folgen hätte er – mit seinen Einschätzungen – vom Gespräch zu erwarten? Sein Weg führt ihn zu einem Vermittler, weil er sich nach gesetzlicher Vorgabe (§ 16(1) Satz 3, SGB III) persönlich arbeitslos melden muss: Im Sinne de Shazers ist daher zumindest zu Beginn der Begegnung eine „Besucher-" Motivation zu erwarten.

Insofern sind diese Gesprächsmotivations-„Typen" Ausdruck von – genau genommen wechselseitigen – situationsbezogenen Erwartungen: Je nach dem, wovon die Gesprächspartner überzeugt sind, was sie von einander erwarten, wird sich das Gespräch entwickeln. Sparrer (2001) weist darauf hin, dass diese „Typen" nur Kennzeichen eines potentiell entwicklungsfähigen Interaktionsprozesses sind: Würde es einem der beiden gelingen, die bestehende Situations-Folge- oder

Handlungs-Folge-Erwartung zu destabilisieren und eine andere Erwartung zu stimulieren, verändere sich die Interaktion.

Problemtypologie
Zur Rekonstruktion der Handlungs-Ziele der Arbeitsuchenden sowie ihrer Mittel, diese zu erreichen, wird auf zwei Problemklassifikationen aus unterschiedlichen, aber einander ergänzenden Paradigmen der Problemlösepsychologie zurückgegriffen.

Einen Ausgangspunkt, der dem informationsverarbeitenden Paradigma der Psychologie (vgl. Asendorpf, 2004, S. 66-83) zuzurechnen ist, bildet die Problem-Klassifikation Dörners (1979, S. 14), in der die „Klarheit der Zielkriterien" sowie der „Bekanntheitsgrad der Mittel" als zwei unabhängige Dimensionen konzipiert sind. Auf diese Weise entstehen vier verschiedene Problemtypen.

Den zweiten Ausgangspunkt, der eher dem dynamisch-interaktionistischen Paradigma (Asendorpf, 2004, S. 84-99) zuzurechnen ist, bildet der Klassifikationsvorschlag Aeblis (1981, S. 13-36), der einen weiteren Rahmen steckt im Vergleich mit der Konzeption Dörners. Trotz der Differenzen im theoretischen Kontext und im Detail, zeigen sich hinsichtlich der Klassifikation von Problemen große inhaltliche Überlappungen. Aebli benennt drei Problemtypen: Einen mit „fragmentarischen Strukturen" (Aebli, 1981, S. 19), der Interpolations- und Gestaltungsprobleme umfasst und weitgehend den „Interpolations-" und „Synthesebarrieren" Dörners entspricht: Dies beschreibt Problemkonstellationen, in denen die Zielkriterien im Wesentlichen klar sind. Bei den Interpolationsbarrieren sind auch die Mittel bekannt, die zur Lösung führen. Das Problem besteht darin, dass nicht klar ist, wie diese Mittel genau eingesetzt werden müssen. (Das paradigmatische Beispiel sind Beweisaufgaben in der Mathematik.) Bei den Synthesebarrieren kommt erschwerend hinzu, dass auch die Mittel zur Annäherung an das Ziel nur partiell bekannt sind: Bspw. wenn man einen guten Freund oder eine gute Freundin mit etwas Besonderem beschenken will. ohne dass man eine genaue Vorstellung von dem „Etwas" hat. Man kennt die Person gut, ihre Interessen und Vorlieben, die einen Teil der Kriterien für ein passendes Geschenk bilden. Das Problem ist, welche konkrete Gestalt dieses „Etwas" hat, welches Objekt oder welche Handlung alle, oder zumindest möglichst viele, der Kriterien erfüllt.

Aeblis zweiter Problemtyp (Aebli, 1981, S. 24), „widersprüchliche Strukturen" überschneidet sich mit der „dialektischen Barriere" bei Dörner: Die politischen Leitideen von Freiheit und Gleichheit sind ein Beispiel für diesen Problemtyp.

Ohne Entsprechung in Dörners Klassifikation ist der dritte Problemtyp Aeblis (1981, S. 30), die „vereinfachungsfähigen Strukturen". Im (pädagogischen) Alltag gibt es viele Beispiele dafür: Wie lauten die zentralen Gedanken in einem Text? Was bedeutet für Sie ein „gutes Leben“?

Dem weiter gefassten Ansatz Aeblis folgend, werden drei Problemtypen skizziert und anhand von Beispielen aus dem Kontext der Arbeitsvermittlung und Berufsberatung illustriert (Tab. 2, Spalte 4). Die Problemtypen selbst werden durch die unterschiedlichen Ausprägungen der beiden Kriterien der „Klarheit der Ziele bzw. Zielkriterien“ sowie der „Klarheit der Ausgangssituation“ gebildet, die für alle Beratungskonzepte fundamental sind, die sich auf Heuristiken[9] des Problemlösens (vgl. Gigerenzer, 2007; Kahnemann, 2012) beziehen (Tab. 2, Spalten 2 und 3). Die fünfte Spalte enthält in Stichworten Hinweise auf notwendige oder förderliche Ressourcen, um diese Art von Problem einer Lösung zuzuführen.

Bevor die Problemtypen im Einzelnen beschrieben werden, ist noch auf zwei Aspekte hinzuweisen:

- Terminologisch ist die Differenzierung zwischen „Problem“ und „Schwierigkeit“ fundamental: Für letztere verfügt eine Person über einen Lösungsweg, unabhängig davon, wie schwierig oder langwierig dieser ist. Probleme sind dadurch gekennzeichnet, dass eine Person über keine (Handlungs-)strategie zur Bewältigung einer bestimmten Situation verfügt. Ob und welches Problem vorliegt, hängt also von den Kompetenzen und dem Wissen ggf. auch den verfügbaren Ressourcen einer Person ab.
- In komplexen Problemlagen kommen oft alle drei hier aufgeführten Problemtypen vor; bei einer pragmatischen Nutzung der Klassifikation entsteht dadurch die Vieldeutigkeit, welchem Problemtyp eine Person zugeordnet werden soll (vgl. oben: Problem der klinischen Urteilsbildung).

Das *Barriereproblem* beschreibt die „typische“ Situation in der Arbeitsvermittlung, dass eine Person eine neue Stelle in ihrem angestammten Beruf sucht: Ein Arbeitsuchender, der ohne Überblick über Stellenangebote ist, befindet sich in genau dieser Problemlage.

Aus der Berufsberatung sind die weiteren „typischen“ Problemlagen bekannt: Bspw. stellt die Zielvorstellung, „ich wünsche mir einen Beruf, in dem ich Aufstiegschancen habe, einen sicheren Arbeitsplatz und viel Geld verdiene“, ein *Gestaltungsproblem* dar, weil nur drei Kriterien benannt sind, die sich durch eine Vielzahl sehr unterschiedlicher Berufe realisieren ließen. Analysiert man diese

[9] Unter Heuristiken versteht man Leitsätze oder Strategien, die das Finden von Lösungen unterstützen.

drei Kriterien mittels des siebendimensionalen Berufskonstrukts[10] (Dostal, 2002, S. 464), das im Kontext der Arbeitsmarkt- und Berufsforschung konzipiert worden ist, dann ist zu erkennen, dass diese drei Kriterien der Dimension „Status" zugerechnet werden können und alle übrigen sechs Dimensionen inhaltlich nicht belegt sind. In einem solchen Fall bleiben zu viele inhaltliche Leerstellen, als dass ein Berater einem Berufswähler einen Beruf vorschlagen könnte, der zu letzterem passt. Um ein solches Gestaltungsproblem bewältigen zu können, müssen Ratsuchende aufgefordert werden, inhaltliche Aspekte oder Kriterien zu benennen; sind diese noch nicht formulierbar, muss zunächst der dritte Problemtyp gelöst werden (s. u.).

Unter der Bedingung, dass sich diese drei benannten Kriterien wechselseitig ausschließen, liegt eine *widersprüchliche Problemstruktur* vor, die über verschiedene Wege bearbeitet werden kann, z. B.: über den Verzicht auf einige Kriterien, über Optimierungen mit möglichst vielen oder spezifisch gewichteten Kriterien[11] oder – kognitiv – über Prozesse der Äquilibration, wie sie von Piaget (1976, S. 61) oder Aebli (1981, S. 27-28) beschrieben worden sind: Dabei geht es darum, dass durch die Auseinandersetzung mit den Widersprüchen dimensionsreichere, komplexere Konzepte gebildet werden, in denen die Widersprüche aufgehoben sind.

Jugendliche Ratsuchende, aber zunehmend auch Erwachsene mit brüchigen Erwerbsbiographien, müssen den dritten Problemtyp *„vereinfachungsfähige Strukturen"* lösen, indem sie Unwesentliches, Akzidentelles oder Redundantes weglassen: Welche Interessen aus dem persönlichen Interessenspektrum sind, in verschieden differenzierbaren Abstufungen, wichtig, welche unwichtig? Dasselbe muss für Motive, Kenntnisse, biographische Erfahrungen, Problemlösestile, Bewältigungshandlungen etc. geklärt werden.

Berater und Vermittler befinden sich in derselben Problemstruktur *„vereinfachungsfähiger Strukturen"*, wenn sie Jugendlichen und Erwachsenen, die sich um- oder neu orientieren müssen, einen Überblick über ca. 400 Ausbildungen, über mehr als 17 000 Bachelor- und Master-Studiengänge oder etwa 4 000 Berufe vermitteln sollen: Welches Maß an und welche Art von Vereinfachung ist für gerade diesen Ratsuchenden passend? In der pädagogischen Fachsprache bezeichnet: ein didaktisches Problem.

---

[10] Das Konstrukt „Beruf" umfasst danach folgende Dimensionen: Aufgabe – Objekt – Autonomie – Status – Funktionsbereich – Arbeitsmilieu – Arbeitsmittel. Diese werden je nach beruflicher Tätigkeit konkretisiert.

[11] Im Rahmen von Entscheidungstheorien sind viele Modelle zur Optimierung entwickelt worden (z. B. Jungermann, Pfister & Fischer, 1998).

Tabelle 2: Problemtypologie auf der Basis von Aebli (1981)

Aeblis Problem-Klassifikation mit Beispielen aus der beruflichen Beratung und Vermittlung					
		Operational		**Beispiele aus dem Bereich von Vermittlung und Beratung**	**Notwendige oder förderliche Ressourcen für die Entwicklung von Lösungen**
		Ausgangs-Situation	**Ziel (-kriterien)**		
I	Barriere-problem	Klar benannt – zumindest benennbar	Klar benannt – zumindest benennbar	„Typische“ Vermittlung im bisher ausgeübten Beruf	– Möglichst vollständig erfasste Berufsmärkte – Transparente matching-Algorithmen
		Der Weg zum Ziel ist blockiert oder unbekannt.			
	Gestaltungs-problem	Klar benannt – zumindest benennbar	Eine passende Gestalt muss entwickelt bzw. gefunden werden.	– Berufliche Umorientierung oder Weiterentwicklung; – t. w. Berufsberatung	Zusätzlich: – Qualifikationsbezogenes und berufskundliches Wissen; – Mustererkennung und -vergleich
		Entwickeln von Kriterien und Finden einer passenden Gestalt.			
II	Widersprüch-liche Struktur	Widersprüchlich	– Partieller Verzicht – Optimieren, wenn Kompatibel – Äquilibration	– t. w. Berufsberatung – Berufliche Neuorientierung – Fallmanagement	Zusätzlich: – Kompetenzen emotionale und kognitive Widersprüche zu klären – Kompetenter Umgang mit multivalenten Entscheidungskonfigurationen – Entwicklung von Konzepten höherer Ordnung
		Die Situation wird i. d. R. als belastend empfunden; Widersprüche und Ambivalenzen müssen verringert werden.			
III	Vereinfa-chungs-fähige Struktur	Unübersichtlich, komplex	Vereinfachte bzw. einfache Struktur	– t. w. Berufsberatung – Fallmanagement	Zusätzlich: – spezifisches Fachwissen – diagnostische Kompetenzen – analytische Kompetenzen – divergentes und konvergentes Denken
		Essentielles benennen und Akzidentelles weglassen.			

Aufgrund der strukturellen Umbrüche in den Arbeitsmärkten einerseits und zunehmend unorthodoxer Berufsbiographien andererseits, stellen sich Vermittlungsfachkräften immer öfter Aufgaben dieser Art: Ohne geeignete diagnostische „Denk“-zeuge und ohne strukturiertes und detailreiches Wissen über Berufe und ihre Märkte, sind solche Problemstellungen kaum hinreichend und zufriedenstellend zu bewältigen.

3 Darstellung der Ergebnisse

In einem ersten Auswertungsschritt wurden die beiden Typologien als Matrix miteinander kombiniert: Der Problemtyp III (= vereinfachungsfähige Strukturen) wurde aus pragmatischen Aspekten weggelassen, da die Problemlagen im Wesentlichen bei anderen Zielgruppen (Berufsberatung, Fallmanagement) vermutet und eher als Problemfeld der Vermittlungsfachkräfte betrachtet wurden. So entsteht eine Matrix, mit der 12 unterschiedliche Problemkonstellationen erfasst werden können. Die folgende Tabelle zeigt das Ergebnis der Kategorisierung der Arbeitssuchenden des Samples:

Tabelle 3: Klassifikation des Samples mit der kombinierten Typologie

Problemtyp	**I**		**II**
Beratungsmotivation	**Barriereproblem**	**Gestaltungsproblem**	**widersprüchliche Problemstruktur**
Kunden	15	5	2
Besucher	6	1	0
Klagende	2	0	1
Leidende	1	0	0

- Zunächst einmal ist als zentrales Ergebnis festzuhalten, dass sich die Modelle von de Shazer (1989) und Aebli (1981) eignen, die subjektiven Situationswahrnehmungen aller Arbeitssuchenden des Samples aufzunehmen und zu klassifizieren. Mit ihrer Hilfe können Berater und Vermittler einen differenzierteren Einblick in die aktuellen Schwierigkeiten ihrer Kunden gewinnen. Aus den Heuristiken, die für beide Klassifikationen angegeben sind (vgl. 2.2), ergeben sich Perspektiven für beraterische Interventionen.
- Beim Klassifizieren der Problemtypen gab es zwei Schwierigkeiten:

  Die erste ist schon benannt worden und resultiert aus der Vieldeutigkeit komplexer Problemlagen: Welcher Problemkategorie soll eine Person zugeordnet werden, wenn sie bspw. widersprüchliche Kriterien benennt, die noch zu keiner Gestaltbindung führen konnten und weitere Kriterien noch nicht benennbar sind? Unter klassifikatorischer Perspektive wird diese Schwierigkeit üblicherweise dadurch bewältigt, das sich ein Beurteiler oder Diagnostiker für die Kategorie entscheiden soll, die ihm besonders gewichtig oder hervorstechend erscheint. Für beraterisches Tun gilt diese Schwierigkeit nicht, da in einem konkreten Fall alle drei Problemkonstellationen bewältigt werden müssten.

Die zweite Schwierigkeit liegt in den Untersuchungseinheiten selbst, den Vermittlungsgesprächen. Auch wenn die hier vorgestellte Problemtypologie mit den Vermittlungs- und Beratungs-Konzeptionen der Bundesagentur für Arbeit (2012) kompatibel ist, gibt es (a) im Detail konzeptionelle Unterschiede, aber gravierender (b) Schwierigkeiten, die relevanten Indikatoren in den transkribierten Gesprächen zu identifizieren, weil sie nicht genau genug erfragt und erkundet worden sind.

- Hinsichtlich der Differenzierung, der Verteilung der Fälle auf die Zellen der Matrix, fällt auf, dass einer der Zellen beinahe die Hälfte des Samples ($n = 15$) zugeordnet werden konnte: Aus der Sicht der Problemtypologie sind es Personen, die sich einem „Barriereproblem" gegenüber sehen; aus der Sicht der zweiten Typologie zur Beratungsmotivation, lassen sie sich als „Kunden" beschreiben. Diese Personen zu identifizieren und in der Klassifikation zu verorten war einfach.
- Die übrigen 18 Arbeitssuchenden verteilen sich relativ gleichmäßig auf die restlichen elf Zellen, wobei im Falle des Samples nur sieben Zellen tatsächlich besetzt sind, während vier Zellen leer geblieben sind. Vor dem Hintergrund der schon beschriebenen Schwierigkeiten (vgl. 2.2.), war es in einigen Fällen kaum möglich, die Arbeitssuchenden eindeutig der einen oder anderen Zelle zuzuweisen, so dass diese konkreten Zuordnungen nur begrenzt reliabel sind.
- Sachlich bietet es sich an, die hohe Differenzierung aufzugeben und eine „Rest-Gruppe" zu bilden und sie wegen der vielfachen Belastungen und Heterogenität als „Personen mit multivalenten Problemlagen" zu bezeichnen.

Bei der Nachbefragung, etwa neun Monate nach dem Vermittlungsgespräch, wurde u. a. die aktuelle Beschäftigungssituation erfragt. Setzt man die Zugehörigkeit zu einer der beiden Gruppen („Kunden mit Barriereproblemen" und „Menschen mit multivalenten Problemlagen") als Prädiktor, die ge- oder misslungene Integration in Arbeit als Kriterium, dann zeigt Tabelle 4, wie erfolgreich die Prädiktoren die Integration in den Arbeitsmarkt vorhersagen.

Insgesamt waren von dem Sample neun Monate später 18 Personen (= 54.5 %) wieder in Arbeit, 15 (= 45.5 %) arbeitssuchend. Differenziert nach der hier vorgestellten Klassifikation, die kognitive und motivationale Aspekte berücksichtigt, zeigen sich sehr große Unterschiede zwischen den beiden Gruppen: Arbeitssuchende, die durch die Kombination von „Barriereproblem" verbunden mit „Kundenmotivation" beschrieben oder klassifiziert worden sind, sind fast alle wieder beschäftigt. Die eine Person, die immer noch arbeitssuchend war, war eine Frau mit mehreren Kindern im Kindergarten- bzw. Schulalter, die eine Vormittagsstelle suchte, aber in ihrem Beruf nur Nachmittagsstellen angeboten bekam, da die Vormittagsstellen alle schon von Frauen in vergleichbarer Situation besetzt waren.

Tabelle 4: klassifizierte Kunden und ihre Beschäftigungssituation

	beschäftigt		**nicht beschäftigt**	
	n	**%**	***n***	**%**
Alle (*n* = 33)	18	54.5	15	45.5
Kognitiv klassifiziert: „Barriereproblem"; Motivational klassifiziert: „Kunde"	14	93.3	1	6.7
„Personen mit multivalenten Problemlagen"	4	22.2	14	77.8

Bei den „Personen mit multivalenten Problemlagen" sieht die Beschäftigungssituation deutlich anders aus: Gerade einmal vier von 18 sind wieder berufstätig, was einem Anteil von weniger als einem Viertel entspricht. Einige von ihnen waren zwischenzeitlich einmal oder sogar mehrmals beschäftigt, haben ihren Arbeitsplatz aber immer wieder verloren, andere waren über die neun Monate ununterbrochen erwerbslos.

4 Diskussion und Folgerungen

Wie bei den Befunden beschrieben, sind die verwendeten Typologien zur Beratungsmotivation und zur Art eines Problems im gesamten Sample anwendbar gewesen, obwohl die analysierten Gespräche nur partiell darauf ausgerichtet waren, diese beiden Aspekte ausführlich zu erkunden.

Diagnostisch-beraterisch eröffnen diese Rekonstruktionen der subjektiven Lage neue Zugänge zur beraterischen Intervention. Bspw. mag hinter einem beobachtbaren „passiven" Verhalten eines Arbeitslosen (Hielscher & Ochs, 2009) ein Gestaltungsproblem und/oder eine widersprüchliche Problemstruktur stehen. Gedanklich ungelöste Situationen sind mit vagen und divergenten Motiven verbunden, die eine Handlungsorientierung zumindest behindern, wenn nicht gar blockieren: Klare Vorgaben oder Forderungen von Vermittlungsfachkräften, sich intensiv auf bestimmte Tätigkeiten zu bewerben, wirken in solchen Situationen schnell kontraproduktiv, was die Beratungsmotivation verringert und die Beziehung belastet.

Implizite Wünsche eines Arbeitssuchenden nach passenden beruflichen Gestalten (im gestalttheoretischen Sinne) oder nach Klärung, die von einer Vermittlungsfachkraft nicht erkannt werden, führen schnell zu wechselseitigen Enttäuschungen, die jeweiligen Ziele (Wunsch nach Unterstützung einerseits; erfolgreiches Vermitteln andererseits) nicht erreichen zu können, was die Arbeitsbeziehung zwischen ihnen belastet oder gar untergräbt.

Die gelungenen Rekonstruktionen der subjektiven Sichtweise sind günstige Ausgangsbedingungen, um sie breiter und gezielter im Sinne des zweiten Befundes zu nutzen, als Prädikatoren für die Wahrscheinlichkeit ge- bzw. misslingender arbeitsmarktlicher Integration.

Die Genauigkeit der Prognose der Re-Integration auf der Basis der beiden gebildeten Gruppen ist erstaunlich hoch. Das kann an dem kleinen Sample[12] liegen, so dass Zufallsprozesse einen großen Einfluss haben.

Aus der Sicht des qualitativen Forschungszugangs dieser Untersuchung ist jedoch zunächst entscheidend, dass sich mittels intraindividueller Unterschiede Gruppen bilden lassen, die so deutlich unterschiedliche Re-Integrationschancen haben. Spätestens seit Mertens (1974) das Konstrukt der Schlüsselqualifikation entwickelt und geprägt hat, wissen wir, dass intrapersonellen, psychischen Aspekten dabei eine große Rolle zukommt. Im Rahmen ihrer Untersuchungen zur Operationalisierung des Konzepts der Beschäftigungsfähigkeit legten Apel und Fertig (2008) Schätzungen verschiedener Modelle zur Wiedereingliederung in den Arbeitsmarkt vor: Modelle, die ausschließlich auf soziodemografischen Variablen beruhten, prognostizierten die ge- bzw. misslingende Integration zu etwa 8 %; mittels des komplexesten Modells, das personelle Aspekte, wie Motivation, Lernbereitschaft oder reales Bewerbungsverhalten, und soziale Aspekte, wie Konflikte in der Familie oder den engen Freundeskreis, umfasste, konnte die Prognosekraft auf etwa 16 % verdoppelt werden.

Eine denkbare Erklärung für die hohe Prädiktionskraft der beiden Typologien ist daher, dass die Orientierung an zentralen psychischen Modi, die einen Beziehungsaspekt und situationsrelevante Gedankenkonstruktionen erfassen, pragmatisch tragfähig ist.

Trotz der vielversprechenden Ergebnisse, gibt es einige Aspekte, die zumindest weiter zu klären sind, bevor an einen systematischen Einsatz gedacht werden kann.

Unter einer heuristischen, hypothesengenerierenden Perspektive, ist das methodische Vorgehen in der Tradition von Glaser und Strauss (1998) breit akzeptiert. Damit gehen beim Kodieren und Klassifizieren Entscheidungen einher, die in der

[12] Hinsichtlich der relativen Anteile, wie viele Arbeitssuchende wieder beschäftigt sind und wie viele noch oder wieder nicht, macht sich das kleine Sample negativ bemerkbar, da die konkreten Zahlen das Problem vergrößern. Im Rechtskreis des SGB II, der als schwieriger gilt, sind solche Zahlenverhältnisse belegt: Koller und Rudolph (2011, S. 3) ermittelten in einer Stichprobe mit 1.1 Millionen vermittelten Arbeitsuchenden, dass nach Ablauf von sechs Monaten nur noch 55.4 % beschäftigt waren.

Psychologie unter dem Stichwort der Klinischen Urteilsbildung reflektiert werden; es sind letztlich Fragen nach der Gültigkeit von Urteilen: Woher weiß man, dass die Hypothesen gelten? Und in welchen Zusammenhängen gelten sie? Und wie lässt sich das belegen? In diagnostisch geprägten Arbeitsfeldern, in denen es häufig um Beurteilungen geht, die oft weitreichende Folgen für einen Beurteilten haben, sind eine ganze Reihe von Vorschlägen und Konzepten entwickelt worden, wie Diagnostiker diese Schwierigkeiten begrenzen bzw. sie umgehen können. Amelang und Zilienski (2004, S. 421) schlagen bspw. als Leitidee das Einzelfallexperiment (vgl. Petermann, 1996) vor. Gemeinsam ist vielen Ansätzen aus der Klinischen (Amelang & Zielinski, 2004, S. 419-421; Fisseni, 2004, S. 251-154) bzw. eignungspsychologischen Diagnostik (Janz, Hellervik & Gilmore, 1986; Schuler, 2002) ein starker Bezug zum beobachtbaren Verhalten der begutachteten Person, die Nutzung zumindest explizierter, noch besser operationalisierter Konstrukte, die Explikation der Entscheidungsregeln sowie die Einschätzung durch mehrere Beobachter. Von diesen vier Aspekten sind die beiden zuletzt genannten noch nicht realisiert worden.

Nach der Auswertung sind acht der zwölf möglichen Konstellationen der Matrix (vgl. Tab. 3) gefüllt: Formal betrachtet kann das ein Zeichen für eine zu hohe Differenzierung sein, die es unnötig erschwert, einen Überblick zu gewinnen. Inhaltlich ist zu bedenken, dass das Sample mit 33 Arbeitssuchenden relativ klein ist, während gleichzeitig zwölf Differenzierungsmöglichkeiten bestehen. Außerdem ist zu bedenken, dass die leeren Zellen den Spalten des Gestaltungsproblems und der widersprüchlichen Strukturen zugeordnet sind und Problemlagen beschreiben, die vermutlich häufiger auf Personen im SGB II-Bezug zutreffen: Insofern eröffnet die Systematik die Möglichkeit, beide Kundengruppen der BA zusammen zu betrachten.

Sollte sich die prädiktive Qualität der entwickelten Klassifikation unter prüfender Forschungsperspektive bestätigen, dann ergeben sich daraus für die Arbeitsvermittlung weitreichende Konsequenzen, die nur kurz benannt werden:

Bei ungünstiger Prognose der Re-Integration (= Personen mit multivalenten Problemlagen) ist es möglich, frühzeitig zu intervenieren, um nicht wertvolle Zeit zu Beginn der Arbeitslosigkeit verstreichen zu lassen. Dadurch könnten vermutlich die jeweiligen persönlichen Belastungszeiten durch Arbeitslosigkeit verkürzt werden, was auch die gesellschaftlichen Kosten sinken ließe.

Die Klassifikation lässt weiterhin erkennen, dass die Gruppe der Arbeitsuchenden mit ungünstiger Prognose sehr heterogen ist: Es ist daher zu erwarten, dass nur entsprechend inhaltlich stark differenzierte Vorgehensweisen effektiv sein werden. Das hätte Folgen hinsichtlich der notwendigen diagnostischen und beraterischen

Kompetenzen von Vermittlungsfachkräften, aber ebenso für die Bedeutung ihrer Netzwerkkompetenz, problemlagenspezifische Kooperationsbeziehungen aufzubauen, zu gestalten und zu pflegen; alle drei Aspekte erfordern, wenn sie nachhaltig realisiert werden sollen, entsprechende Ressourcen.

Die konstruktbasierten, verhaltensnah explizierten Kategorien der Klassifikation haben vor allem bei Arbeitssuchenden mit multivalenten Problemlagen entscheidende Vorteile für die beraterische Professionalität: Entsprechend ausgebildete Berater und Vermittler sollten mit diesen Konstrukten Klärungs- und Verstehensprozesse bei Ratsuchenden stimulieren bzw. fördern können. Da die beiden Konstrukte der Kognitions- und Motivationspsychologie in ein größeres Netz psychologischen Handlungswissens zur Veränderung von Gefühlen, Gedanken oder Handlungsmotivationen eingebettet werden können, sind – nach entsprechender Vereinbarung mit den Ratsuchenden – Modifikationsstrategien entwickelbar, um die komplexen Problemlagen individuell und gezielt zu bearbeiten, um sie konstruktiven Lösungen zuzuführen, bzw. um die persönlichen motivationalen Hindernisse zumindest zu verringern, noch besser: aufzulösen.

Literatur

Aebli, H. (1981). Denken: Das Ordnen des Tun, Bd. 2. Stuttgart: Klett-Cotta.

Amelang, M. & Zielinski, W. (2004). Psychologische Diagnostik und Intervention (3. Aufl.) Berlin: Springer.

Apel, H. & Fertig, M. (2008). Operationalisierung von „Beschäftigungsfähigkeit" – ein methodischer Beitrag zur Entwicklung eines Messkonzepts. Köln: Institut für Sozialforschung und Gesellschaftspolitik.

Asendorpf, J. (2004). Psychologie der Persönlichkeit (3. Aufl.) Berlin: Springer.

Bamberger, G. (2010). Lösungsorientierte Beratung (4. vollst. überarb. Aufl.). Weinheim: Beltz.

Bandura, A. (1997). Self-efficacy: The exercise of control. New York: Freeman.

Bundesagentur für Arbeit (2012). Das arbeitnehmerorientierte Integrationskonzept der Bundesagentur für Arbeit. (SGB II und SGB III). Version 7.0.

De Shazer, S. (1989). Der Dreh. Überraschende Wendungen und Lösungen in der Kurzzeittherapie. Heidelberg: Carl-Auer-Systeme.

Deutsch, M. (1973). The resolution of conflict. Constructive and destructive processes. New Haven, London: Yale University Press.

DSM-IV-TR. (2003). Diagnostisches und statistisches Manual Psychischer Störungen. Deutsche Bearbeitung von H. Saß, H.-U. Wittchen & M. Zausig. Göttingen: Hogrefe.

Dörner, D. (1979). Problemlösen als Informationsverarbeitung (2. Aufl.) Stuttgart: Kohlhammer.

Dostal, W. (2002). Der Berufsbegriff in der Berufsforschung des IAB. In G. Kleinhenz (Hrsg.), IAB-Kompendium Arbeitsmarkt- und Berufsforschung. Beiträge aus der Arbeitsmarkt- und Berufsforschung Bd. 250 (S. 463-474.). Nürnberg: Institut für Arbeitsmarkt- und Berufsforschung der Bundesanstalt für Arbeit.

Fisseni, H.-J. (2004). Lehrbuch der psychologischen Diagnostik: Mit Hinweisen zur Intervention. Göttingen: Hogrefe.

Flick, U. (2008). Triangulation. Eine Einführung. Wiesbaden: VS Verlag.

Gigerenzer, G. (2007). Bauchentscheidungen. München: Bertelsmann.

Glaser, B. G. & Strauss, A. L. (1998). Grounded Theory: Strategien qualitativer Forschung. Bern: Huber.

Glasersfeld v., E. (1997). Radikaler Konstruktivismus. Frankfurt/M.: Suhrkamp.

Haisch, J., Gundlach, G. & John, M. (1989). Sprache und Überzeugung als Verhaltens- und Erlebensdeterminanten in der Interaktion: das Beispiel des Arzt-Patient-Verhältnisses. Zeitschrift für experimentelle und angewandte Psychologie, 36, 393-410.

Heckhausen, H. (1980). Motivation und Handeln. Berlin: Springer.

Heider, F. (1958). The psychology of interpersonal relations. New York: Wiley.

Hielscher, V. & Ochs, P. (2009). Arbeitslose als Kunden? Beratungsgespräche in der Arbeitsvermittlung zwischen Druck und Dialog. Berlin: Edition Sigma.

Hirseland, A., Kaps, P., Promberger, M. & Zahradnik, F. (2008). „Evaluation des Modellversuchs zur Beauftragung Dritter mit der Arbeitsvermittlung (421i)" – überarbeitetes Konzept. Ms. Nürnberg: IAB.

Hirseland, A., Kaps, P., Knapp, B., Promberger, M., Sprenger, C. & Zahradnik, F. (2009). Qualitative Evaluation des Modellprojekts „Private Arbeitsmarktdienstleister wirksamer einbinden" (§ 421i SGB III). Ms. Nürnberg: IAB.

Hussy, W. (1984). Denkpsychologie, Bd. 1. Stuttgart: Kohlhammer.

Hussy, W. (1993). Denken und Problemlösen. Stuttgart: Kohlhammer.

Jahoda, M., Lazarsfeld, P. F., Zeisel, H. (1975). Die Arbeitslosen von Marienthal. Ein soziographischer Versuch über die Wirkungen langandauernder Arbeitslosigkeit. Frankfurt am Main: Suhrkamp.

Janz, T., Hellervik, L. & Gilmore, D. C. (1986). Behavior description interviewing. Newton, MA: Allyn & Bacon.

Jungermann, H., Pfister, H.-R. & Fischer, K. (1998). Die Psychologie der Entscheidung: Eine Einführung. Heidelberg: Spektrum Akademischer Verlag.

Kahnemann, D. (2012). Schnelles Denken, langsames Denken (11. Aufl.). München: Siedler.

KOLA (2002). Gesprächsführung in der Arbeitsvermittlung. AuF Print Nr. 9. Mannheim: Fachhochschule des Bundes, Fachbereich Arbeitsverwaltung.

Koller, L. & Rudolph, H. (2011). Arbeitsaufnahmen von SGB-II-Leistungsempfängern: Viele Jobs von kurzer Dauer (IAB-Kurzbericht, 14/2011). Nürnberg: IAB.

Lazarus, R. S. (1991). Emotion and Adaptation. London: Oxford University Press.

Ley, P. (1982). Satisfaction, compliance and communication. British Journal of Clinical Psychology, 21, 4, 241-254.

Mertens, D. (1974). Schlüsselqualifikationen. Thesen zur Schulung für eine moderne Gesellschaft. Mitteilungen aus der Arbeitsmarkt- und Berufsforschung, 1, 36-43.

Pantucek, P. (2009). Soziale Diagnostik (2. Aufl.). Wien: Böhlau.

Petermann, F. (1996). Einzelfallanalyse (3. Aufl.). München: Oldenbourg.

Piaget, J. (1976). Die Äquilibration der kognitiven Strukturen. Stuttgart: Klett.

RAT (2002). Richtig beraten, Anregungen, Techniken. Grundwerk beruflicher Beratung. 3 Bände. Nürnberg: Bundesagentur für Arbeit.

Rogers, C. R. (1972). Die nicht direktive Beratung, München: Kindler.

Rübner, M. & Sprengard, B. (2011). Beratungskonzeption der Bundesagentur für Arbeit – Grundlagen. Nürnberg: Bundesagentur für Arbeit.

Schiepek, G. (1999). Die Grundlagen der Systemischen Therapie: Theorie – Praxis – Forschung. Göttingen: Vandenhoeck & Ruprecht.

Schlippe v., A. & Schweitzer, J. (2007). Lehrbuch der systemischen Therapie und Beratung (10. Aufl.). Göttingen: Vandenhoeck & Ruprecht.

Schuler, H. (2002). Das Einstellungsinterview. Göttingen: Hogrefe.

Schwarzer, R. & Jerusalem, M. (2002). Das Konzept der Selbstwirksamkeit. Zeitschrift für Pädagogik, 44. Beiheft: Selbstwirksamkeit und Motivationsprozesse in Bildungsinstitutionen, 28-53.

Sparrer, I. (2001). Wunder, Lösungen und System: Lösungsfokussierte Systemische Strukturaufstellungen für Therapie und Organisationsberatung. Heidelberg: Carl-Auer-Systeme.

Watzlawick, P., Beavin, J. H. & Jackson D. D. (1969). Menschliche Kommunikation – Formen, Störungen, Paradoxien. Bern: Huber.

III. Aus- und Weiterbildung von Beratungs- und Vermittlungsfachkräften

Bernd-Joachim Ertelt und Andreas Frey

Schlüsselkompetenzen und Qualifizierungskonzepte für die Aus- und Weiterbildung von Fachkräften für berufliche Beratung – Ergebnisse des europäischen Netzwerkes NICE

Schlagwörter: Schlüsselkompetenzen – Berufsberater – Studiengänge

Key words: key competences – vocational counsellor – degree courses

1 Einleitung

Das von der EU-Kommission im Rahmen des Programmes für Lebenslanges Lernen geförderte Projekt „Network for Innovation in Career Guidance and Counselling in Europe“ (NICE) verbindet rund 40 Hochschul-Partner in dem Willen, die Professionalisierung und Qualität der beruflichen Beratung in Europa voranzubringen. Als ein wichtiges Ergebnis der ersten Projektperiode 2009-2012 entstand das Handbuch für die akademische Qualifizierung von Beratungsfachkräften (Schiersmann et al., 2012).

Im Folgenden soll schwerpunktmäßig auf das darin beschriebene innovative Konzept von Kernkompetenzen und die Analyse bestehender Studienprogramme eingegangen werden. Ausgewählte Aussagen zu Trends in der Berufsberatung runden das Bild ab.

Ein wichtiger Auslöser für das NICE-Projekt war der Wille der Vertreter aus dem Hochschulbereich, die wissenschaftliche Verantwortung für die Ausbildung von Fachkräften der Berufsberatung zu übernehmen, zu Gunsten des Einzelnen und der Gesellschaft. Denn eines haben frühere Studien immer wieder gezeigt: Die Probleme etwa bei der Berufswahl, dem Übergang von Schule in Berufsausbildung, Studium oder das Erwerbsleben, bei der Bewältigung von Arbeitslosigkeit besonders der jungen Menschen sind in den EU-Mitgliedsländern erstaunlich ähnlich. Doch bei der Wahl der entsprechenden berufsberaterischen Formen zu ihrer Bewältigung besteht große Heterogenität, wobei immer wieder auf die gewachsenen Strukturen sowie die gesellschaftlichen und kulturellen Spezifika in den Mitgliedsändern verwiesen wird.

Als Antwort kann es keinesfalls um die Forderung nach Homogenisierung der Ausbildungswege für Beratungskräfte gehen. Vielmehr gilt das Augenmerk einheitlichen wissenschaftlichen Standards bei der Erbringung von Beratungsdienstleistungen unter Berücksichtigung der jeweils herrschenden sozio-kulturellen, arbeitsmarktlichen und rechtlich-institutionellen Rahmenbedingungen.

Die immer wieder zu beobachtende Übernahme theoretischer Konstrukte aus anderen Kontexten oder die Erstellung eklektischer Handlungsmodelle ohne ausreichende wissenschaftliche –und das heißt aus unserer Sicht empirische – Legitimation, können keine Antwort auf die Herausforderungen an eine moderne Berufsberatung sein.

2 Überblick über ausgewählte frühere Studien zu Kompetenzen und Qualifizierungskonzepten

Das Projekt NICE hat eine Reihe von Vorläufern auf nationaler und europäischer Ebene, die bereits früh bestimmte Tendenzen aufscheinen ließen. Diese weisen in die Richtung, die Sultana in dem CEDEFOP-Synthesebericht „Strategien zur Bildungs- und Berufsberatung“ (2004) als Kapitelüberschrift formulierte: „Porträt eines unvollständig entwickelten Berufsstandes?“. Dazu wird ausgeführt, dass die Anfänge institutioneller Berufsberatung zwar bis zum Anfang des 20. Jahrhunderts zurückreichen, die Professionalisierung dieser Dienstleistung in Europa jedoch noch nicht ausreichend sichergestellt sei. Dies liege hauptsächlich daran, dass sich dieser Berufsstand aus anderen, oft sehr viel etablierteren Berufen rekrutiert, mit denen man sich möglicherweise stärker identifiziert (CEDEFOP, 2004; Sultana, 2004, S. 100f.).

In ihrem Handbuch für politisch Verantwortliche im Bereich der Berufsberatung zeichnen OECD und Europäische Gemeinschaften (2004, S. 51) eine Reihe politischer Optionen für die Qualifizierung von Beratungskräften:

- Zur Entwicklung und Kontrolle der Ausbildung von Berufsberatenden sollten klare Ziele und Ergebnisse für Berufsberatungsprogramme im Rahmen der Bildungs- und Beschäftigungspolitik festgelegt werden.
- Damit sich Nicht-Experten in der Berufsberatung zu Experten weiterentwickeln können, sind nationale Qualifizierungswege einzurichten. Diese Ausbildungsprogramme sollen unterrichtliches Lernen mit der Entwicklung praktischer Fertigkeiten und „on-the-job“-Erfahrung kombinieren und mehrstufig aufgebaut sein.
- Bei der Einstellungspolitik für öffentlich finanzierte Berufsberatungsdienste ist besondere Aufmerksamkeit auf die für die Tätigkeit erforderlichen Kenntnisse und Fertigkeiten zu richten.

- Um eine langfristige Personalplanung für die Berufsberatungskräfte zu ermöglichen, sind Prognosestudien zu Angebot und Nachfrage für die nächsten 15 Jahre durchzuführen.
- In Zusammenarbeit mit dem Hochschulbereich und der Beratungspraxis soll ein Kompetenzrahmen für alle Anbieter von Berufsberatung entwickelt werden. Dieser ist für modulare und sektorübergreifende Qualifizierungsprogramme zu nutzen.

Diese Empfehlungen sind die Antwort auf die zuvor konstatierten Mängel, etwa dass die Regierungen äußerst inaktiv in Bezug auf die Festlegung von Inhalten und Strukturen der Erstausbildung für Berufsberatende sind. So kommt es zu erheblichen qualitativen und inhaltlichen Unterschieden zwischen den Berufsberatungsdiensten zu Lasten der Nutzer. Und allzu oft werden Ausbildungen in verwandten Feldern, wie etwa Psychologie oder Pädagogik als ausreichend erachtet, „obwohl Berufsberatungskompetenzen in diesen Feldern eine geringe oder gar keine Rolle spielen“ (ebd., S. 49). Ebenso wenig erscheinen die oftmals angewandten Kurzausbildungen für die Tätigkeit in der Berufsberatung geeignet.

Zentrale Voraussetzung zur Behebung der angesprochenen Schwächen ist ohne Zweifel die Ausrichtung der Berufsberatung an einheitlichen wissenschaftsbasierten Qualitätsmerkmalen und Standards. Doch hiervon kann bislang kaum ausgegangen werden, wie Peter C. Weber in einer neuen europaweiten Untersuchung aufweist:

> „Die schwache Fundierung der Modelle sowie die mangelnde Kohärenz zwischen den Modellen lässt darauf schließen, dass im Feld arbeitsweltlicher Beratung bisher der fachliche Diskurs über ein angemessenes Verständnis von Beratung (und die Abbildung dieses Verständnisses in Qualitätsmerkmalen) sowie zur wissenschaftlichen Theoriebildung zu wenig ausgeprägt ist“ (2013, S. 573).

Bereits frühere international vergleichende Studien zur Ausbildung von Fachkräften der Berufsberatung (Ertelt, 1986, 1989) zeigten ein völlig heterogenes Feld, das sich unter Einbeziehung weiterer Untersuchungen in den Folgejahren grob in fünf Typen strukturieren ließ (Ertelt, 2007, S. 24):

1) Drei- bis vierjähriges Fachstudium, mit akademischem Grad (Diplom-FH, Bachelor, Lizenziat).

   Beispiele: Deutschland, Niederlande, Polen, Schweden, Schweiz, Ungarn

2) Schwerpunktbildung innerhalb eines Studienganges an der Universität, wie Psychologie, Erziehungswissenschaft, Soziologie, Lehramt, im Sekundarbereich II.

   Beispiele: Finnland, Polen (Częstochowa), Portugal, U.K.

3) Ein- oder zweijähriges postgraduales Studium, das mit einem akademischen Grad auf dem Niveau Magister, Diplom oder Master of Arts oder MAS[1] abschließt.

   Beispiele: Kanada, USA, Schweiz, Polen, Bulgarien, U.K., Deutschland (Dresden, Heidelberg), Österreich (Klagenfurt), Frankreich (I.N.E.T.O.P.)

4) Organisationsinterne Ausbildungsprogramme für Beratungsfachkräfte.

   Beispiele: Deutschland, Finnland, Frankreich, Griechenland, Kanada

5) Mehr oder weniger formalisierte, kürzere Kurse innerhalb der Beratungs-Institution oder an eng mit ihr verbundenen speziellen Bildungseinrichtungen, ohne allgemein anerkannten Abschluss.

   Beispiele: In fast allen Ländern zu finden.

Bezüglich ihrer fachwissenschaftlichen Orientierung ließen sich die akademischen Ausbildungen für Berufsberatung entweder der Psychologie, der Berufs- und Wirtschaftspädagogik oder den Sozialwissenschaften zurechnen.

Eine erste vergleichende Studie der Berufsprofile im Bereich der Berufsberatung in den damals zwölf EG-Mitgliedsstaaten (CEDEFOP, 1993) diente der Analyse der Kompetenzen für den Beratungsberuf. Bei der grundlegenden Konferenz mit den Autoren der nationalen Studien zu den Tätigkeitsprofilen beruflicher Beratungskräfte in Rom 1991 wurde eine Klassifizierung von neunzehn Aufgaben unterteilt in sieben Gruppen vorgenommen. Anhand einer Re-Analyse der Daten konnte grob das prozentuale Gewicht der Gruppen ermittelt werden (Ertelt, 2000, S. 4722f.; Watts, 1993, S. 29ff.):

1) Information Management (27 %)
   - Education and Training
   - Careers and Occupations
   - Labour market
   - Support services

2) Work with individuals (21 %)
   - Assessment
   - Information-giving
   - Counselling

[1] Mit Master of Advanced Studies MAS werden Weiterbildungsstudiengänge bezeichnet, für die mindestens 60 ECTS erreicht werden müssen. Ein MAS dauert zwischen eineinhalb und mehreren Jahren und schließt mit einem anerkannten Weiterbildungsmaster ab (http://weiterbildung.hslu.ch/sozialearbeit/faq.asp).

3) Work with groups (12 %)
   - Careers education
   - Group counselling
   - Facilitating self-help groups
4) Placement
   - Liaison with providers
   - Coaching in self-presentation
   - "Insertion" of individuals into employment, education or training
5) Follow up
   - Follow up (nachgehende Betreuung)
6) Networking
   - Supporting informal guidance sources
   - Advocacy
   - Feedback to provider

   4) - 6): (30 %)
7) Managing (10 %)
   - Internal (incl. service/programme planning and evaluation)
   - External relations

Beachtenswert an diesem Tätigkeitsprofil war das relativ starke Gewicht der auf die Arbeitsvermittlung bezogenen Aufgaben. Denn bis heute zeigen die Diskussionen auf internationaler Ebene eher die Tendenz diesen Bereich von der eigentlichen Berufsberatung zu trennen, um deren prioritäre Ausrichtung auf die Bedürfnisse des Individuums zu unterstreichen.

Doch besonders von der deutschen Seite wurde darauf verwiesen, dass professionelle vermittlerische Hilfe bei der Umsetzung von Berufswünschen einen originären Teil beraterischer Unterstützung darstellt und nicht zu verwechseln ist mit der einseitigen Anpassung der Ratsuchenden an die Bedürfnisse des Arbeitsmarktes.

Geplant war, die zur Bewältigung beraterischer Aufgaben notwendigen Kompetenzen und damit ein Profil für berufsberatende Berufe zu entwickeln, aber man konnte sich nicht auf die Definition des Arbeitsbegriffs „Kompetenz" einigen (Watts, 1993, S. 7).

Dennoch wurde auf der Grundlage der Synthese der Berufsprofile im Auftrag des CEDEFOP bereits 1992 ein Programm mit Weiterbildungsmodulen in einer europäischen Dimension erstellt (Ertelt, 1992), das seit 2000 in einer angepassten und erweiterten Fassung vorliegt (Ertelt, 2000).

Die curriculare Umsetzung dieser und weiterer Modulvorschläge muss sich in Bezug auf vier Bewährungsfelder prüfen lassen:

(1) Praxistauglichkeit,
(2) Fachwissenschaftliche Begründung,
(3) Beitrag zur Entwicklung der Beraterpersönlichkeit,
(4) Gesellschaftliche Relevanz sowie Kongruenz mit nationalen und internationalen Berufsstandards.

Diese Standards stellen bis heute eine immer wieder neue Herausforderung besonders an den Hochschulbereich dar. Denn sie müssen den organisatorischen und rechtlich-institutionellen Rahmenbedingungen auf nationaler Ebene angepasst werden.

Einen weiteren wesentlichen Anhaltspunkt für die Professionalisierung der Berufsberatung bieten die im Auftrag der Internationalen Vereinigung für Bildungs- und Berufsberatung (IVBBB/AIOSP/IAEVG) von einer Expertengruppe unter Leitung von E. Repetto, Universität Madrid, erarbeiteten und von der Generalversammlung in Bern 2003 verabschiedeten „Internationalen Kompetenzen für Praktiker in schulischer und beruflicher Beratung" (http://www.iaevg.org).

In elf Kernkompetenzen werden die allen Tätigkeiten in der Bildungs- und Berufsberatung gemeinsamen Standards definiert, etwa in Bezug auf ethisches Verhalten, Beachtung kultureller Unterschiede, Einbindung von Theorie und Forschung und die Berücksichtigung aktueller Information über Trends in Bildung und Beschäftigung.

Die insgesamt 74 Fachkompetenzen verteilen sich auf die 10 Arbeitsbereiche
(1) Assessment
(2) Bildungsberatung
(3) Berufliche Entwicklung
(4) Beratung
(5) Informationsmanagement
(6) Konsultation und Koordination
(7) Forschung und Evaluation
(8) Programm/Servicemanagement
(9) Aufbau eines leistungsfähigen Gemeinwesens
(10) Stellenvermittlung (vgl. auch Repetto, 2008)

Bei dem Tätigkeitsprofil von 2003 fällt die Kombination von Bildungsberatung und Berufsberatung auf, was vor allem der wachsenden Bedeutung lebensbegleitender Beratung zur Unterstützung lebenslangen Lernens geschuldet war (vgl. auch Watts, Sultana & McCarthy, 2010, S. 97).

In die Strukturierung und die Inhalte dieser Fachkompetenzen sind die erwähnten früheren Studien und Vorschläge eingeflossen. Diese Kombination bildet die Basis für die 2007 vorgelegten „Mindestmodule für die hochschulische Qualifizierung in der Berufsberatung". Von den 26 Modulen haben neun grundwissenschaftliche Bezüge. Die übrigen 15 sind auf die verschiedenen Arbeitsfelder der Berufsberatung, einschließlich Fallmanagement und Vermittlung spezialisiert (Ertelt, 2007, S. 23).

Das CEDEFOP legte 2009 eine Studie zur Professionalisierung der Berufsberatung auf der Grundlage von Beiträgen aus 29 Ländern vor. Darin wird eine vierteilige Kompetenzdefinition verwendet, die kognitive, funktionale, personale und ethische Kompetenzen verbindet. Der Kompetenzrahmen umfasst drei Bereiche:

Fähigkeiten und Werte des Beraters		**1 Grundkompetenzen**
	1.1	Ethische Praxis
	1.2	Ermittlung und konkrete Berücksichtigung der verschiedenen Klientenerfordernisse
	1.3	Integration von Theorie und Forschung in die Praxis
	1.4	Entwicklung der eigenen Fähigkeiten und Erkennen von Schwachstellen
	1.5	Kommunikations- und Moderationsfähigkeiten
	1.6	Informations- und Kommunikationstechnologien
Arbeit mit Klienten		**2 Interaktionskompetenzen gegenüber Klienten**
	2.1	Durchführung von Tätigkeiten zur Laufbahngestaltung
	2.2	Ermöglichung des Zugangs zu Informationen
	2.3	Beurteilung und Befähigung zur Beurteilung
	2.4	Entwicklung und Bereitstellung von Programmen zum laufbahnorientierten Lernen
	2.5	Weiterverweisung und Vertretung des Klienten
	2.6	Erleichterung des Eintritts in den Lern- und Arbeitsprozess
Systeme und Netzwerke		**3 Unterstützungskompetenzen**
	3.1	Verwaltung von Informationsdiensten zu Chancen und Möglichkeiten
	3.2	Agieren in Netzwerken und Aufbau von Partnerschaften
	3.3	Management der eigenen Arbeitsbelastung und Führung von Nutzerunterlagen
	3.4	Erarbeitung von Strategien zur eigenen Karriereentwicklung
	3.5	Beziehung zu Interessengruppen
	3.6	Teilnahme an Forschung und Evaluierung
	3.7	Aktualisierung der eigenen Fähigkeiten und Kenntnisse

(CEDEFOP, 2010, S. 88)

Ein außerordentlich wichtiges Signal für die Professionalisierung der Beratung in Deutschland setzt das Verbundprojekt: „Offener Koordinierungsprozess Qualitätsentwicklung in der Beratung für Bildung, Beruf und Beschäftigung" (2009-

2012) unter Leitung des Nationalen Forum Beratung in Bildung, Beruf und Beschäftigung (nfb) und der Forschungsgruppe Beratungsqualität am Institut für Bildungsforschung der Universität Heidelberg.

Das darin erarbeitete Kompetenzprofil basiert auf dem systemischen Kontextmodell für die Beratung von Schiersmann, Bachmann, Dauner und Weber (2008), das die Individualberatung (Ratsuchenden-System und Berater-System) einbettet in den organisationalen und gesellschaftlichen Rahmen. Beraterische Kompetenz wird hierbei verstanden als

> „... die umfassende Tätigkeit einer Person, in komplexen Situationen Anforderungen durch die Aktivierung von Fachwissen, Erfahrungen, Gefühlen, Werten, Interessen oder Motivationen zu erkennen und eigenständig, selbstorganisiert sowie angemessen (im Hinblick auf die Analyse der Situation) und zielgerichtet zu handeln" (Haas & Schiersmann, 2012, S. 9; vgl. auch Frey, 2004).

Entsprechend des Kontextmodells werden sechs Kompetenzbereiche unterschieden (Haas, Schiersmann & Weber, 2012, S. 13ff.):

1.	**Übergreifende Kompetenzen (Ü)**
Ü1	Orientieren an den Ratsuchenden
Ü2	Herstellen von Transparenz des Beratungsangebots und -prozesses
Ü3	Handeln nach ethischen Prinzipien
Ü4	Mitwirken an Qualitätsentwicklung
2.	**Kompetenzen für das Gestalten von Beratungsprozessen (P)**
P1	Schaffen einer tragfähigen Beziehung
P2	Klären der Anliegen und Vereinbaren eines Kontraktes
P3	Situationsanalyse und Klären von Ressourcen
P4	Erarbeiten von Lösungsperspektiven
3.	**Kompetenzen in Bezug auf Ratsuchende (R)**
R1	Einbeziehen von Lebenslauf- und berufsbezogenen Kenntnissen
R2	Einbeziehen von Wissen um Persönlichkeitsentwicklung
R3	Berücksichtigen des sozialen Umfeldes von Ratsuchenden
R4	Umgang mit Diversität
4.	**Kompetenzen der Beratenden zur professionellen (Selbst)-Reflexion (B)**
B	(Selbst)-Reflexion des Beratungshandelns
5.	**Kompetenzen für das Mitgestalten der Organisation (O)**
O1	Initiieren der Leitbild- und Strategieentwicklung
O2	Gestalten der formalen Organisation und Prozesse
O3	(Weiter-) Entwickeln der Organisationskultur
O4	Berücksichtigen der Ressourcen
O5	Kooperieren und Interagieren mit dem gesellschaftlichen Umfeld (Netzwerkkompetenz)
6.	**Gesellschaftsbezogene Kompetenzen (G)**
G1	Einbeziehen von Wissen zu gesellschaftlichen Rahmenbedingungen
G2	Berücksichtigen der gesellschaftlichen Ziele

(Zum Vergleich der NICE Kernkompetenzen mit anderen Systemen auf nationaler und internationaler Ebene siehe Katsarov, Dörr & Weber, 2012, S. 231ff.).

Die aufgezeigten Kompetenzsysteme bildeten mit unterschiedlicher Gewichtung die Grundlage für die Erarbeitung von modular aufgebauten Programmen für die Aus- und Fortbildung von Beratungsfachkräften im Rahmen der EU-Programme Leonardo da Vinci (LdV) und ERASMUS. Sie bieten didaktisch aufgebaute, voll ausgearbeitete Materialien für das Präsenz-, Selbst- oder Fernstudium (eine exemplarische Aufstellung und Erläuterung der bis 2007 abgeschlossenen Programme findet sich bei Ertelt, 2007, S. 27ff.).

Ein neueres Beispiel bietet das 2010 abgeschlossene Projekt „Brain Drain – Brain Gain" (BD-BG) (Koordination: Hochschule der BA in Kooperation mit der Zentralen Auslands- und Fachvermittlung der BA 2010) mit einem Qualifizierungssystem für Fachkräfte der transnationalen Berufsberatung (siehe auch die Aufstellung verwandter, bereits abgeschlossener EU-Projekte, in Schiersmann et al., 2012, S. 239):

Modul I	**Informationsmanagement, institutionelle Rahmenbedingungen**	
	a)	Informationsgewinnung und Informationsmanagement
	b)	Marketing und Programme für Mobilität
Modul II	**Arbeits- und Lebensbedingungen**	
	a)	„Push and Pull"-Faktoren
	b)	Psycho-soziale Auswirkungen von Brain Drain – Brain Gain (BD-BG)
Modul III	**Beratungsinstrumente und Mobilitätsunterstützung**	
	a)	Beratungstheorien
	b)	Multikulturelle und transnationale Kompetenzen und Standards der Beratung
	c)	Aufbau eines internationalen Netzwerks von BD-BG-Beratungskräften

Das sicherlich derzeit umfassendste Modulsystem für die akademische Qualifizierung von Beratungskräften stellt das 2013 abgeschlossene ERASMUS-Projekt „DICBDPEC" dar. Es liegen nun differenziert ausgearbeitete Modulkataloge für Bachelor- und Masterabschlüsse vor, die unmittelbar als Grundlage für Akkreditierungsverfahren dienen können (siehe die Darstellung dieses Projekts von Michael Scharpf in diesem Band).

3 Ausgewählte Ergebnisse des universitären Netzwerks „NICE"

Im Folgenden wird vor allem auf die Ergebnisse zu zwei Arbeitsfeldern in der ersten Phase des ERASMUS-Projekts NICE eingegangen, nämlich der Bestimmung von Kernkompetenzen für professionelle Berufsberatung und die Analyse bestehender Universitätsprogramme in diesem Bereich (vgl. Schiersmann et al., 2012).

3.1 Entwicklung von Kernkompetenzen

Die Grundlage für die Bestimmung der Kernkompetenzen bildet eine Vision von Professionalität der Berufsberatung, die sechs Rollen zusammenführt (Schiersmann et al., 2012, S. 43ff.):

1. Der „Career Educator" unterstützt die Adressaten bei der Entwicklung von Kompetenzen zur Bewältigung der Übergänge in Bildung, Ausbildung und Berufslaufbahn („Career Management Skills"; siehe hierzu auch ELGPN, 2013, S. 23-35).
2. Als „Career Information & Assessment Expert" hilft die Beratungsfachkraft dem Einzelnen, seine Charakteristika und Bedürfnisse einzuschätzen und verknüpft diese mit Informationen über die Möglichkeiten und Anforderungen des Bildungssystems und Arbeitsmarktes.
3. Die Rolle als „Career Counsellor" umfasst die Hilfe für die Ratsuchenden, ihre Situation zu verstehen und Entscheidungen auf der Grundlage ideografischer und reflexiver Methoden zu treffen.
4. Als „Programme & Service Manager" stellen die Fachkräfte die Qualität der Beratungsdienste sicher und bemühen sich um ständige Verbesserungen. Dazu gehört auch die Weiterentwicklung des Personals durch Weiterbildung.
5. Im Rollensegment „Social Systems Interventions & Development" geht es um die Netzwerkarbeit mit Schulen, Arbeitgebern, sozialen und politischen Organisationen um den Ratsuchenden neue Handlungsmöglichkeiten und Realisierungschancen zu eröffnen.
6. Die Gesamtpersönlichkeit als „Career Guidance and Counselling Professional" repräsentiert professionelles wertbezogenes und ethisches Handeln in allen Rollensegmenten zu Gunsten der Ratsuchenden. Dies geschieht durch stete Weiterbildung und Integration aktueller Forschungsergebnisse in die eigene Praxis.

Diese Grundpositionen wurden umgesetzt in den NICE-Kernkompetenzen (NICE Core Competences – NCC) (Schiersmann et al., 2012, S. 61ff.).

Dabei repräsentieren die sogenannten K-Module das für die Beratungstätigkeit erforderliche fachwissenschaftliche Grundlagenwissen in den Bereichen:

K1	**Individuals and Careers**
Theorien der Berufswahl und Berufsentwicklung, der Selbstorganisation und des Lernens sowie des Entscheidungsverhaltens. Persönlichkeits- und Verhaltenstheorien.	
K2	**Organisations, Groups and Communication**
Gruppendynamik und interpersonelle Kommunikation, Organisations- und Managementtheorien, Change Management und Führung, Human Resource Management, IT-Anwendungen in der Berufsberatung.	
K3	**Society, Politics and Markets**
Rechtliche-institutionelle Rahmenbedingungen der Berufsberatung, internationale Politikentwicklung, ausgewählte Theorien der Soziologie in Bezug auf Diversity und Minoritäten, Grundlagen des Informations-Managements in Bezug auf Berufskunde, Marketing.	

Die C-Module beziehen sich unmittelbar auf die oben skizzierten Rollensegmente und benennen neben den anzustrebenden Lernergebnissen (Learning Outcomes) auch die dafür notwendigen kognitiven, affektiven und verhaltensbezogenen Ressourcen sowie Hinweise auf Lehr-Lern-Methoden und Prüfungsmodalitäten.

C1	**Career Education**
	Fähigkeit zur systematischen Sammlung von Informationen über Berufe, Bildung und Ausbildung, Laufbahnplanung; Entwicklung von Curricula für Ausbildungsprogramme, Unterrichtsplanung, Förderung von Lernprozessen für verschiedene Adressatengruppen; Förderung der Kompetenzen für lebenslanges Lernen.
C2	**Career Information & Assessment**
	Vermittlung von Methoden zur Einschätzung der eigenen Persönlichkeit und Bedürfnisse und Bereitstellung von passenden Informationen über berufliche Realisierungsmöglichkeiten: Entwicklungstrends in Bezug auf Berufe, Arbeitsmarkt und Bildung; Nutzung von Informationssystemen; Methoden zur Einschätzung individueller beruflicher Stärken und Schwächen.
C3	**Career Counselling**
	Unterstützung der Klienten bei der Suche nach Lösungen bei komplexen Laufbahnfragen durch Anwendung ideografischer und reflexiver Methoden; Motivierung zur aktiven Suche und Anwendung möglichst autonomer Verhaltensweisen bei den beruflichen Lebensplanungen.
C4	**Programme & Service Management**
	Gestaltung von Programmen für eine effektive Beratungsdienstleistung; Marketing für die Beratungsdienste; Qualitätsmanagement; Personalentwicklung und Kooperation mit wichtigen Repräsentanten; Organisationsentwicklung.
C5	**Social Systems Interventions & Development**
	Optimierung bestehender und Aufbau neuer Netzwerke; Mediation bei Konflikten zwischen Klienten und ihrer sozialen Umgebung; Intensivierung der Kontakte mit Arbeitgebern und Repräsentanten der Wirtschaft zu Gunsten der beruflichen Integration von Klienten.
P1	**Professionalism**
	Die umfassende Kompetenz repräsentiert quasi die Resultierende aus den zuvor beschriebenen Teilkompetenzen. Sie umfasst die Herstellung einer guten Arbeitsbeziehung zwischen allen an der Berufsentwicklung eines Menschen Beteiligten. Das bedeutet vor allem Interessenausgleich und Prävention gegen mögliche Konflikte im Arbeitsleben. Professionelles Verhalten verlangt aber auch die Beteiligung an der gesellschaftspolitischen Diskussion über die Ziele und Angebotsformen von Berufsberatung, über die Weiterentwicklung des Beratungsberufs und die Beteiligung der wissenschaftlichen Grundlagen der Berufsberatung.

3.2 Analyse bestehender Studienprogramme für Berufsberatung in Europa

Die im Folgenden dargestellten und kommentierten Ergebnisse basieren auf Befragungen der Hochschulen und Universitäten der NICE-Partnerschaft in den Jahren 2010/2011 (Enoch, Ertelt & Frey, 2012; Ertelt, Frey & Enoch, 2011; Ertelt, Weber & Katsarov, 2012). Insgesamt konnten 58 Studienprogramme einbezogen werden, knapp 30 % auf Bachelor-Niveau und rund 70 % auf Master-Niveau (davon Master of Arts/Science ca. 39 % und ca. 30 % MAS).

In Bezug auf die wissenschaftliche Verortung der Studiengänge ergab sich ein heterogenes Bild mit starker Tendenz zur Interdisziplinarität, wie folgendes Diagramm zeigt.

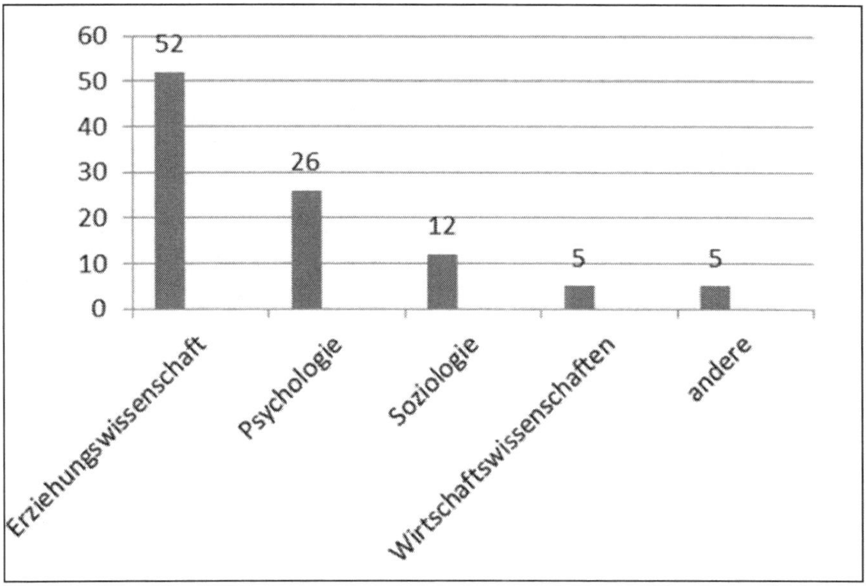

Abbildung 1:Welcher Fakultät/Abteilung ist der Studiengang zugeordnet (in %)?

Die Ergebnisse belegen, dass es bislang nicht gelungen ist, eine neue akademische Disziplin „Berufsberatungswissenschaft“ zu konstituieren. Danach hat die Erziehungswissenschaft eine dominante Rolle bei der akademischen Qualifizierung in Berufsberatung, mit Abstand gefolgt von Psychologie.

Auf die Frage, welches Kompetenzprofil (gemessen an dem System der IAEVG/AIOSP/IVBBB, 2003) ihr Studienprogramm vermittelt, nannten die Lehrenden zuvorderst Assessment und Berufsentwicklung, dicht gefolgt von Individualberatung, Forschung und Evaluation sowie Programm-Management. Auch Bildungsberatung spielt noch eine stärkere Rolle. Bedenklich erscheint, dass auf die Arbeitsvermittlung bezogene Kompetenzen nur ein relativ geringes Gewicht haben.

Für die Einschätzung des wissenschaftlichen Standards nicht unwichtig ist die akademische Formalqualifikation der Lehrenden. Hierbei zeigen die Angaben eines mit 14 % relativ geringen Anteils von Professoren/Professorinnen. Gut ein Drittel verfügen über den Doktor-Grad, 26 % sind Master und 12 % Bachelor (andere Abschlüsse 14 %).

Auch die Zahl derer, die sich in den letzten vier Jahren an einschlägigen Forschungsprojekten beteiligten, deutet eher auf eine mittlere bis schwache wissenschaftliche Fundierung der Studiengänge in Berufsberatung hin. Über die Hälfte (51.7 %) hatten weniger als fünf entsprechende Aktivitäten.

Es erscheint selbstverständlich, dass die Mehrzahl der Studiengänge mit einer schriftlichen Thesis abschließt, doch dies geschieht erstaunlicherweise nur in 47 % der Fälle in Kombination mit einem „Diploma Supplement“. Dieses erscheint jedoch zur Verbesserung der Vergleichbarkeit der Kompetenzprofile der Absolventen unumgänglich.

In Bezug auf das Qualitätsmanagement (QM) werden unterschiedliche Instrumente verwendet. Nur in 12 % der Fälle kommen bekannte Verfahren (EFQM, ISO 9000f oder LQW) zum Einsatz. Doch rund ein Viertel der Befragten haben noch kein QM-System eingeführt.

In Bezug auf die Internationalität gaben rund ein Viertel der Befragten an, dass sich weniger als 10 % der Studieninhalte darauf beziehen. Der Anteil ausländischer Studierender liegt in gut 80 % der Fälle unter 5 %. Diese Ergebnisse zeigen damit eine eher geringe internationale Orientierung.

Ein zentraler curricularer Aspekt betrifft die Kombination von Studien- und Praxisphasen. Die meisten Programme erfordern weniger als ein Jahr Berufserfahrung vor dem Studium und nur in weniger als 10 Fällen wird mehr als ein Jahr verlangt. Dabei besteht ein wesentlicher Unterschied zwischen Bachelor- und höheren Studiengängen. Keines der Bachelor-Programme verlangt zu Beginn Berufserfahrung, während dies bei rund einem Drittel der Master-Studiengänge der Fall ist. Die Praxisphasen während des Studiums gelten als ein wesentlicher Faktor. Fast zwei Drittel der untersuchten Programme erwarten von ihren Studierenden einen solchen Praxiserwerb. Allerdings schwanken die Dauer und die Gewichtung anhand von ECTS-Punkten äußerst stark. Gerade für die Praxisphasen während des Studiums, aber auch beim Übergang der Absolventen ins Erwerbsleben ist die Einbettung der Hochschule in lokale Netzwerke von entscheidender Bedeutung. Die Ergebnisse weisen aber auch auf eine relativ gute Integration der analysierten Programme in lokale Netzwerke aus Arbeitgebern, kommunalen Arbeitsverwaltungen und Berufsinformationszentren hin. Sehr bemerkenswert ist, dass in 90 % aller Beraterstudiengänge Kenntnisse über den Verbleib ihrer Absolventen vorliegen.

In einer zweiten Befragung wurden für die qualitative Analyse die differenzierten Studienprogramme erhoben. Von den insgesamt 32 zur Verfügung gestellten Dokumenten wurden nur die 21 Masterstudiengänge ausgewählt, die auf „Career Guidance and Counselling“ spezialisiert sind. Zur Erhöhung der Vergleichbarkeit wurden die vier Bachelorstudiengänge nicht in die Analyse einbezogen.

Eine Auswertung nach den AIOSP/IAEVG Kompetenzen über alle Programme (B.A./MA/Postgradual) zeigte sehr eindeutig das hohe Gewicht von Individualberatung und Bildungsberatung, gefolgt von Berufsentwicklung sowie Konsultation und Koordination. Die Tätigkeitsbereiche Assessment, Programm-/Service-Management, Vermittlung und Netzwerkarbeit spielen demgegenüber nur eine relativ geringe Rolle (Ertelt et al., 2012, S. 95). Die differenzierte Analyse der Studienprogramme anhand der NICE Kernkompetenzen zeigt das relativ starke Gewicht von „Career Information & Assessment“ und „Career Education“. Bemerkenswert ist die schwache Repräsentanz der holistischen Professionalität in den Studieninhalten der Programme. Dies lässt auf ein relativ schwach wissenschaftlich ausgeprägtes Berufsbild schließen.

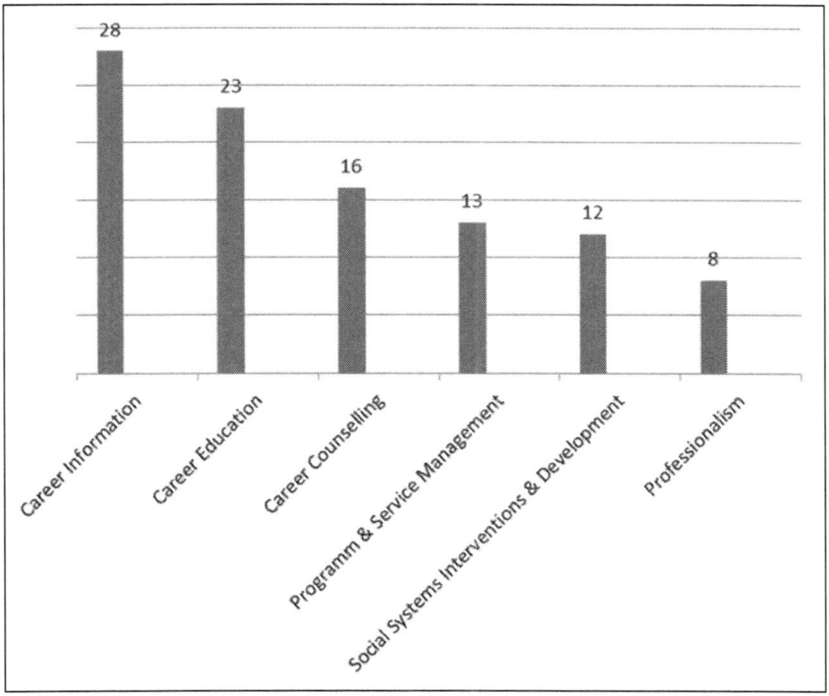

Abbildung 2: Zuordnung der Studieninhalte zu den NICE Kernkompetenzen (in %)

Zur Bestimmung der fachwissenschaftlichen Ausrichtung der Studienprogramme wurden die Inhalte den Disziplinen zugeordnet. Abbildung 3 zeigt wiederum das starke Gewicht der Erziehungswissenschaft, einschließlich der Berufs- und Wirtschaftspädagogik, mit Abstand gefolgt von der Psychologie. Bemerkenswert erscheint jedoch auch der Anteil von Informatik (Computer Sciences) und Statistik.

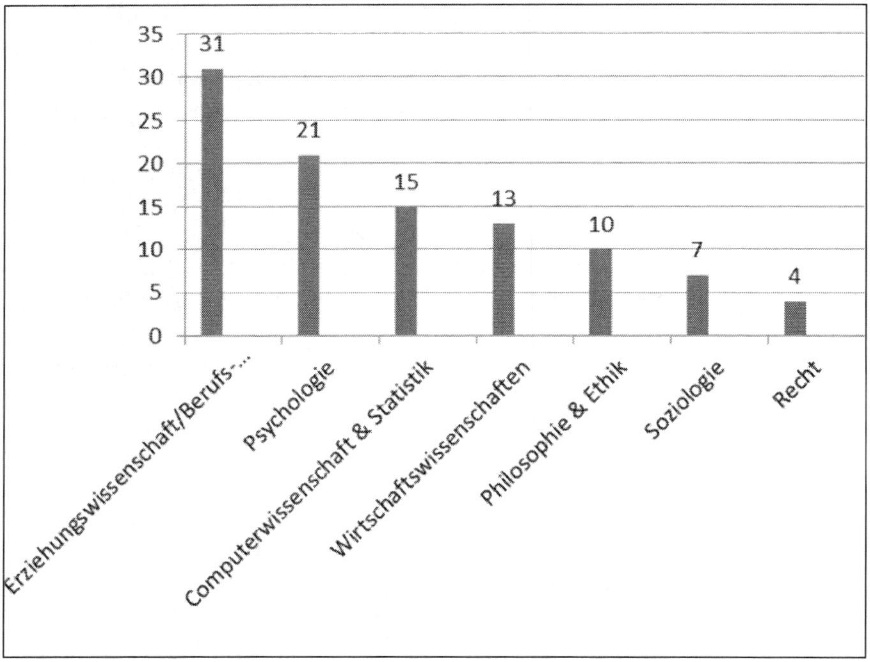

Abbildung 3: Studieninhalte nach fachwissenschaftlichen Disziplinen (in %)

3.3 Ausgewählte Trends der Berufsberatung

Die im Rahmen von NICE erstellten Beiträge zu Trends und Entwicklungen in der Berufsberatung lassen sich in externe und interne Antriebskräfte für Veränderungen differenzieren (Pouyaud & Katsarov, 2012). Zu den externen Kräften gehören die zunehmende Individualisierung und Selbst-Bestimmung, die globale Wirtschaftskrise und die Dominanz neoliberaler Ansätze, die wachsende Bedeutung der Wirksamkeit und Wirtschaftlichkeit von Beratungsdiensten, die Anerkennung lebensbegleitender Beratung zur Realisierung des Ziels lebenslangen Lernens als Teil des New Public Management, die Mobilität und Europäisierung in Verbindung mit technologischen Entwicklungen und Globalisierung, die Professionalisierung und die Entstehung einer akademischen Disziplin im Bereich der beruflichen Beratung. Ein innovativer interner Schub für die Theorieentwicklung im Bereich der Berufsberatung geht sicherlich von dem Ansatz des „Life designing“ aus (Guichard, 2012; Savickas et al., 2009). Er verbindet die Theorien der Selbstkonstruktion („self-construction“) und der Laufbahnkonstruktion („career construction“).

In Anbetracht des schnellen gesellschaftlichen Wandels („liquid societies“) müssen die Menschen permanent über ihr Leben nachdenken, um ihre jeweiligen Erwartungen, die ihrem Dasein einen Sinn geben, klar bestimmen zu können. Dies betrifft vor allem das strategische Denken für die Gestaltung der Berufslaufbahn. Aus dieser Perspektive zielt Beratung auf die Entwicklung einer entsprechenden individuellen Reflexivität im Dialog mit sich selbst und mit anderen. Dem Klienten soll verdeutlicht werden, welchen Beitrag das Engagement im Beruf und in anderen Lebensbereichen zur Sinnfindung im Leben geleistet haben. Ein Instrument dazu sind die Identitätsfragen im Beratungsgespräch (Pouyaud, 2012).

Ähnlich innovativ erscheint der Ansatz, berufliche Beratung als Unterstützung der individuellen Selbst-Organisation zu betrachten. Schiersmann (2012) wendet hierzu die generischen Prinzipien nach Hahn/Schiepek an, will sie aber keineswegs als Phasenkonzept für die Beratung verstanden wissen:

1) Schaffung einer stabilen Umgebung für Veränderungen.
2) Identifikation von Mustern des relevanten Systems, auf die sich der zu fördernde Selbstorganisationsprozess beziehen soll.
3) Entwicklung von Visionen und Zielen sowie Herstellung eines Bezugs zur Bedeutung für das eigene Leben.
4) Förderung der Antriebskräfte zur Selbstorganisation und Identifizierung von Kontrollparametern.
5) Bestehende Verhaltensmuster aufbrechen, zu neuen Erfahrungsräumen ermutigen.
6) Gezielte Symmetriebrechung ermöglichen. Damit ist gemeint, die beraterische Hilfe zur sinnvollen Entscheidung bei ähnlicher Realisierungswahrscheinlichkeit von bisherigen und alternativen Handlungsmustern.
7) Die Re-Stabilisierung bezieht sich auf die Sicherung der erreichten neuen kognitiven und emotionalen Verhaltensmuster. Dies meint die Integration der neuen Muster in das bestehende Selbst-Konzept und die Verknüpfung mit den bereits existierenden emotionalen und kognitiven Schemata.

6) Das beraterische Vorgehen sollte sich am kognitiven und emotionalen Zustand orientieren. Dies ist durch Beobachtung der Resonanz und der Synchronisation sicherzustellen.

(vgl. auch Weber, 2013, S. 73ff.)

In dem Beitrag von Ferrari, Nota, Soresi & Sgaramella (2012) wird die zunehmende Bedeutung von präventiven Programmen als Dienstleistung der Berufsberatung hervorgehoben. Im Fokus stehen die jungen Menschen beim Übergang ins Erwerbsleben, die Behinderten, die Immigranten und Erwerbstätige, die sich permanent beruflich anpassen müssen. „Primäre Präventionsprogramme" zielen auf die frühzeitige Beseitigung der Problemursachen und die Schaffung unterstützender Netzwerke. „Sekundäre Präventionsprogramme" reduzieren zukünftige Schwierigkeiten durch rechtzeitigen Einsatz von Assessment-Instrumenten und Berufsausbildung. „Tertiäre Präventionsprogramme" helfen Menschen bei bereits eingetretenen Problemen. Sie umfassen auch Trainingsmaßnahmen für Schüler bei Schulschwierigkeiten und Hilfen für Behinderte zur besseren Inklusion.

4 Zusammenfassende Bemerkungen und Ausblick

Seit Anfang der 1990er Jahre ist die Hochschule der BA (und ihre Vorgänger-Institution) verantwortlich an der kompetenzorientierten Entwicklung von Aus- und Fortbildungssystemen im Bereich der beruflichen Beratung beteiligt. Dieses stets in enger Abstimmung mit der Zentrale der BA realisierte Engagement erfolgte auf der Grundlage der von der BA in enger Kooperation mit der Universität Mannheim 1972 begründeten ersten auf Berufsberatung spezialisierten akademischen Ausbildung in Deutschland.

Die internationale Anerkennung der Arbeit der HdBA kommt aktuell auch darin zum Ausdruck, dass die HdBA sowohl im Steering Committee des Nachfolgeprojekts NICE II als auch in dem Konsortium für die Entwicklung eines Europäischen Doktor-Programms in Berufsberatung im Rahmen von ERASMUS repräsentiert ist.

Aus unserer Sicht erscheint es mit Blick auf die wachsenden Diversifizierung im Hochschulbereich, auch bezüglich der beruflichen Beratung wichtig, das wissenschaftliche Profil der HdBA in Bezug auf die Beratungsaufgaben in den Aufgabenfeldern der BA zu schärfen. Grundlage dafür sollte die Intensivierung des fachlichen Austauschs auf europäischer Ebene, die weitere Beteiligung an EU-Projekten und der Ausbau der Beratungsforschung sein.

Literatur

CEDEFOP (1993). Berufsprofile im Bereich der Berufsberatung in der Europäischen Gemeinschaft – Ein Synthesebericht. CEDEFOP-Dokument. Luxemburg: Amt für amtliche Veröffentlichungen der Europäischen Gemeinschaften.

CEDEFOP (2004). Strategien zur Bildungs-und Berufsberatung – Trends, Herausforderungen und Herangehensweisen in Europa – Ein Synthesebericht des Cedefop. Cedefop Panorama series; 102. Luxemburg: Amt für amtliche Veröffentlichungen der Europäischen Gemeinschaften.

CEDEFOP (2010). Professionalisierung der Laufbahnberatung – Praxiskompetenz und Qualifikationswege in Europa. Cedefop Panorama series; 174. Luxemburg: Amt für Veröffentlichungen der Europäischen Union.

ELGPN (European Lifelong Guidance Policy Network) (2013). Entwicklung einer Strategie zur Lebensbegleitenden Beratung: Eine Europäische Handreichung. ELGPN Tools No. 1. Berlin: Bundesministerium für Bildung und Forschung (BMBF).

Enoch, C., Ertelt, B.-J. & Frey, A. (2012). European perspectives of higher education in the field of lifelong career guidance. Nottingham/UK: ESREA Studies Conference 2012.

Ertelt, B.-J. (1986, 1989). (Hrsg.). Beraterausbildung im internationalen Vergleich. Mannheim: FH Bund Fachbereich Arbeitsverwaltung.

Ertelt, B.-J. (1992). Weiterbildungsmodule in einer europäischen Dimension – pädagogische und didaktische Handreichungen für Ausbilder von Berufsberatern. Berlin: CEDEFOP.

Ertelt, B.-J. (2000). Materialien zur Qualifizierung von Fachkräften für Berufsberatung im europäischen Kontext. Informationen für die Beratungs- und Vermittlungsdienste der BA (ibv), 45, 4715-4737.

Ertelt, B.-J. (2007). Wissenschaftliche Aus- und Weiterbildung zur Berufsberatung im internationalen Vergleich. In REPORT 1/2007, 30. Jahrgang, Zeitschrift für Weiterbildungsforschung. Thema: Personen- und organisationsbezogene Bildungsberatung, 30, 20-32.

Ertelt, B.-J., Frey, A. & Enoch, C. (2011). European perspectives of the comparison of curricula in the field of career guidance/counselling. Presentation on NICE-conference in Heidelberg.

Ertelt, B.-J., Weber, P. C. & Katsarov, J. (2012). Existing degree programmes in Europe. In C. Schiersmann, B.-J. Ertelt, J. Katsarov, R. Mulvey, H. Reid & P. Weber (Eds.), NICE handbook for the academic training of career guidance and counselling professionals (pp. 83-104). Heidelberg: Heidelberg University.

Ferrari, L., Nota, L., Soresi, S. & Sgaramella, T. M. (2012). The role of prevention programmes. In C. Schiersmann, B.-J. Ertelt, J. Katsarov, R. Mulvey, H. Reid & P. Weber (Eds.), NICE handbook for the academic training of career guidance and counselling professionals (pp. 166-172). Heidelberg: Heidelberg University.

Frey, A. (2004). Die Kompetenzstruktur von Studierenden des Lehrerberufs – eine internationale Studie. Zeitschrift für Pädagogik, 50, 6, 903-925.

Guichard, J. (2012). Life design perspective – Innovation in the content of curricula. In C. Schiersmann, B.-J. Ertelt, J. Katsarov, R. Mulvey, H. Reid & P. Weber (Eds.), NICE handbook for the academic training of career guidance and counselling professionals (pp. 14-151). Heidelberg: Heidelberg University.

Haas, M. & Schiersmann, C. (2012). Einführung in das Kompetenzprofil für Beratende in Bildung, Beruf und Beschäftigung. In Nationales Forum Beratung in Bildung, Beruf und Beschäftigung (nfb) & Universität Heidelberg – Forschungsgruppe Beratungsqualität am Institut für Bildungswissenschaft (Hrsg.), Beratungsqualität in Bildung, Beruf & Beschäftigung (S. 7-12). Bielefeld: Bertelsmann Verlag.

Haas, M., Schiersmann, C. & Weber, P. (2012). Ausführliche Darstellung des Kompetenzprofils für Beratende. In Nationales Forum Beratung in Bildung, Beruf und Beschäftigung (nfb) & Universität Heidelberg – Forschungsgruppe Beratungsqualität am Institut für Bildungswissenschaft (Hrsg.), Beratungsqualität in Bildung, Beruf & Beschäftigung (S. 13-20). Bielefeld: Bertelsmann Verlag.

IAEVG-AIOSP (2003). Internationale Kompetenzen für Praktiker von Schulischer und Beruflicher Beratung. Bern. Verfügbar unter: http://www.iaevg.org [04.11.2013].

Katsarov, J., Dörr, E. & Weber, P. (2012). Appendix 1: The NICE core competences in comparison with other national and international competence frameworks. In C. Schiersmann, B.-J. Ertelt, J. Katsarov, R. Mulvey, H. Reid & P. Weber (Eds.), NICE handbook for the academic training of career guidance and counselling professionals (pp. 231-239). Heidelberg: Heidelberg University.

OECD/EU-Kommission (2004). Berufsberatung – Ein Handbuch für Politisch Verantwortliche (Career Guidance – A handbook for policy makers). Paris und Luxemburg: Amt für amtliche Veröffentlichungen der Europäischen Gemeinschaften.

Pouyaud, J. (2012). Life design perspective – The role of context and action. In C. Schiersmann, B.-J. Ertelt, J. Katsarov, R. Mulvey, H. Reid & P. Weber (Eds.), NICE handbook for the academic training of career guidance and counselling professionals (pp. 152-155). Heidelberg: Heidelberg University.

Pouyaud, J. & Katsarov, J. (2012). Trends and developments in career guidance and counselling. In C. Schiersmann, B.-J. Ertelt, J. Katsarov, R. Mulvey, H. Reid & P. Weber (Eds.), NICE handbook for the academic training of career guidance and counselling professionals (pp. 139-149). Heidelberg: Heidelberg University.

Repetto, E. (2008). International competencies for educational and vocational guidance practitioners: an IAEVG transnational study. International Journal for Educational and Vocational Guidance (IJEVG), 8, 3, 135-195.

Savickas, M. L., Nota, L., Rossier, J., Dauwalder, J. P., Duarte, M. E., Guichard, J., Soresi, S., van Esbroeck, R. & van Vianen, A. E. M. (2009). Life designing: A paradigm for career construction in the 21st century. Journal of Vocational Behavior, 75, 239-250.

Schiersmann, C. (2012). Career counselling as a support of self-organisation. In C. Schiersmann, B.-J. Ertelt, J. Katsarov, R. Mulvey, H. Reid & P. Weber (Eds.), NICE handbook for the academic training of career guidance and counselling professionals (pp. 156-160). Heidelberg: Heidelberg University.

Schiersmann, C., Bachmann, M., Dauner, A. & Weber, P. (2008). Qualität und Professionalität in Bildungs- und Berufsberatung. Bielefeld: Bertelsmann Verlag.

Schiersmann, C., Ertelt, B.-J., Katsarov, J., Mulvey, R., Reid, H. & Weber, P. (Eds.) (2012). NICE handbook for the academic training of career guidance and counselling professionals. Heidelberg: Heidelberg University.

Sultana, R. G. (2004). Strategien zur Bildungs- und Berufsberatung – Trends, Herausforderungen und Herangehensweisen in Europa – Ein Synthesebericht des CEDEFOP. Panorama series; 102. Luxemburg: Amt für amtliche Veröffentlichungen der Europäischen Gemeinschaften.

Watts, A. G. (1993). Berufsprofile im Bereich der Berufsberatung in der Europäischen Gemeinschaft – Ein Synthesebericht. CEDEFOP-Dokument. Luxemburg: Amt für amtliche Veröffentlichungen der Europäischen Gemeinschaften.

Watts, A. G., Sultana, R. G. & McCarthy, J. (2010). The involvement of the European Union in career guidance policy: a brief history. International Journal for Educational and Vocational Guidance, 10, 89-107.

Weber, P. C. (2013). Qualität in der arbeitsrechtlichen Beratung – eine Untersuchung von Qualitätsmerkmalen, Qualitätsmodellen und eines Netzwerks zu deren politischen Implementierung in Europa unter Berücksichtigung der Theorie der Selbstorganisation. Verfügbar unter http://www.ub.uni-heidelberg.de/archiv/15159 [04.11.2013].

Michael Scharpf

Harmonisierung der akademischen Qualifizierung von Beratungsfachkräften in Europa

Schlagwörter: Curriculumsentwicklung – Bildungs- und Berufsberatung – Human Resource Management – Bachelor- und Masterstudiengang – Europäische Harmonisierung – DICBDPEC

Key words: curriculum development – educational and vocational guidance – human resource management – Bachelor's and Master's degree program – European harmonization – DICBDPEC

1 Einleitung

An die Qualität der Dienstleistung „berufliche Beratung" werden hohe Maßstäbe angelegt. Aus diesem Grund wird gefordert, dieses Beschäftigungsfeld weiter zu professionalisieren (vgl. Schiersmann, 2007, S. 201). Damit gehen auch die akademische Qualifizierung von Beratungsfachkräften und die Anerkennung der Berufsberatung als akademischer Beruf einher. Aufgrund der Globalisierung des Arbeitsmarktes spielen zudem internationale Standards in der beruflichen Beratung und bei der Qualifizierung der Beratungsfachkräfte eine zunehmende Rolle. Durch die Grenzöffnung zwischen den EU-Mitgliedsstaaten wird zwangsläufig die Transparenz in Bildung und Beschäftigung erhöht sowie die Mobilität der EU-Bürger erleichtert. Dies hat zur Folge, dass eine berufliche Beratung auch über nationale Grenzen hinweg geleistet werden muss (vgl. IAEVG, 2013). Allerdings zeigen internationale Studien, dass bezüglich der Qualifizierung von Beratungsfachkräften nur in wenigen EU-Ländern geeignete Studiengänge existieren (vgl. Ertelt, 2007b, S. 20f.). Wie kann diese Situation künftig gemeistert werden? Hier bietet das Projekt Development and Implementation of Common Bachelor's Degree Programme in the European Context (DICBDPEC) einen erfolgsversprechenden Ansatz.

Der Beitrag beschäftigt sich vor diesem Hintergrund insbesondere mit folgenden Fragen:

- Weshalb besteht ein Bedarf auf europäischer Ebene Standards bei der akademischen Qualifizierung von Beratungsfachkräften festzulegen, und welche Ziele verfolgt an dieser Stelle das Projekt DICBDPEC?
- Welche Studiengänge und -inhalte sind im Rahmen des Projektes DICBDPEC konzipiert worden? Welcher Kompetenzerwerb steht bei den entwickelten Studiengängen im Vordergrund?
- Wie sind diese Studiengänge im Hinblick auf die akademische Qualifizierung von Beratungsfachkräften aus Sicht der Studierenden zu bewerten?

2 Harmonisierungsbedarf und Ziele des Projektes DICBDPEC

Die berufliche Beratung muss künftig in der Lage sein, den Ausbildungs- und Arbeitsmarkt im europäischen Kontext zu erfassen. Die damit verbundene internationale Ausrichtung erfordert daher in den EU-Mitgliedsstaaten eine hohe Kohärenz der akademischen Qualifizierung von Beratungsfachkräften. Diese unterscheidet sich häufig hinsichtlich ihres Inhalts, ihrer Form und ihrer Länge. „Jedoch setzt die Qualitätssicherung in der beruflichen Beratung eine entsprechende Qualifikation des Beratungspersonals voraus. Doch es ist bisher nicht gelungen, einen gemeinsamen, auf Wissenschaft beruhenden Curriculumsansatz [...] verbindlich zu machen“ (Ertelt, 2007a, S. 135). Eine grundständige akademische Qualifizierung in diesem Bereich bietet zum Beispiel die Hochschule der Bundesagentur für Arbeit (HdBA) in Mannheim an. So bereitet der Bachelor-Studiengang Beschäftigungsorientierte Beratung und Fallmanagement die Studierenden gezielt auf die vielfältigen und anspruchsvollen Aufgaben der beruflichen Beratung vor. Seit wenigen Jahren bieten zudem einzelne Universitäten und Hochschulen für angewandte Wissenschaften postgraduale Master-Studiengänge an, die sich an berufstätige Berater oder Interessenten mit fachlichen Vorkenntnissen wenden (vgl. dvb, 2013). Ferner gibt es Weiterbildungsangebote (z. B. Zertifikatskurse) von nicht-wissenschaftlichen Einrichtungen. Diese Angebote sind jedoch kaum formalisiert, so dass sich die allgemeine Anerkennung dieser Abschlüsse oftmals als problematisch erweist (vgl. Ertelt, 2007a, S. 126). In den anderen EU-Mitgliedsstaaten verfügen die Beratungsfachkräfte zwar meistens über einen Hochschulabschluss (Pädagogik, Soziologie, Psychologie, Ökonomie etc.). Dieser Abschluss ist allerdings nur selten auf die berufliche Beratung ausgerichtet (vgl. Ertelt, 2007a, S. 125f.).

Die einzelnen EU-Mitgliedsstaaten können gegenwärtig aufgrund der uneinheitlichen Qualifizierung von Bildungs- und Berufsberatern nicht im gleichen Maße auf die Anforderungen des internationalen Arbeitsmarktes und die Veränderungen der Arbeitswelt reagieren. Folglich muss sich die berufliche Beratung künftig noch stärker an den Bedürfnissen des europäischen Arbeitsmarktes und seinen Entwicklungen ausrichten. Die EU hat diesen evidenten Handlungs- bzw. Qualifizierungsbedarf erkannt und von 2010 bis 2013 das Projekt Development and Implementation of a Common Bachelor's Degree Programme in the European Context (DICBDPEC) gefördert. Ziel ist es, einen europäischen Hochschulraum für die akademische Qualifizierung in der beruflichen Beratung und im Human Resource Management zu schaffen.

DICBDPEC ist ein vom ERASMUS-Teilprogramm „Lebenslanges Lernen“ finanziertes Projekt. Bis zum Projektende im Herbst 2013 entwickelten die Projektpartner ein detailliertes und akkreditierungsfähiges Curriculum für den Bachelor-Studiengang Career Guidance and Human Resource Management. Der Studiengang soll einen gemeinsamen, in der EU anerkannten akademischen Abschluss ermöglichen. Während des Projektverlaufs haben die beteiligten Partner ferner einen Master-Studiengang Career Guidance in Education, Profession and Labour Market Management sowie ein Programm für postgraduale Weiterbildung als weitere Qualifizierungsmöglichkeiten konzipiert. Seit Oktober 2010 waren folgende Partner-Hochschulen an diesem Projekt beteiligt: Institute of Engineering Studies of Slovak University of Technology in Bratislava (Slowakei), Hochschule der Bundesagentur für Arbeit (Mannheim), University of Nicosia (Zypern), Tallinn University of Technology (Estland), Jan Dlugosz University in Częstochowa (Polen), University of Santiago de Compostela (Spanien), University of Derby (England) und University of Split (Kroatien). Die Projektarbeit basierte unter anderem auf der Europäischen Sozialcharta, Artikel Nr. 9 (1961), den Beschlüssen von Lissabon durch den Europäischen Rat (2000), der Bologna-Erklärung sowie den durch das Europäische Zentrum für die Förderung der Berufsbildung entwickelten Berater-Kompetenzen und Qualifikationsrichtlinien (CEDEFOP, 2009).

Neben der Harmonisierung der akademischen Qualifizierung tragen die Projektergebnisse dazu bei,

- die Transparenz über die existierenden Studiengänge im Bereich der beruflichen Beratung zu erhöhen,
- den Nachweis und die Anerkennung von Qualifizierungsinhalten zu erleichtern,
- die internationale Mobilität von Studierenden und Absolventen/innen während bzw. nach der akademischen Qualifizierung in der beruflichen Beratung zu steigern,
- die Qualität in der Hochschulbildung und die Employability von Beratungsfachkräften durch ein international ausgerichtetes und abgestimmtes Curriculum zu verbessern (vgl. Gressnerová & Prelovský, 2011).

Aufgrund der vorhandenen Expertise der einzelnen Projektpartner konnte während des gesamten Projektes ein Vergleich der länderspezifischen Anforderungen an die Studieninhalte sichergestellt werden.

3 Studienprogramme, Kompetenzerwerb und Beschäftigungsmöglichkeiten

Bei der Entwicklung der Curricula sind als Qualitätskriterien vor allem die Praxistauglichkeit, das fachwissenschaftliche Niveau, der Beitrag zur Entwicklung der Beraterpersönlichkeit sowie die gesellschaftliche Relevanz und Kongruenz mit nationalen und internationalen Berufsstandards zu Grunde gelegt worden (vgl. Ertelt, 2007a, S. 120f.). Im Folgenden sollen die wesentlichen Inhalte der im Projekt entwickelten Studiengänge (Bachelor- und Master-Studiengang) sowie die damit verbundenen Kompetenzziele und Beschäftigungsmöglichkeiten der Absolventen dargestellt werden. Beide Curricula genügen wissenschaftlich-theoretischen Ansprüchen und stellen zugleich sicher, dass die Studierenden bereits während des Studiums in praktische Tätigkeiten eingewiesen werden. Charakteristisch ist ferner, dass die Curricula nicht auf einem rein psychologischen Ansatz basieren, sondern auch ein sozial- und wirtschaftswissenschaftliches Verständnis von Beratung fokussieren. So sind neben der kommunikativen Gestaltung von Beratungsprozessen auch umfassende fachliche Kenntnisse (z. B. Lernprozesse im Lebenslauf, Dynamik von Arbeits- und Bildungsmärkten, rechtliche Rahmenbedingungen) bei der akademischen Qualifizierung von Bedeutung (vgl. Schiersmann, 2007, S. 193).

Bachelor-Studiengang Career Guidance and Human Resource Management

Der Bachelor-Studiengang Career Guidance and Human Resource Management umfasst insgesamt 180 ECTS Credit Points und beinhaltet 15 Kern-Module (M):

M 1: Introduction to Career Guidance (CG) and development of human resources

M 2: Information Management

M 3: Management strategies and instruments

M 4: CG in education, labour and regional networks

M 5: Labour Relations, legislation and marketing

M 6: Occupational, educational, career counselling psychology and social sciences

M 7 Socio-economic aspects of CG

M 8: Ethics and professionalization of CG counsellors

M 9: Human Resource Management (HRM)

M 10: Labour market issues and social statistics

M 11: International, European, national and regional, law in labour, mobility and CG

M 12: Knowledge about professions, competences and classification systems

M 13: European dimension of CG

M 14: Information and Communication Technology (ICT) and applications in CG

M 15: Languages and conversation in the context of CG

Das Curriculum enthält theoretische und empirische Grundlagen. Darüber hinaus sieht das Studienprogramm vor, dass die Studierenden mehrere Praktika absolvieren und am Ende des Studiums eine Bachelor-Thesis erstellen. Der Studiengang soll den Studierenden – unter Berücksichtigung der Praxisanforderungen – Kenntnisse, Fertigkeiten, Methoden und Verfahren der Berufsberatung und des Human Resource Managements auf einem hohen fachwissenschaftlichen Niveau vermitteln. Diese sind für die Beratungsfachkräfte notwendig, um bestimmte Zielgruppen (Jugendliche, Erwachsene) bei der Berufswahl, bei der beruflichen Entwicklung und beim lebenslangen Kompetenzerwerb zu beraten sowie Betriebe im Rahmen der Personalentwicklung zu unterstützen. Wesentliche Bestandteile des Curriculums konnten aus dem Bachelor-Studiengang Beschäftigungsorientierte Beratung und Fallmanagement der Hochschule der Bundesagentur für Arbeit (Mannheim) abgeleitet und adaptiert werden.

Im Folgenden wird eine Modulkarte des Bachelor-Studiengangs „Career Guidance and Human Resource Management“ am Beispiel des Moduls „Einführung in die berufliche Beratung und Personalentwicklung“ dargestellt.

Kennung	**Bezeichnung**	**ECTS Credits**
BM-101	Einführung in die berufliche Beratung und Personalentwicklung	7
Department	**Semester**	**Voraussetzungen**
	1	keine
Modultyp	**Field**	**Sprache**
Pflichtmodul	Berufsberatung	Deutsch, Englisch
Level	**Studienjahr**	**Professoren/innen**
1st Cycle (Bachelor's Degree)	1	

Lernziele:

Das Ziel des Moduls ist es, die Studierenden in die wichtigsten Konzepte der Bildungs- und Berufsberatung sowie des Human Resource Managements und insbesondere in die verschiedenen konzeptionellen und fachlichen Grundlagen des Fachgebiets einzuführen. Interdisziplinäre Aspekte wie Soziologie, Psychologie usw. werden in diesem Zusammenhang betrachtet. Darüber hinaus lernen die Studierenden, die berufliche Beratung im europäischen und internationalen Kontext zu verstehen und werden in die modernen Methoden und Techniken der beruflichen Beratung eingeführt. Der Kurs stellt das Design und die Entwicklung von Methoden in der beruflichen Beratung mit Bezug auf unterschiedliche Zielgruppen dar und behandelt ferner verschiedene IKT-Tools.

Kursinhalt:

- Grundlagen der Berufsberatung (CG)
- Zielgruppen in CG
- Organisationen und Verbände in CG
- Lebenslanges Lernen und CG
- Interdisziplinäre Aspekte der CG (Soziologie, Psychologie, etc.)
- Informationsmanagement in CG
- CG-Methoden
- IKT-Tools in CG
- europäische und weltweite Initiativen in CG, Beratungsdesign und Strategieentwicklung in CG
- Qualitätssicherung in CG

Lernaktivitäten und Lehrmethoden:

Vorlesungen, Übungen, Seminar

Prüfungsleistungen:

Projektarbeit, Referat, Klausur

Das breite Spektrum und die Komplexität der Aufgaben in der beruflichen Beratung und im Human Resource Management sowie die zunehmende Professionalisierung des Beschäftigungsfeldes setzen voraus, dass die Beratungsfachkräfte über vielfältige Kompetenzen verfügen müssen (vgl. CEDEFOP 2009; dvb, 2012; IAEVG, 2013). Infolgedessen haben die für die Berufs- und Bildungsberatung zuständigen Verbände und Vereinigungen in den letzten Jahren – teilweise sehr detaillierte – Kompetenzkataloge und -profile entwickelt und beschlossen. Diese dienen als Orientierung und sollen die Beratungsfachkräfte motivieren, die erforderlichen Kompetenzen für ihr jeweiliges Beschäftigungsfeld zu erkennen und selbstverantwortlich weiterzuentwickeln (vgl. Ertelt, 2007a, S. 132). Nach Abschluss des Bachelor-Studiengangs Career Guidance and Human Resource Management sollen die Absolventen/innen in der Lage sein,

- die wesentlichen Konzepte der Berufsberatung und des Human Resource Managements kritisch zu beurteilen;
- für die berufliche Beratung und im Human Resource Management geeignete Methoden und Ressourcen des Informationsmanagements einzusetzen;
- verschiedene Konzepte und Prinzipien des Qualitätsmanagements in der Berufsberatung und im Personalwesen anzuwenden;
- Ansätze und Aktivitäten für Beratungspraktiker in Bildung, Arbeit und regionalen Netzwerken zu entwickeln;
- historische, konzeptionelle und rechtliche Prinzipien der Berufsberatung und des Human Resource Managements auf die tägliche Arbeit zu übertragen und die Methoden des Dienstleistungsmarketings anzuwenden;
- die grundlegenden Theorien der Berufsberatung (z. B. Berufswahl, Berufsentwicklung) und des Human Resource Managements zu kennen und bei den Kunden/innen anzuwenden;
- die kulturellen Ansprüche der Kunden zu befriedigen und die ökonomischen, demographischen und sozio-politischen Einflüsse auf die Berufsberatung und das Human Resource Management aus europäischer Perspektive zu verstehen;
- ethische Grundsätze bei den Beratungsaktivitäten zu identifizieren und anzuwenden, die mit den zu Grunde liegenden Strategien und der Nutzung von Ressourcen verbunden sind;
- die Bedürfnisse von Arbeitskräften zu ermitteln und zu verstehen, um ihre berufliche Entwicklung zu fördern und die Betriebe bei Veränderungsprozessen und der Personalentwicklung zu unterstützen;
- quantitative Methoden der Arbeitsmarktstatistik zu nutzen;
- die Grundlagen des Arbeitsrechts zu kennen und in Abhängigkeit von den spezifischen Kundenbedürfnisse in der Berufsberatung und im Human Resource Management zu verwenden;
- ein tieferes Verständnis von Berufen, Kompetenzen, beruflichen Qualifizierungen und Klassifizierungssystemen in verschiedenen Ländern zu entwickeln und die internationale Mobilität von Arbeitskräften zu fördern;

- mit europäischen Netzwerken der beruflichen Beratung zusammenzuarbeiten und das Wissen im Bereich interkultureller Beratung in der Praxis zu nutzen;
- Informations- und Kommunikationstechniken einzusetzen;
- ein angemessenes Fremdsprachen-Niveau vorzuweisen, um in der international ausgerichteten Berufsberatung und im Human Resource Management kommunizieren zu können (vgl. Slovak University of Technology in Bratislava, 2013a, S. 14ff.).

Der erfolgreiche Abschluss des Studiengangs bietet den Absolventen vielfältige Beschäftigungsmöglichkeiten im In- und Ausland, besonders in den Bereichen Berufs- und Karriereberatung sowie Personalwesen (z. B. im Bildungssektor, in Personalabteilungen von Betrieben oder in der Arbeitsverwaltung).

Master-Studiengang Career Guidance in Education, Profession and Labour Market Management

Der Master-Studiengang wendet sich vor allem an Bachelor-Absolventen der Fachrichtungen Berufsberatung, Pädagogik, Human Resource Management, Soziale Arbeit und Psychologie. Darüber hinaus werden für die Zulassung ausreichende berufliche Erfahrungen vorausgesetzt. Das generelle Ziel des Master-Studiengangs ist es, eine Spezialisierung in den Bereichen Ausbildungs-, Berufs- und Arbeitsmarktmanagement anzubieten. Das Studienprogramm vermittelt den Studierenden theoretische, empirische und praktische Kompetenzen, die für hochspezialisierte und forschungsbasierte Dienstleistungen in der beruflichen Beratung benötigt werden. Das Programm wurde speziell für Studierende entwickelt, die beabsichtigen, im europäischen Beratungskontext zu arbeiten und verschiedene Zielgruppen, von Berufsanfängern bis hin zu Personen im Ruhestand zu unterstützen. Das Programm ist darauf fokussiert, die Qualität der akademischen Qualifizierung in diesem Bereich zu verbessern und für die Absolventen Beschäftigungsmöglichkeiten auf nationaler und internationaler Ebene zu schaffen (vgl. Slovak University of Technology in Bratislava, 2013b, S. 9ff.).

Der Master-Studiengang beinhaltet einen wissenschaftlich fundierten Lehr- und Studienplan. Im Zuge der Mobilitätsförderung ist vorgesehen, dass die Studierenden das Programm an verschiedenen Hochschulen in Europa studieren können. Darüber hinaus soll das Studienprogramm kontinuierlich aktualisiert werden und innovative Aspekte in der akademischen Qualifizierung von Beratungsfachkräften berücksichtigen.

Das Studienprogramm umfasst im ersten Semester sieben Grundlagenmodule (vgl. Slovak University of Technology in Bratislava, 2013b, S. 17):

M 1: Principles of Career Guidance (CG)
M 2: Professions, competences and classification systems
M 3: Labour relations and legislation
M 4: European dimension of CG and intercultural CG
M 5: Theories of career counselling and career development
M 6: Developments in CG organizations and ICT applications
M 7: Research methodology

Ab dem zweiten Semester muss eine der folgenden Spezialisierungen gewählt werden:

(1) Human Resource Management (HRM) und Organisationsentwicklung: Die Spezialisierung bereitet die Studierenden auf Tätigkeiten im betrieblichen Personalmanagement vor. Das Programm richtet sich an angehende Berater (insbesondere im Bereich KMU) sowie an künftige Fachexperten im Human Resource Management, die sich mit der Ausbildung und der beruflichen Entwicklung des Personals sowie dem Change Management in Betrieben beschäftigen. Hier spielt die internationale Mobilität der Beratung – vor allem für globalisierte Betriebe – eine wichtige Rolle.

(2) Career Guidance: Die Spezialisierung konzentriert sich auf die lebensbegleitende Bildungs- und Berufsberatung und richtet sich an Berater im Bildungs- und Schulwesen, Personalberater in Betrieben sowie in der Erwachsenenbildung und Karriereberatung.

(3) Labour Market Management, Policy and Research: Die Studieninhalte fokussieren das Arbeitsmarktmanagement. Als Zielgruppen kommen vor allem Experten bzw. Beschäftigte von öffentlichen Arbeitsverwaltungen in Betracht. Darüber hinaus qualifiziert das Studienprogramm für Tätigkeiten in der Arbeitsmarktforschung sowie in der politischen Beratung (z. B. bei Behörden, Kommunalverwaltungen).

Das Programm umfasst insgesamt 120 ECTS Credit Points und kann als Voll- und Teilzeitstudium organisiert werden. Des Weiteren können E-Learning und Blended Learning-Optionen genutzt werden. Nach Abschluss des Programms werden die Absolventen/innen in der Lage sein, insbesondere

- die Bedeutung und die Aufgaben der Berufsberatung unter den Bedingungen des Arbeitsmarktes zu bewerten;
- die Methoden der Berufsberatung gezielt einzusetzen, um das Lifelong Learning in verschiedenen Zielgruppen zu fördern;
- das Informations- und Wissensmanagement für die Beratung effektiv anzuwenden;

- die Qualitätssicherung in den Beratungsdienstleistungen sicherzustellen;
- die Strategien des Dienstleistungsmarketings in der Berufsberatung im nationalen und internationalen Kontext zu entwickeln und anzuwenden;
- mit europäischen Netzwerken zusammenzuarbeiten, um das Wissen über interkulturelle Berufsberatung in der Praxis anzuwenden;
- die wesentlichen Ansätze der Berufsberatung und der beruflichen Entwicklung zu kennen, anzuwenden und kritisch zu bewerten, auch im Hinblick auf verschiedene Situationen und Zielgruppen;
- die Methoden des Change-, Public- und Projektmanagements zu nutzen;
- die für die Berufsberatung erforderliche ICT zu kennen und zu nutzen;
- die für die Berufsberatung relevanten Forschungsfragen zu planen, zu organisieren und durchzuführen sowie geeignete Forschungsmethoden einzusetzen;
- die Forschungsergebnisse auf nationaler und internationaler Ebene zu verbreiten (vgl. Slovak University of Technology in Bratislava, 2013b, S. 15).

Nach Abschluss des Master-Studiengangs ergeben sich für die Absolventen/innen Beschäftigungs- und Karrieremöglichkeiten, z. B. im Ausbildungssektor, in der öffentlichen Arbeitsverwaltung, bei privaten Personaldienstleistern, im Human Resource Management öffentlicher und privater Organisationen, in Forschungseinrichtungen und Universitäten, bei Gewerkschaften oder Verbänden sowie in europäischen und internationalen Einrichtungen der Berufs- bzw. Laufbahnberatung. Erfolgreiche Absolventen/innen haben ferner die Möglichkeit, ein Promotionsstudium (PhD) anzuschließen, zum Beispiel in den Bereichen Beratungswissenschaften, Bildungswissenschaften, Human Resource Management, Informations- und Wissensmanagement sowie Soziale Arbeit.

4 Evaluation der Studiengänge

Die Bundesagentur für Arbeit (BA) ist eine wichtige Akteurin bei der Ausübung von beruflicher Beratung. Seit über vier Jahrzehnten bereitet sie an ihrer Hochschule die eigenen Nachwuchskräfte auf einem hohen akademischen Niveau auf die vielfältigen Aufgaben in der beruflichen Beratung vor (siehe hierzu die Beiträge von Höft & Schuster und von Sailmann). Um die vorhandenen Erfahrungen zu nutzen, führte die Hochschule der Bundesagentur für Arbeit im Juli 2013 im Rahmen eines eintägigen Workshops gemeinsam mit den Studierenden eine Evaluation der im Rahmen des Projektes konzipierten Studiengänge durch. Die Ergebnisse dienen – im Sinne einer summativen Evaluation – der Qualitätssicherung des Projektes DICBDPEC.

Insgesamt nahmen 18 Studierende (3. und 9. Studientrimester, HdBA Mannheim) der Bachelor-Studiengänge Arbeitsmarktmanagement sowie Beschäftigungsorientierte Beratung und Fallmagagement an der Evaluation teil. Ziel war es, mit Hilfe einer intensiven Diskussion die verschiedenen Dimensionen der Studiengänge (Ziele, Erwartungen, Inhalt, Struktur etc.) auszuloten. Da die Studienprogramme noch nicht umgesetzt worden sind, schien diese Form der erweiterten Kasuistik das Ziel einer Ergebnisevaluation am besten zu erfüllen. Die anderen Projekt-Partner evaluierten an ihren Hochschulen in ähnlicher Weise die Studienprogramme.

Zu Beginn des Workshops hat die Projektleitung die Ziele und den Nutzen des Projektes DICBDPEC sowie die Modulinhalte ausführlich erläutert. Die Studierenden hatten anschließend die Möglichkeit, die Modulkataloge zu sichten und ihre Eindrücke in Kleingruppen zu diskutieren. Im Anschluss daran wurden die Workshopteilnehmer anhand eines Fragebogens befragt. In diesem Kontext waren folgende Fragen leitend:

- Betrachten Sie eine akademische Qualifizierung im Bereich Berufsberatung und Human Resource Management als wichtig, auch im Hinblick auf die zunehmende Globalisierung des Arbeitsmarktes?
- Welchen Stellenwert haben die Themen berufliche Beratung und Human Resource Management in der akademischen Qualifizierung?
- Wie schätzen Sie Ihre persönlichen Kenntnisse und Fähigkeiten im Bereich Berufsberatung und Human Resource Management ein?
- Wie beurteilen Sie das vorliegende Studienprogramm (Module und Kurse) sowie die Studienstruktur (Pflichtmodule, Wahl- und Vertiefungsmodule)?
- Welche Inhalte und Methoden bestehender Studienprogramme an der Hochschule können gegebenenfalls auf das Curriculum übertragen werden?
- Beinhalten die Studienkonzepte alle wesentlichen Informationen (Beschreibung der Programme, Module, Kurse, Curricula, Lernziele, Lehr- und Lernmethoden, Prüfungsformen etc.)?
- Wie beurteilen Sie den fachlichen Anspruch der Module und Kurse?
- Würden Sie an dem Studienprogramm teilnehmen?

Die wesentlichen Ergebnisse des Workshops werden im Folgenden kurz dargestellt:

Bachelor-Studiengang Career Guidance and Human Resource Management

Nahezu alle Befragten geben an, dass sie über gute Kenntnisse und Fähigkeiten in den Bereichen berufliche Beratung und Human Resource Management verfügen.

88 % der Befragten sind der Ansicht, dass die Themen berufliche Beratung und Human Resource Management in einem zunehmend globalisierten Arbeitsmarkt eine sehr wichtige Rolle spielen werden und vor allem aufgrund des demografischen Wandels zwangsläufig ein Bedarf an Fachexperten besteht, die in den EU-Mitgliedsstaaten für diese Aufgaben qualifiziert werden müssen. Dies bestätigt die Intention bzw. Zielsetzung des entwickelten Studienprogramms (DICBDP EC). Das Studiengangskonzept wird von den Studierenden durchweg positiv bewertet. Die meisten Studierenden begrüßen ausdrücklich die deutlich sichtbare internationale Ausrichtung des Studiengangs. Vor allem das Modul "European Dimension of Career Guidance" (interkulturelle Aspekte, Kommunikation, nationales/internationales Recht etc.) wird von den Studierenden sehr gelobt. Insgesamt stimmen 83 % der Studierenden den Programminhalten zu und befürworten die Mulitdiszipliarität des Programms. Jedoch wird empfohlen, zusätzliche Module mit ausschließlich juristischen Inhalten (z. B. rechtliche Aspekte der beruflichen Beratung) aufzunehmen.

Aufgrund der hohen Multidisziplinarität wird angeregt, eine klare Struktur bei der Spezialisierung der Studieninhalte, die als Vertiefungsmodule angeboten werden, aufzuzeigen. Alle Befragten zeigen sich mit der Zusammensetzung der Module und Kurse zufrieden, rund 50 % der Studierenden sind sogar sehr mit der Konzeption des Bachelor-Studiengangs Career Guidance and Human Resource Management zufrieden. Die Struktur des Studiengangs wird von 13 % der Befragten als ausgezeichnet, von 50 % als sehr gut und von 25 % als gut angesehen. Als geeignete Lehrmethode bevorzugen rund 50 % der befragten Studierenden das „Seminar" und 42 % präferieren eher eine konventionelle Art der Lehre. Der Schwierigkeitsgrad der Modul- und Kursinhalte wird unterschiedlich bewertet (sehr anspruchsvoll: 18 %, anspruchsvoll: 47 %, angemessen: 35 %).

Dem Studienprogramm wird insgesamt ein hohes Niveau bescheinigt. Dies ist aus Sicht der Befragten vor allem auf die Themenkomplexität sowie auf die länderspezifischen Regelungen und Inhalte zurückzuführen. Um die Komplexität zu reduzieren wird vorgeschlagen, den Programminhalt auf das eigene Land sowie auf wenige andere ausgewählte Länder auszurichten. 94 % der Befragten zeigen ein großes Interesse, an dem Bachelor-Studiengang Career Guidance and Human Resource Management teilzunehmen.

Master-Studiengang Career Guidance in Education, Profession and Labour Market Management

Zu beobachten ist das starke Interesse der Studierenden an dem entwickelten Master-Studiengang. Als Grund kann sicherlich das bisherige Fehlen eines solchen Programms an der HdBA angeführt werden. Die befragten Studierenden bewerten den Studiengang konstant positiv. 94 % der Befragten stimmen dem Vorschlag des Master-Studiengangs zu, 88 % sind mit den Modulinhalten sehr zufrieden. Gefordert wird jedoch, den praktischen Teil des Studienprogramms auszuweiten sowie alle Module noch weiter zu internationalisieren. Außerdem wird vorgeschlagen, zusätzliche Module in den Bereichen Kommunikation und Fremdsprachen aufzunehmen.

Die Meinung über die Lehrmethoden fällt sehr unterschiedlich aus. Während sich 39 % der Studierenden für eine konventionelle Lehrmethode aussprechen, können sich 44 % der Befragten auch ein integriertes Lernen (Blended Learning) vorstellen. Konventionelle Lehrmethoden werden von den Studierenden als besonders wichtig erachtet, um persönliche Netzwerke zu anderen Studierenden und den Lehrenden aufzubauen. Lediglich 6 % der Befragten sprechen sich im Rahmen des Studienprogramms für die Lehrmethode E-Learning aus. Allerdings ist festzuhalten, dass sich die Studierenden für den Master-Studiengang – im Vergleich zum Bachelor-Studiengang – deutlich mehr Zeitanteile für ein Selbststudium wünschen.

Auch die Evaluation des Master-Studiengangs verdeutlicht die Bedeutung der Felder „Career Guidance“ und „Human Resource Management“. 82 % der Befragten stimmen mit der Aussage überein, dass Fachkenntnisse in diesen Bereichen am heutigen Arbeitsmarkt unabdingbar sind. Der Schwierigkeitsgrad der Modul- und Kursinhalte wird von den Befragten unterschiedlich bewertet (sehr anspruchsvoll: 12 %, anspruchsvoll: 53 %, angemessen: 35 %). 75 % der befragten Studierenden würden gerne an dem Master-Studiengang teilnehmen und sehen darin eine sehr gute Möglichkeit, sich auf einem hohen wissenschaftlichen Niveau weiterzubilden.

5 Fazit und Ausblick

Internationale Standards spielen in der Berufsberatung und bei der akademischen Qualifizierung der Beratungsfachkräfte eine wichtige Rolle. Da eine an einem europäischen Arbeitsmarkt orientierte Berufsberatung auch über nationale Grenzen hinweg tätig sein muss, ist nicht nur eine Harmonisierung der Inhalte der akademischen Qualifizierung, sondern auch die grenzüberschreitende Zusammenarbeit zwischen den Bildungs- bzw. Hochschuleinrichtungen erforderlich. So sind die Curricula sowie die Lern- und Kompetenzziele unter Berücksichtigung von verbindlichen Qualitätsstandards auf europäischer Ebene abzustimmen. Das Projekt DICBDPEC kann hierbei einen wichtigen Beitrag für die Entwicklung von Curricula leisten, um in Europa die akademische Qualifizierung von Beratungsfachkräften inhaltlich, methodisch und strukturell anzugleichen. Ziel ist es, die Mobilität der Studierenden und die Beschäftigungsmöglichkeiten der Absolventen im

In- und Ausland durch die Anerkennung ihrer erworbenen Qualifikationen zu verbessern.

Die HdBA wird die Projektergebnisse bei der anstehenden Revision und Weiterentwicklung ihrer eigenen Curricula als qualitativen Maßstab zu Grunde legen. Im Bereich des künftigen Master-Studienangebots soll darüber hinaus gezielt die Zusammenarbeit mit ausländischen Hochschulen intensiviert werden. Hier kann DICBDPEC ebenfalls wertvolle Impulse für die Umsetzung von Kooperationen in der Lehre und Forschung geben.

Literatur

CEDEFOP (2009). Professionalisierung der Laufbahnberatung. Verfügbar unter: www.dvb-fachverband.de/publikationen.html [30.09.2013].

dvb (2013). Aus- und Fortbildungsangebote an Hochschulen. Verfügbar unter: www.dvb-fachverband.de/bildungsangebote_andere.html [30.09.2013].

dvb(2012). Berufliche Beratung – Qualitätsstandards des dvb. Verfügbar unter: www.dvb-fachverband.de/publikationen.html [30.09.2013].

Ertelt, B.-J. (2007a). Berufsberatung und beraterische Kompetenzen in europäischer Dimension. In U. Sickendiek, F. E. Nestmann & V. Bamler (Hrsg.), Beratung in Bildung, Beruf und Beschäftigung (S. 118-138). Tübingen: Dgvt.

Ertelt, B.-J. (2007b). Wissenschaftliche Aus- und Weiterbildung zur Berufsberatung im internationalen Vergleich. Report: Zeitschrift für Weiterbildungsforschung, 30, 1, 20-32.

Gressnerová, L. & Prelovský, I. (2011).Career guidance in the European context – new knowledge, skills and competencies for career counsellors. Verfügbar unter: www.ies.stuba.sk/erasmus/ [30.09.2013].

IAEVG (2013). Internationale Kompetenzen für Bildungs- und Berufsberater/-innen. Verfügbar unter: www.iaevg.org/iaevg/nav.cfm?lang=3&menu=1&submenu=5 [30.09.2013].

Schiersmann, C. (2007). Beratung im Kontext lebenslangen Lernens. In U. Sickendiek, F. E. Nestmann & V. Bamler (Hrsg.), Beratung in Bildung, Beruf und Beschäftigung (S. 185-202). Tübingen: Dgtv.

Slovak University of Technology in Bratislava (2013a). Career guidance and human resource management – Bachelor's study programme. Bratislava: STU.

Slovak University of Technology in Bratislava (2013b). Career guidance in education, profession and labour market management – Master's study programme. Bratislava: STU.

Gerald Sailmann

Kompetenzerwerb in den Studiengängen der Hochschule der Bundesagentur für Arbeit

Schlagwörter : Kompetenzerwerb – Studiengang – Hochschule der Bundesagentur für Arbeit

Key words: skills and competences – university course – university of applied labour studie

1 Ausgangssituation und Evaluationsorganisation

Im folgenden Beitrag werden die Ergebnisse einer Evaluationsstudie vorgestellt und diskutiert. Es handelt sich um die Befragung des 1.Absolventenjahrganges der Hochschule der Bundesagentur für Arbeit – HdBA.[1]

Diese Hochschule steht als Institution für die Strategie der Bundesagentur für Arbeit, ihre Fach- und Führungskräfte durch ein Studium für die Berufstätigkeit grundständig zu qualifizieren.

Hierfür werden derzeit zwei Studiengänge, die zum akademischen Grad Bachelor of Arts (B. A.) führen, angeboten: Arbeitsmarktmanagement und Beschäftigungsorientierte Beratung/Fallmanagement. Deren Studienstruktur orientiert sich am Konzept der praxisintegrierenden dualen Studiengänge[2], d. h. integraler Bestandteil des Studiums sind Praktika in der BA sowie in privatwirtschaftlichen Unternehmen und/oder arbeitsmarktbezogenen Institutionen im Ausland, insbesondere Arbeitsverwaltungen.

Die Curricula der genannten Studiengänge wurden eigens entwickelt und sind interdisziplinär aufgebaut; sie enthalten vermittlungs- und beratungsrelevante Inhalte aus den Referenzdisziplinen: Volkswirtschaftslehre, Betriebswirtschaftslehre,

---

[1] Der Text beruht auf einem Vortrag bei der Tagung Beratung für Bildung und Beruf, Soziale Gerechtigkeit, Wohlstand und nachhaltige Beschäftigung – Herausforderungen im 21. Jahrhundert, die im Oktober 2012 an der Hochschule der Bundesagentur für Arbeit (HdBA) stattfand. Der Vortrag war Teil des Symposiums Professionalisierung von Beratung und Vermittlung im Rahmen eines Bachelorstudiums an der Hochschule der Bundesagentur für Arbeit: Erfolgsfaktoren für einen erfolgreichen Studienverlauf und eine gelungene Einmündung in die Berufstätigkeit, das dem Themenbereich Qualitätsentwicklung in der Bildungs- und Berufsberatung; Kompetenzen und Qualifikationen der Beratungsfachkräfte zugeordnet war.

[2] Duale Studiengänge lassen sich einteilen in: praxisintegrierende, ausbildungsintegrierende, berufsintegrierende und berufsbegleitende Studiengänge (Kupfer &Mucke, 2010). Im Gegensatz zu ausbildungsintegrierenden dualen Studiengängen wird bei praxisintegrierenden keine Ausbildung gemäß Berufsbildungsgesetz absolviert. Die Studierenden sind allerdings Mitarbeiter eines Unternehmens; von diesem werden sie ausgewählt und erhalten eine Vergütung. Die Praxisanteile in diesen Unternehmen werden oftmals auch als „Ausbildung“ bezeichnet bzw. es wird ein „Ausbildungsvertrag“ abgeschlossen.

Jurisprudenz, Politikwissenschaft, Erziehungswissenschaft, Psychologie und Soziologie.

Studium und Lehre an der Hochschule werden kontinuierlich evaluiert. Die Absolventenbefragung ist Teil des Evaluationskonzepts, welches darüber hinaus die Evaluation der Lehrenden, der Module, der Praxistrimester und der Studienrahmenbedingungen vorsieht.

Der 1. Jahrgang nahm 2006 das Studium auf und schloss es 2009 nach fünf Präsenztrimestern und vier Praktikumstrimestern ab. Er wurde im Frühjahr 2011 befragt – ca. 1½ Jahre nach dem Übergang der Studierenden von der Hochschule in die Berufspraxis.

Angeschrieben wurden alle 239 Absolventen, 151 haben sich an der Erhebung beteiligt, die Rücklaufquote betrug 63 %. Davon waren 131 aus dem Studiengang Arbeitsmarktmanagement (Studierende gesamt 197) und 20 aus dem Studiengang Beschäftigungsorientierte Beratung / Fallmanagement (Studierende gesamt 42). Von den 151 Antworten konnten 149 ausgewertet werden.

2 Theoretische Fundierung und Evaluationsdesign

Absolventenbefragungen können sich nach Reinfeldt und Frings (2003) auf unterschiedliche inhaltliche und organisatorische Aspekte des Studiums und der anschließenden Transition ins Beschäftigungssystem beziehen, hierzu zählen:

- individuelle Voraussetzungen und Studienwahlmotive
- Studienbedingungen und -verlauf,
- Studienzufriedenheit,
- Studienergebnisse und -erfolg,
- Übergangsprozess Studium-Beruf,
- aktuelle berufliche Situation,
- Weiterbildungsaspiration bzw. Weiterbildungsverhalten.

Die HdBA wurde 2006 neu gegründet[3], Studienstruktur und Curriculum wurden eigens entwickelt. Eine zentrale Intention der Absolventenbefragung war daher, Informationen zu erhalten, welche Lernerfolge im Rahmen des bestehenden Curriculums erzielt werden und wie berufs- und praxisrelevant es ist.[4] Diese Informa-

[3] Sie knüpft an eine Vorgängerorganisation an, nämlich den Fachbereich Arbeitsverwaltung der Fachhochschule des Bundes für öffentliche Verwaltung.

[4] Weitere Schwerpunkte der Befragung waren: Übergang und erste Beschäftigung, aktuelle Tätigkeit, Zufriedenheit mit der jetzigen Tätigkeit und bisherige berufliche Weiterbildung.

tionen sollen genutzt werden, um Hinweise auf Entwicklungsbedarf im Bereich des Curriculums, gegebenenfalls auch der Studienstruktur und der Lehrmethodik zu erhalten.

Bei der Absolventenbefragung handelt es sich deshalb nicht um eine summative Evaluation im Sinne einer abschließenden Datenerhebung zur Wirkungsmessung ohne weiteren Einfluss auf den Bildungsgang, sondern um eine formative Evaluation, deren Ergebnisse in den Prozess der Hochschulentwicklung eingespeist werden.[5] Für ein solches Verwertungsinteresse braucht es:

- Zum einen Informationen über den pädagogischen *Binnenerfolg.*[6]
- Es geht um die Frage, ob durch das Studium Kenntnisse und Fertigkeiten *intensiv* genug vermittelt werden. Die gewonnenen Informationen lassen Aussagen darüber zu, ob bestimmten Inhalten noch mehr Raum im Curriculum gegeben werden soll, um sie zu vertiefen oder, ob sie gegebenenfalls an anderer Stelle – Zulassung, Fortbildung – aufgegriffen werden sollten.
- Zum anderen Information über die *Berufsrelevanz* der Lernangebote.
- Es geht um die Frage, ob aus der Perspektive der berufsqualifizierenden Funktion des Studiums die *richtigen* Kenntnisse und Fertigkeiten vermittelt werden. Die gewonnenen Informationen erlauben Aussagen darüber, ob bestimmte Inhalte aus dem Curriculum genommen und gegebenenfalls durch andere ersetzt werden sollen.

Um das Erreichen von Qualifizierungszielen und deren Berufsrelevanz bewerten lassen zu können, benötigt es Items, die pädagogische Zieldimensionen angeben. Hierfür wurde in der vorliegenden Evaluationsstudie auf das Modell der beruflichen Handlungsfähigkeit (Bader & Müller, 2002) zurückgegriffen. Es handelt sich um ein Kompetenzstrukturmodell, das sich gut als theoretische Folie für die Planung von Lehr-Lern-Prozessen eignet.[7] In modifizierter Form sieht es die Einteilung in Fach, Methoden-, Sozial- und Personalkompetenz vor. Diese übergeordneten vier Kompetenzfelder wurden operationalisiert, d. h. ihnen wurde jeweils ein Bündel von vier Wissens- oder Könnensbeschreibungen zugeordnet.

---

[5] Zu Evaluationszielen und -zeitpunkten vgl. Kromrey, 2001, S. 10f.

[6] Die Notwendigkeit des Binnenerfolgs einer Bildungsmaßnahme für den Transfer der Lernergebnisse an den Arbeitsplatz wird in dem Vier-Ebenen-Modell von Kirkpatrick und Kirkpatrick (1998) aus der Forschung zur Evaluation in der beruflichen Weiterbildung betont. Weitere Evaluationsbereiche sind die Zufriedenheit der Teilnehmer mit der Maßnahme als Voraussetzung für einen Binnenerfolg und die betriebliche Effizienzsteigerung nach erfolgtem Lerntransfer (Sailmann, Standhardinger & Stender, 2002).

[7] Das Kompetenzstrukturmodell von Bader und Müller (2002) findet auch Verwendung in berufspädagogischen Ordnungsmitteln, insbesondere in den berufsschulischen Rahmenlehrplänen für Ausbildungsberufe.

Diese orientierten sich im Bereich der Fachkompetenz eng am Curriculum der Studiengänge, in den anderen drei Kompetenzfeldern wurde auf Beschreibungen zurückgegriffen, die in der wissenschaftlichen Literatur[8] als Indikatoren des jeweiligen Kompetenzfeldes betrachtet werden.

Fachkompetenz:

- Kenntnisse über Arbeitsmarktprozesse
- Kenntnisse über den Aufbau und die Funktion von Organisationen und Netzwerke
- Kenntnisse über Beratung in Beruf und Beschäftigung und die Integration in den Arbeitsmarkt
- Kenntnisse über rechtliche Grundlagen und deren Anwendung

Methodenkompetenz:

- Fähigkeit, Texte (Berichte, Protokolle oder ähnliche Texte) zu verfassen
- Fähigkeit, wissenschaftliche Methoden anzuwenden
- Fähigkeit, Probleme zu analysieren und Problemlösungen zu entwickeln
- Fähigkeit, Ideen oder Zusammenhänge darzustellen und zu präsentieren

Sozialkompetenz:

- Fähigkeit, die eigene Position anderen gegenüber argumentativ zu vertreten
- Fähigkeit, mit anderen konstruktiv zusammenzuarbeiten
- Fähigkeit, Gruppenprozesse zu steuern und zu moderieren
- Fähigkeit, andere zu motivieren und ihr Wissen und Können zu mobilisieren

Personale Kompetenz:

- Fähigkeit, die eigene Arbeit zielorientiert zu planen und zu organisieren
- Fähigkeit, eigene Wissenslücken zu erkennen und zu schließen
- Fähigkeit, auch unter Druck genau und konzentriert zu arbeiten
- Fähigkeit, hohe Qualitätsmaßstäbe an die eigene Arbeit zu richten

Die vorgegebene Itemliste sollte von den Ehemaligen zweifach bearbeitet werden. Sie wurden aufgefordert, entlang einer Notenstufen analogen Skala von 1 bis 6 zu beurteilen, wie sie retrospektiv die Förderung der Kompetenzentwicklung durch das Studium sowie aktuell die Bedeutsamkeit der erworbenen Kompetenzen für die derzeitige Tätigkeit einschätzen (vgl. Abb. 1).

[8] Vgl. z. B. Jennewein und Richter (2001) oder Schuhmacher (2003).

Bitte geben Sie an, in welchem Maße die folgenden Kompetenzen durch Ihr Studium gefördert worden sind und in welchem Maße diese in Ihrer beruflichen Tätigkeit gefordert werden.

Förderung durch das Studium		***Bedeutung für die derzeitige Tätigkeit***
in hohem Maße — in geringem Maße		sehr stark — sehr gering
❑ 1 ❑ 2 ❑ 3 ❑ 4 ❑ 5 ❑ 6	Kenntnisse über Arbeitsmarktprozesse	❑ 1 ❑ 2 ❑ 3 ❑ 4 ❑ 5 ❑ 6
❑ 1 ❑ 2 ❑ 3 ❑ 4 ❑ 5 ❑ 6	Kenntnisse über den Aufbau und die Funktion von Organisationen und Netzwerken	❑ 1 ❑ 2 ❑ 3 ❑ 4 ❑ 5 ❑ 6
❑ 1 ❑ 2 ❑ 3 ❑ 4 ❑ 5 ❑ 6	Kenntnisse über Beratung in Beruf und Beschäftigung und die Integration in den Arbeitsmarkt	❑ 1 ❑ 2 ❑ 3 ❑ 4 ❑ 5 ❑ 6
❑ 1 ❑ 2 ❑ 3 ❑ 4 ❑ 5 ❑ 6	Kenntnisse über rechtliche Grundlagen und deren Anwendung	❑ 1 ❑ 2 ❑ 3 ❑ 4 ❑ 5 ❑ 6

Abbildung 1: Auszug aus dem Fragebogen zum Kompetenzerwerb

3 Ausgewählte Ergebnisse

Die im Folgenden dargestellten ausgewählten Ergebnisse der Befragung gelten im Wesentlichen für beide Studiengänge. Sie werden in der Abfolge der vier genannten Kompetenzfelder dargestellt.

Fachkompetenz

Bei den Arbeitsmarktprozessen (vgl. Abb. 2) beurteilten 13 Teilnehmer die Förderung durch das Studium mit der Note 1 und 30 Absolventen schätzen die Praxisbedeutsamkeit mit Note 1 ein (jeweils von 149). Dieses Urteil kehrt sich bei Note 2 und 3 um: 83 Teilnehmer beurteilen die Förderung durch das Studium mit gut und 41 mit befriedigend, die Bedeutung für die Praxis schätzten 60 mit Note 2 und 31 mit Note 3 ein.

Dies bedeutet, dass Arbeitsmarktprozesse gut vermittelt werden und auch die aktuelle Wichtigkeit dieses Gegenstandsbereiches überwiegend als hoch eingeschätzt wird.

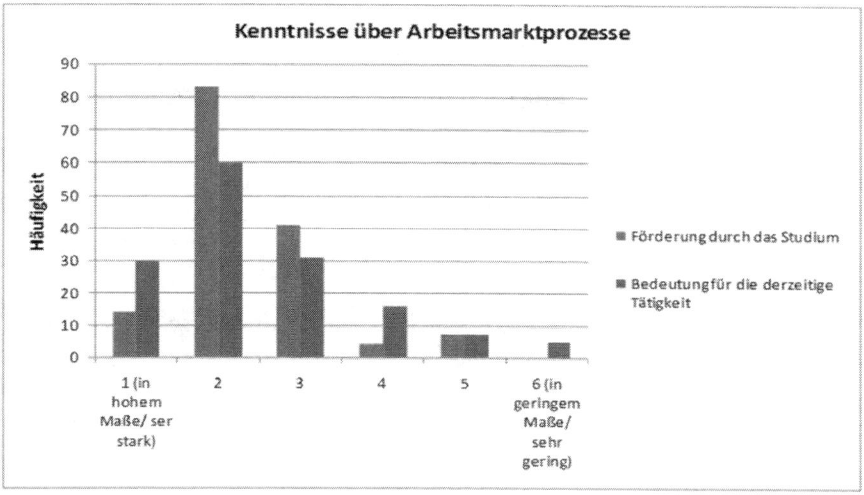

Abbildung 2: Kenntnisse über Arbeitsmarktprozesse

Etwas anders verhält es sich bei den „Kenntnissen über Beratung in Beruf und Beschäftigung und die Integration in den Arbeitsmarkt“ (vgl. Abb. 3).

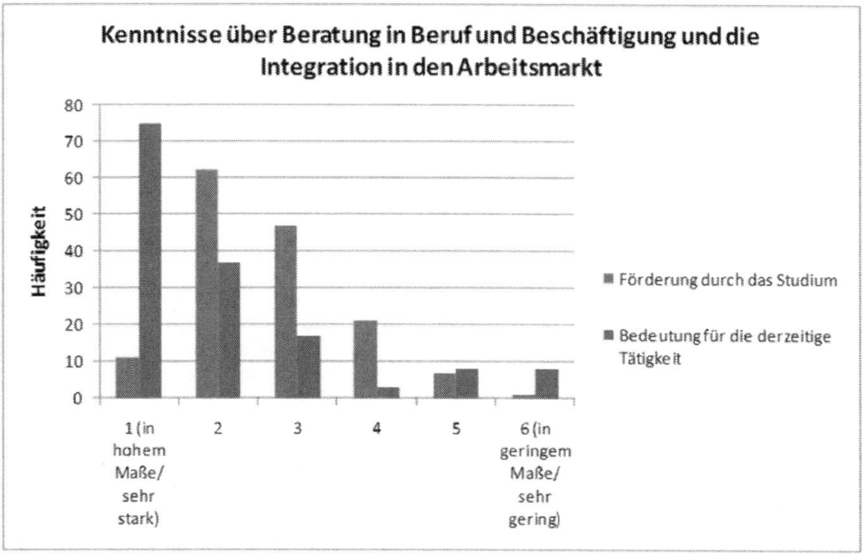

Abbildung 3: Kenntnisse über Beratung in Beruf und Beschäftigung und die Integration in den Arbeitsmarkt

Diese Kenntnisse werden in ihrer Berufswichtigkeit von 79 Studierenden als sehr hoch, von 43 als hoch und von 17 als eher hoch gewertet, somit bewerten 139 von 149 die aktuelle Praxisbedeutsamkeit zwischen Note 1 und Note 3. Dem gegenüber stehen zunächst 129 Studierende, welche die Förderung durch das Studium ebenfalls mit 1 bis 3 beurteilen, was zunächst keinen Handlungsbedarf anzeigen würde. Auffällig ist allerdings die Diskrepanz im Bereich der Notenstufe 1: während fast die Hälfte aller Befragten eine sehr hohe Praxisbedeutsamkeit anzeigt, stehen dem lediglich 11 Personen gegenüber, die einen sehr hohen Binnenlernerfolg konstatieren.

Zur Präzisierung kann auf ein weiteres Ergebnis der Absolventenbefragung zurückgegriffen werden, nämlich auf die Bewertung der Praxisbedeutsamkeit von Beratungskenntnissen nach aktueller beruflicher Tätigkeit. Betrachtet man diese, so zeigt sich, dass die Bedeutsamkeit im Mittel durchwegs mit einem Notenwert zwischen1 und 2 eingeschätzt wird, d. h. den Beratungskenntnissen wird nicht nur von aktuellen Berufsberatern (Beratung U25), sondern tätigkeitsübergreifend (Arbeitgeberservice und Arbeitsvermittlung) eine sehr hohe Bedeutung beigemessen (vgl. Abb. 4).

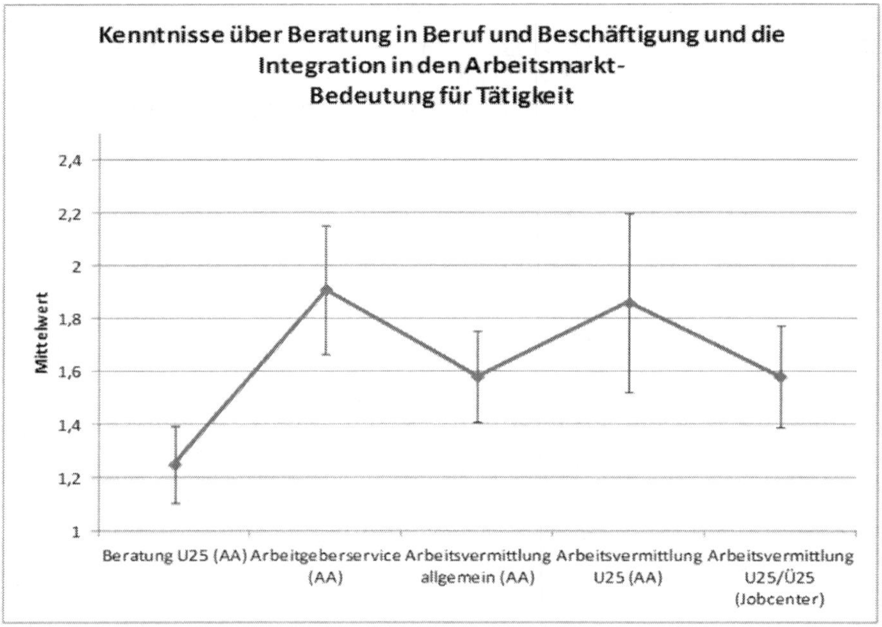

Abbildung 4: Kenntnisse über Beratung in Beruf und Beschäftigung und die Integration in den Arbeitsmarkt – Relevanzbewertung nach aktueller Tätigkeit

Die anderen beiden Kompetenzfelder erzielten folgende Ergebnisse (vgl. Abb. 5 und 6):

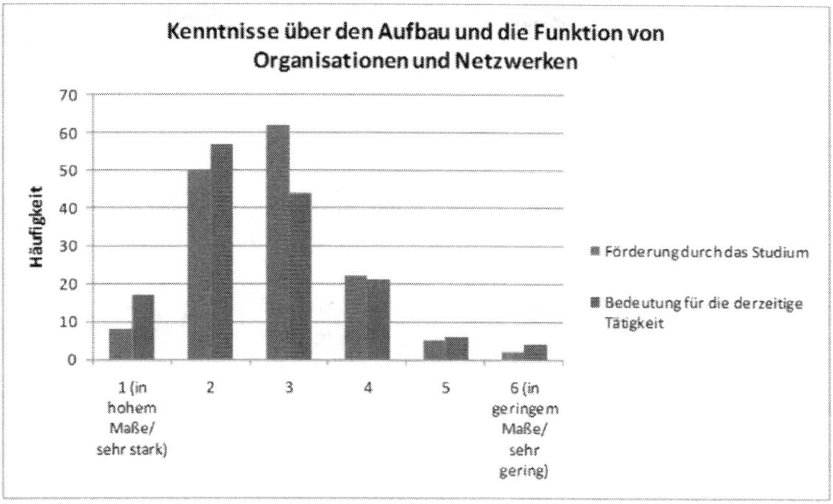

Abbildung 5: Kenntnisse über den Aufbau und die Funktion von Organisationen und Netzwerken

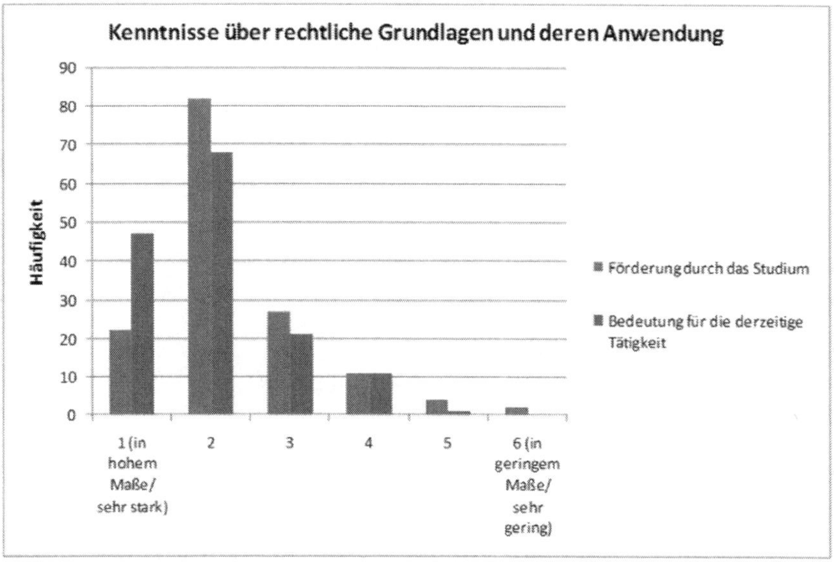

Abbildung 6: Kenntnisse über rechtliche Grundlagen und deren Anwendung

Der Mittelwert der Noten analogen Bewertung liegt übergreifend über alle vier vorgestellten Operationalisierungen der Fachkompetenz bei 2.3 im Bereich der Praxisbedeutsamkeit und bei 2.5 im Bereich der Förderung durch das Studium. Insgesamt kann daher zum einen von einem insgesamt guten Binnenlernerfolg und zum anderen von einer guten beruflichen Passung der Lerninhalte gesprochen werden.

Methodenkompetenz

Im Bereich der Methodenkompetenz übertrifft die Förderung durch das Studium (Notenmittelwert für alle vier Operationalisierungen = 2.2) deutlich die Praxisbedeutsamkeit (Mittelwert = 2.8).

Diese Differenz lässt sich damit erklären, dass Fähigkeiten wie z. B. „wissenschaftliche Methoden anwenden“ oder „Texte verfassen“ (vgl. Abb. 7) in ihrer Bedeutung für die aktuelle Berufspraxis von vielen Absolventen auch mit den Noten 3, 4 oder 5 eingeschätzt werden, während sie im Studium jedoch intensiv geschult werden.

Sie müssen jedoch elementarer Bestandteil kompetenzorientierter hochschulischer Curricula sein, da sie als „akademisches Handwerk“ während des Studiums benötigt werden, aber auch in der späteren Berufstätigkeit wichtig sind, um auf Veränderungen in der Praxis angemessen reagieren zu können.

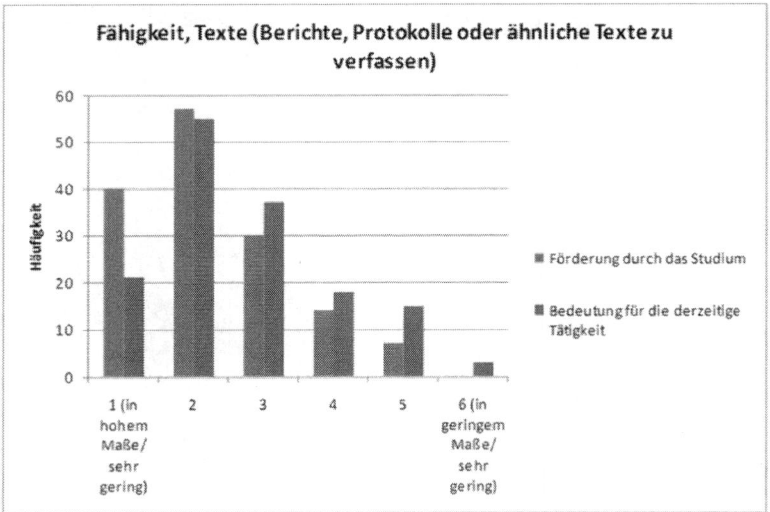

Abbildung 7: Fähigkeit, Texte (Berichte, Protokolle oder ähnliche Texte) zu verfassen

Sozialkompetenz

Für den Bereich der Sozialkompetenzen, lässt sich über alle vier Operationalisierungen hinweg ein guter bis eher guter Binnenerfolg festhalten, der mit einer vergleichbar eingeschätzten Praxisbedeutsamkeit einhergeht. Der Notenmittelwert der Förderung durch das Studium beträgt 2.6, der der beruflichen Wichtigkeit 2.4. Besonders gut gelernt wird im Studium die Fähigkeit, mit anderen zusammenzuarbeiten (Notenmittelwert 2.0), was auch in der beruflichen Praxis sehr bedeutsam ist (ebenfalls 2.0).

Eine spezifische Operationalisierung, nämlich „Fähigkeit, andere zu motivieren und ihr Wissen und Können zu mobilisieren", zielt auch auf die Förderung von Führungsverhalten, was allerdings nicht explizit im Curriculum verankert ist. Über 130 der 149 Beteiligten beurteilten die aktuelle Bedeutsamkeit zwischen 1 und 3 und ca. 100 bewerten die Förderung durch das Studium zwischen 1 und 3, über 60 davon allerdings lediglich mit der Notenstufe 3, also eher gut.

Personalkompetenz

Der Bereich der Personalkompetenz erzielte in der Praxisbedeutsamkeit den höchsten Notenmittelwert von allen vier Kompetenzfeldern, nämlich 1.9. Die Förderung durch das Studium wurde mit 2.6 also um eine halbe Notenstufe schlechter bewertet. Dies kann darauf zurückgeführt werden, dass sich dahinter sehr anspruchsvolle Lernziele verbergen, z. B. im Bereich der Werterziehung, die sich zum Teil auch hochschulpädagogischen Interventionen entziehen.

Die „Fähigkeit, die eigene Arbeit zielorientiert zu planen und zu organisieren" wurde von allen 16 Operationalisierungen mit dem höchsten Notenmittelwert für die Praxisbedeutsamkeit belegt, nämlich mit 1.6. Die Förderung durch das Studium wurde mit 2.5 im Mittel beurteilt. Die jeweilige Verteilung auf die einzelnen Notenstufen findet sich in Abbildung 8.

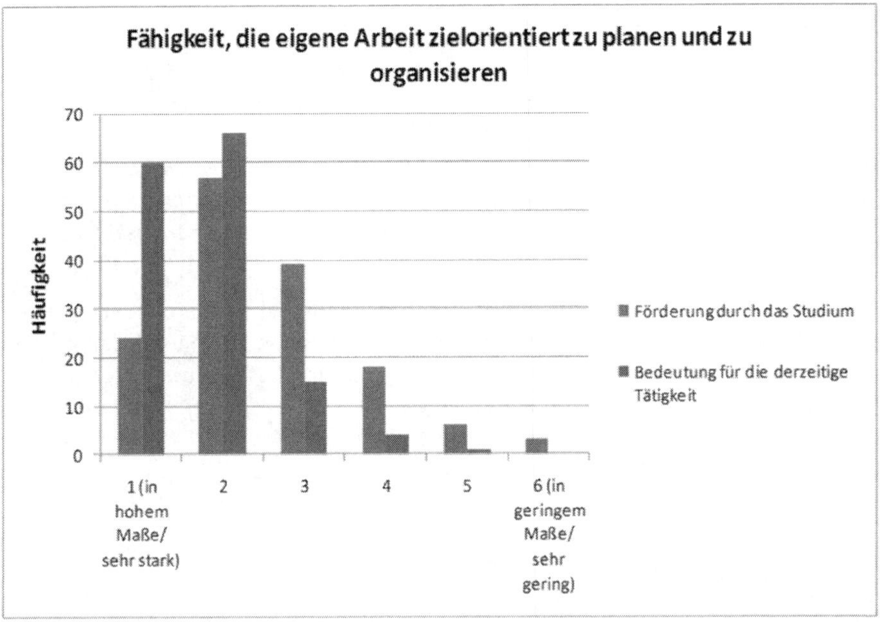

Abbildung 8: Fähigkeit, die eigene Arbeit zielorientiert zu planen und zu organisieren

4 Diskussion und Empfehlungen für die Hochschulentwicklung

Aus den vorgestellten Ergebnissen zum Erwerb berufsrelevanter Kompetenzen (jeweils konkretisiert durch Bündel von Operationalisierungen) können Hinweise für die Hochschulentwicklung abgeleitet werden. Berücksichtigt werden muss hierbei allerdings, dass die Einschätzungen der Absolventen sich auf zwei neue Studiengänge mit weitgehend neuem akademischen Lehrpersonal beziehen. D. h. die im Folgenden skizzierten Tendenzen müssen sich in weiteren Ehemaligenbefragungen bestätigen, erst dann ist tatsächlich Handlungsbedarf gegeben.

Die Vermittlung von *Fachkompetenz* in den Studiengängen kann insgesamt als gut charakterisiert werden (Notenmittelwert 2.5). Entwicklungsbedarf zeichnet sich bei den Beratungskenntnissen ab, die Praxisbedeutsamkeit wird von der Mehrheit der Befragten als „sehr hoch“ (Note 1) gewertet, die Förderung durch das Studium mehrheitlich als hinreichend (Note 2 oder 3).

Gut ist die Vermittlung von *Methodenkompetenz* (Notenmittelwert 2.2). Der Praxisbedarf wird nach ca. einem Jahr Berufserfahrung allerdings als nicht ganz so bedeutsam eingeschätzt (Notenmittelwert 2.8). Dies lässt sich damit erklären, dass in der Operationalisierung von Methodenkompetenz stark auf akademisches Arbeiten abgestellt wurde, die Berufspraxis jedoch primär kein wissenschaftliches Handlungsfeld ist. Da Methodenkompetenz benötigt wird, um auf Neuerungen in der Praxis angemessen reagieren zu können, sollte eine nochmalige Überprüfung der Einschätzung nach einer längeren Berufstätigkeit vorgenommen werden.

Sozialkompetenz insgesamt wird im Studium hinreichend vermittelt (Notenmittelwert 2.6 bei Praxisbedeutsamkeit von 2.4). Besonders gut schneidet die Vermittlung sozial-kommunikativer Fähigkeiten für die Mitwirkung in Arbeitsgruppen ab, was auf einen gelungenen Einsatz entsprechender didaktischer Sozialformen – Gruppenarbeit oder Partnerarbeit – im Studium schließen lässt. Im Bereich Führung, der in den Studiengängen nicht explizit curricular verankert ist, bereits 1½ Jahre nach Studienabschluss aber als sehr bedeutsam charakterisiert wird, sollten gezielt Fortbildungen für Absolventen angeboten werden.[9]

Gut bis eher gut ist die Vermittlung von *Personaler Kompetenz* (Notenmittelwert 2.6) Dieses Kompetenzfeld wird von allen vieren als das für die Praxis wichtigste eingeschätzt (Notenmittelwert 1.9). Hierbei geht es allerdings oftmals um Einstellungsveränderungen, die durch hochschulpädagogische Maßnahmen nur bedingt gefördert werden können, was auch auf die Bedeutung der Studierendenauswahl verweist.

Insgesamt kann sowohl der Lernerfolg im Studium als auch die Konvergenz von hochschulischen Studieninhalten und beruflicher Praxis als gut beurteilt werden. Damit wird die Strategie der Bundesagentur für Arbeit, ihre Berufsberater/innen und Arbeitsvermittler/innen mittels grundständigem Hochschulstudium zu qualifizieren, bestätigt.

[9] Die Führungsakademie der Bundesagentur der Bundesagentur für Arbeit – FBA – bietet hierfür geeignete Fortbildungsformate an, z. B. „In Führung gehen“.

Literatur

Bader, R. & Müller, M. (2002). Leitziel der Berufsbildung: Handlungskompetenz. Anregungen zur Ausdifferenzierung des Begriffs. Die berufsbildende Schule, 54, 176-182.

Jennewein, K. & Richter, H. (2001). Evaluationsansätze zur Einschätzung beruflicher Kompetenzentwicklung. In W. A. Petersen, F. Rauner & F. Stuber (Hrsg.), IT-gestützte Facharbeit – Gestaltungsorientierte Berufsbildung (S. 325-342). Baden-Baden: Nomos Verlagsgesellschaft.

Kirkpatrick, D. L. & Kirkpatrick J. D. (1998). Evaluating training programs. The four levels. San Francisco: Mcgraw-Hill Professional.

Kromrey, H. (2001). Evaluation – ein vielschichtiges Konzept. Begriff und Methodik von Evaluierung und Evaluationsforschung. Empfehlungen für die Praxis. Sozialwissenschaften und Berufspraxis, 24, 105-129.

Kupfer, F. & Mucke, K. (2010). Duale Studiengänge an Fachhochschulen nach der Umstellung auf Bachelorabschlüsse. Eine Übersicht. Bonn: Schriftenreihe des Bundesinstituts für Berufsbildung.

Reinfeldt, F. & Frings, C. (2003). Absolventenbefragung im Kontext von Hochschulevaluation. Forschungsstand und Perspektiven. Zeitschrift für Evaluation, 27, 279-294.

Sailmann, G., Standhardinger, H. & Stender, J. (2002). Transferförderung in der Lehrerfortbildung im IT- Bereich. Strategieempfehlungen aus einem Theorie-Praxis-Dialog und Einordnung in das QLIB-Strukturkonzept zur Lehrerbildung. Ein Diskussionspapier. Friedrich-Alexander-Universität Erlangen-Nürnberg, Lehrstuhl für Pädagogik, insbesondere Wirtschaftspädagogik.

Schumacher, E.-M. (2003). Ideen und Konzepte für das Lehren an Hochschulen. Operationalisierung sozialer Kompetenzen. Verfügbar unter: www.lehridee.de/data/doc/id_95/SQ-Operationalisierung.pdf [10.05.2011].

Gerda Schuster und Stefan Höft

Was ist relevant für ein erfolgreiches Studium an der Hochschule der Bundesagentur für Arbeit? Ergebnisse einer empirischen Anforderungsanalyse

Schlagwörter: Anforderungsanalyse für das Hochschulstudium – Studienerfolg – Studienerfolgsprognose – Auswahl von Studierenden – Studien- und Karriereberatung

Key words: requirement analysis – academic achievement – academic performance prediction – selection of students – student and career counselling

1 Zielsetzung der durchgeführten Anforderungsanalyse

Die beiden Bachelor-Studiengänge „Arbeitsmarktmanagement (AMM)“ und „Beschäftigungsorientierte Beratung und Fallmanagement (BBF)“ an der Hochschule der Bundesagentur für Arbeit (HdBA) sind stark nachgefragt (2008: über 4 000 Bewerber auf 340 Studienplätze). Durch den besonderen Status als nichtöffentliche Hochschule und aufgrund des Angestelltenverhältnisses der Studierenden findet eine ausführliche Bewerbervorauswahl vergleichbar zur Personalauswahl in Wirtschaftsunternehmen statt (vgl. den Beitrag von Höft & Schuster in diesem Band). Zur Qualitätssicherung und Verbesserung des Auswahlverfahrens ist eine genaue Analyse der Anforderungen an Studierende der HdBA zwingend notwendig. Zudem können die gesammelten Informationen zu relevanten Faktoren für ein erfolgreiches Studium als Grundlage für andere studiumsrelevante Entwicklungsfelder dienen, beispielsweise für die Konstruktion von Online-Studienberatungstests (so genannte „Online Self-Assessments“), eine zielgerichtete Ausrichtung der „traditionellen“ Studienberatung, die Neugestaltung der Studiencurricula oder für die Lehrevaluation (vgl. die unterschiedlichen Beiträge in Schuler & Hell, 2008, für beispielhafte Anwendungsgebiete).

2 Methodischer Hintergrund der MEVAS-Analyse

Für Anforderungsanalysen zu bestimmten Zielpositionen können verschiedene Herangehensweisen und Methoden unterschieden werden (vgl. Schuler, 2013, für einen Überblick). Sie können vereinfachend in qualitative und quantitative Ansätze getrennt werden.

- Bei qualitativen Vorgehensweisen werden zumeist mithilfe von Workshops mit Stellenexperten (hier sind es Hochschullehrende und Studierende) Schlüsselaspekte der Arbeit (hier: wichtige Phasen und Arbeitsbereiche im Studium) und erwünschte Eigenschaften der Studierenden im interaktiven Diskurs erarbeitet. Eine dabei häufig angewandte Technik stellt die „Methode der kritischen Ereignisse (critical incident technique, CIT)“ von Flanagan (1954) dar. Hier werden die Workshop-Teilnehmer aufgefordert, schwierige Situationen am Arbeitsplatz (hier: im Studium) zusammen mit Verhaltensweisen zu schildern, die eine sehr gute (oder alternativ sehr schlechte) Problembewältigung dieser Herausforderungen zeigen. Die geschilderten Situationen und Verhaltensweisen werden nachfolgend verdichtet und dienen als Grundlage für die Definition eines Anforderungsprofils, in dem die wesentlichen Merkmale des Arbeitsplatzes (hier: des Studiengangs) beschrieben werden. Ein CIT-basiertes Vorgehen zur Ermittlung der Anforderungen im Studiengang „Architektur“ der Universität Wien schildern beispielsweise Khorramdel, Maurer, Frebort und Kubinger (2012).

– Quantitative Anforderungsanalysen setzen bei der Befragung von Stellenexperten häufig standardisierte Verfahren ein (vgl. Dunckel, 1999). Nachfolgend werden diese dann mithilfe von statistischen Verfahren (z. B. mit explorativen Faktorenanalysen) analysiert und datengestützt Anforderungsdimensionen abgeleitet.

In der hier berichteten Studie wird auf die „Methodik zur Ermittlung und Validierung von Anforderungen an Studierende (MEVAS)“ von Hell, Ptok und Schuler (2007) zurückgegriffen. Es kann als Kombinationsverfahren aus qualitativer Voruntersuchung und Itemsammlung sowie nachfolgender quantitativer Anforderungsdimensionsableitung charakterisiert werden. Die von Hell et al. beschriebenen neun Arbeitsschritte sind in Tabelle 1 in der linken Spalte dargestellt.

Tabelle 1: Vorgehensweise bei einer MEVAS-Analyse: Modellvorgehen nach Hell et al., 2007 und Umsetzung in der HdBA-Studie

Neun Arbeitsschritte nach Hell et. al.	Elf Arbeitsschritte in der HdBA-Anforderungsanalyse		
	1. Adaptierung der verschiedenen MEVAS-Fragebögen von Hell et al. (2007) an die Besonderheiten des HdBA-Kontextes.	Februar 2010	Untersuchung 1
1. Durchführung von Critical Incident-Workshops mit Hochschullehrern und erfahrenen Studierenden.	2. Hospitation in Lehrveranstaltungen (Vorlesung, Seminare, Kleingruppensitzungen) unterschiedlicher Studienfelder.	März 2010	
2. Sichtung und redaktionelle Bearbeitung der gewonnenen Itemliste.	3. Sichtung und redaktionelle Bearbeitung der gewonnenen Itemliste.	März/ April 2010	

Neun Arbeitsschritte nach Hell et. al.	Elf Arbeitsschritte in der HdBA-Anforderungsanalyse	Zeitraum	Untersuchung
3. Abgleich und gegebenenfalls Anreicherung der Itemliste mit Items aus vorhandenen Untersuchungen.	4. Durchführung von Critical Incident-Workshops mit Hochschullehrern und erfahrenen Studierenden.	April 2010	
4. Empirische Prüfung der Items: Bestimmung des Grads, in dem die Anforderungen erfüllt sind; Feststellung der Bedeutsamkeit sowohl durch Studierende als auch durch Hochschullehrer.	5. Empirische Prüfung der Items: Bestimmung des Grads, in dem die Anforderungen erfüllt sind; Feststellung der Bedeutsamkeit sowohl durch Studierende als auch durch Hochschullehrer.	April/Mai 2010	Untersuchung 1
5. Ermittlung von Studienerfolgskriterien bei den Studierenden.			
6. Gegebenenfalls Reduktion der Items durch Elimination von nicht bedeutsamen Items (Einschätzung durch Hochschullehrer).	6. Gegebenenfalls Reduktion der Items durch Elimination von nicht bedeutsamen Items (Einschätzung durch Hochschullehrer).		
7. Bestimmung der Anforderungsdimensionen durch Strukturanalysen des Erfüllungsgrads (Selbsteinschätzung der Studierenden).	7. Bestimmung der Anforderungsdimensionen durch Strukturanalysen des Erfüllungsgrads (Selbsteinschätzung der Studierenden).	Juni 2010	
8. Gegenüberstellung der Bedeutsamkeits- und Erfüllungsgradeinschätzungen.	8. Gegenüberstellung der Bedeutsamkeits- und Erfüllungsgradeinschätzungen.		
	9. Ermittlung der Erfüllungsgradeinschätzung der Studierenden: pro Anforderungsdimension die fünf (oder je nach Itemanzahl auch geringer) ladungsstärksten Items pro Anforderungsdimension.	Mai 2011	
	10. Ermittlung der Studienerfolgskriterien.	Mai 2011	Untersuchung 2
9. Validierung der Anforderungsdimensionen (Selbsteinschätzung Erfüllungsgrad durch die Studierenden) an den Erfolgskriterien.	11. Validierung der Anforderungsdimensionen (Selbsteinschätzung Erfüllungsgrad durch die Studierenden) an den Erfolgskriterien.	Juni 2011	

Diese Arbeitsschritte lassen sich in vier große Arbeitspakete unterteilen:

- Schritt 1 bis 3: Die ersten drei Punkte nach Hell et al. dienen zunächst der Itemsammlung, d. h. hier werden Aspekte mithilfe von CIT-basierten Workshops und Literaturstudien zusammengetragen, die potenziell für ein erfolgreiches Studium relevant sein könnten. Zu diesem breit angelegten Itempool gehören Tätigkeitsbeschreibungen oder Verhaltensweisen (z. B. „Neben vorlesungsbegleitenden Unterlagen auch die angegebene Basisliteratur aufarbeiten" oder „Die Studienberatung aufsuchen"), Fähigkeiten (z. B. „Konzentrationsfähigkeit"), Fertigkeiten („Sich bei der Klausurvorbereitung einen Zeitplan aufstellen und einhalten"), Persönlichkeitsmerkmale („Gewissenhaftigkeit und Sorgfalt") und Interessen („Interesse für gesellschaftliche und wirtschaftliche Zusammenhänge zeigen").

- Schritt 4 und 5: Der Itempool wird Studierenden und Lehrenden aus dem betreffenden Studiengang mit der Instruktion vorgegeben, zu jedem Item die Bedeutsamkeit („Wie relevant ist Anforderung X für das Studium?") und den Erfüllungsgrad („Inwieweit erfülle ich persönlich die Anforderung X?" bzw. „Inwieweit erfüllen die Studierenden die Anforderung X?") einzuschätzen. Gleichzeitig wird der bisherige Studienerfolg der an der Untersuchung beteiligten Studierenden (Studiennoten und/oder Studienzufriedenheit in Selbstauskunft) erhoben.
- Schritt 6 bis 8: Bei der Auswertung wird zunächst der Itempool ausgedünnt, indem die von den Lehrenden als nicht bedeutsam eingestuften Items eliminiert werden. Danach werden die Anforderungsdimensionen durch eine Strukturanalyse (explorative Faktorenanalyse) des Erfüllungsgrads (Selbsturteil der Studierenden) abgeleitet. Durch die Gegenüberstellung von Bedeutsamkeits- und Erfüllungsgradeinschätzungen werden Felder mit besonderem Handlungsbedarf identifiziert.
- Schritt 9: Durch eine Zusammenhangsanalyse zwischen der Ausprägung der Anforderungsdimensionen (Selbsturteil der Studierenden zum Erfüllungsgrad) und den erhobenen Studienerfolgskriterien können erste Rückschlüsse auf die Validität der Anforderungen gezogen werden.

Hell et al. (2007) formulierten für ihre Anforderungsanalyse zum Studiengang „Wirtschaftswissenschaften" an der Universität Stuttgart-Hohenheim auf der Grundlage mehrerer CIT-Workshops und einer ausgiebigen Literaturrecherche insgesamt 167 Items, die sie 202 Studierenden und 27 Hochschullehrenden zur Beurteilung hinsichtlich Bedeutsamkeit und Erfüllungsgrad vorlegten. 133 Items wurden von den Lehrenden als hoch bedeutsam für den Studienerfolg eingestuft. Eine explorative Faktoranalyse zum von den Studierenden eingeschätzten Erfüllungsgrad lieferte elf bedeutsame Faktoren, die aufgrund inhaltlicher Überlegungen in insgesamt 15 Faktoren ausdifferenziert wurden (S. 92): *Kognitive Leistungsfähigkeit, Lern- und Arbeitstechniken, Gewissenhaftigkeit, Identifikation mit dem Studium und sorgfältige Studienfachwahl, Lesefreude und proaktives Literaturstudium, berufseinstiegserleichternde Zusatzqualifikationen, effektive und zielgerichtete Zeit-, Lern- und Studienorganisation, Leistungsmotivation und Belastbarkeit, Techniken zur Anfertigung wissenschaftlicher Arbeiten, strategische Prü-*

fungsvorbereitung, proaktives Informationsverhalten, Flexibilität, Studieren nach Studienplan, Gelassenheit sowie überlegte Vertiefungsfachwahl.

Ein Vergleich der Bedeutsamkeit und des Erfüllungsgrades zeigt, dass die Lehrenden größte Defizite „... bei den Studierenden in den Bereichen *Kognitive Leistungsfähigkeit, Gewissenhaftigkeit* sowie *Identifikation mit dem Studium und sorgfältige Studienfachwahl* [sehen]" (Hell et al., 2007, S. 91).

Bei der Zusammenhangsanalyse mit Studienerfolgskriterien erweist sich für das Kriterium Studiennoten nur die Dimension *Kognitive Leistungsfähigkeit* als valide. Daneben korreliert die Anforderungsdimension *Identifikation mit dem Studium und sorgfältige Studienfachwahl* bedeutsam mit den von den Studierenden selbst berichteten Kriterien *Erlebte Passung* und *Studienzufriedenheit* sowie mit den *Studienverlaufsdaten.*

3 Rahmenbedingungen der HdBA-Anforderungsanalyse

Für die im Rahmen der Bachelorstudiengänge der HdBA durchgeführte Anforderungsanalyse wurde das Vorgehen von Hell et al. adaptiert, indem der Gesamtprozess in zwei Einzelstudien aufgeteilt wurde. In Abbildung 1 ist das Vorgehen im konzeptionellen Überblick dargestellt. In der rechten Spalte der Tabelle 1 sind die modifizierten Prozessphasen eingetragen.

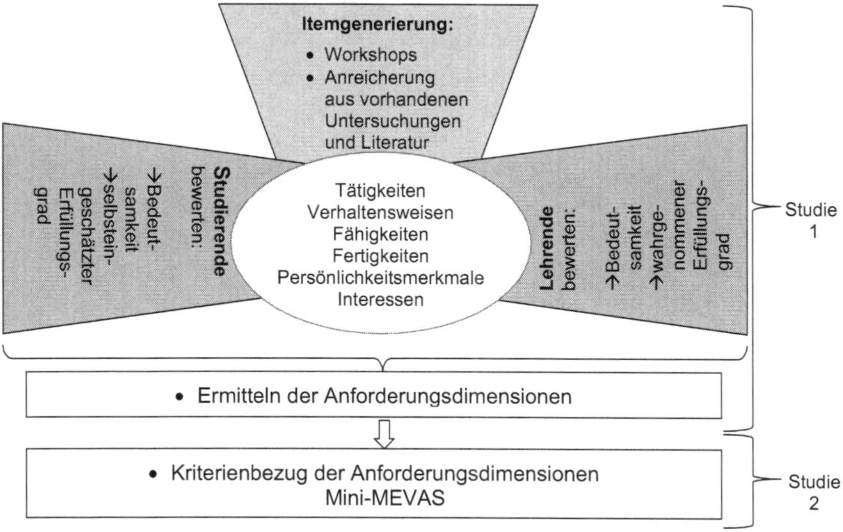

Abbildung 1: Die MEVAS-basierte HdBA-Anforderungsanalyse im Überblick

Studie 1 umfasste die Prozessschritte 1 bis 8 von Hell et al. und konzentriert sich auf die Ableitung der Anforderungsdimensionen. Studie 2 beschäftigt sich ausführlich mit der Validierung der Anforderungen.

4 Studie 1: Ableitung der Anforderungsdimensionen

4.1 Methode

Stichprobe. Die erste Untersuchung wurde im ersten Halbjahr 2010 durchgeführt. Am quantitativen Teil der Erhebung (Arbeitsschritt 5) nahmen $N = 142$ Studierende der HdBA des Standorts Mannheim teil (12 Studierende der Kohorte 2007 im fünften Studientrimester; 107 Studierende der Kohorte 2008 im dritten Studientrimester sowie 23 Studierende der Kohorte 2009 im zweiten Studientrimester). 81 belegten den AMM- und 60 den BBF-Studiengang. An der Studie beteiligten sich 18 HdBA-Lehrende der Standorte Mannheim und Schwerin. Sie wiesen eine durchschnittliche Lehrerfahrung von 15.8 Jahren auf ($SD = 10.7$; Minimum 3 Jahre, Maximum 40 Jahre).

Vorgehensweise. Im Frühjahr 2010 konnte durch eine Kooperation mit Prof. Hell (jetzt FHNW Olten, Schweiz) Einblick genommen werden in das Originalmaterial der ursprünglichen MEVAS-Studie (Hell et al., 2007). Passende Items wurden für den HdBA-Kontext adaptiert. Zusätzlich wurden Lehrhospitationen durchgeführt und fünf CIT-basierte Workshops mit Studierenden und Lehrenden der HdBA durchgeführt, um weitere Items zu generieren. Die Vorlagen wurden redaktionell überarbeitet (Streichung von Synonyma, Anpassung der Syntax) und zu einem Fragebogen mit 261 Items verdichtet (Schritt 1 bis 4, rechte Spalte in Tab. 1). In der im April und Mai 2010 durchgeführten Erhebung mussten die Studierenden die Bedeutsamkeit und den Erfüllungsgrad der Itemaussagen aus ihrer Selbstsicht einschätzen, die Lehrenden beurteilten Bedeutsamkeit und Erfüllungsgrad aus der Fremdsicht. Als Beurteilungsanker diente jeweils eine 5-stufige Antwortskala (von „geringe Bedeutsamkeit" (= 1) bzw. „sehr geringer Erfüllungsgrad" (= 1) bis „extrem hohe Bedeutsamkeit" (= 5) bzw. „sehr hoher Erfüllungsgrad" (= 5)).

4.2 Ergebnisse

Zunächst wird der Herleitungsweg der Anforderungsdimensionen beschrieben, bevor einige Befunde zur Bedeutsamkeit und Erfüllung berichtet werden.

4.2.1 Ermittlung der Anforderungsdimensionen

Als erster Schritt in der Analyse wurden alle Items gestrichen, die im Urteil der Lehrenden eine mittlere Bedeutsamkeit < 3 erhielten. Es verblieben 217 Items. Es wurde eine explorative Faktorenanalyse (Hauptkomponentenanalyse) durchgeführt, bei der auf der Grundlage einer Hornschen Parallelanalyse (vgl. Bortz & Schuster, 2010) neun Faktoren extrahiert und anschließend mithilfe der Varimax-Methode rotiert wurden. Da die neun Faktoren teilweise inhaltlich unterschiedliche Bereiche vereinten, wurden diese weiter ausdifferenziert (gekennzeichnet mit a, b, c), so dass schlussendlich 15 Anforderungsdimensionen unterschieden wurden. Eine Übersicht zu den Dimensionen zusammen mit Itembeispiel und Skalenstatistiken wird in Tabelle 2 gegeben.

Tabelle 2: Übersicht zu den gebildeten Anforderungsdimensionen

Dimensionsbezeichnung		Beispielitems	Studie 1		Studie 2	
			k	α	k	α
Dim1	Schlussfolgerndes Denken/ Wissenschaftliches Arbeiten	– Hypothesen in einem Fachtext identifizieren und hierfür angeführte Belege/Beweise erkennen – Literatur kritisch würdigen, Vergleiche ziehen und in einen Gesamtzusammenhang einordnen können	36	.943	6	.855
Dim2a	Gewissenhaftes Studieren	– Bei einem Referat rechtzeitig mit der Vorbereitung beginnen und die notwendigen Arbeiten strukturiert planen – Genauigkeit und Sorgfalt	25	.905	6	.821
Dim2b	Deutsche Sprache	– Rechtschreibefähigkeit beherrschen – Satzbau beherrschen	8	.883	6	.908
Dim2c	Verträglichkeit/ Korrekter Umgang mit anderen	– Offenheit für eine ehrliche, respektvolle Kommunikation – Verlässlichkeit	8	.830	6	.816
Dim3a	Belastbarkeit	– Eigene Ressourcen aufteilen können – Mit hohem Zeit- und Arbeitsdruck zurechtkommen	11	.822	6	.882
Dim3b	Selbstsicheres Auftreten/Selbstbewusstsein	– Selbstsicheres Auftreten – Selbstbewusstsein – Eigeninitiative	6	.709	6	.865
Dim4	Interesse an Inhalten des Studiums zeigen	– Inhaltliches Interesse – Sich bei der Studienwahl an seinen eigenen Interessen orientieren	15	.862	6	.857

Dimensionsbezeichnung		Beispielitems	Studie 1		Studie 2	
			k	α	k	α
Dim5	Umfassendes Lernverhalten	– Neben vorlesungsbegleitenden Unterlagen auch die angegebene Basisliteratur aufarbeiten – Begleitende Angebote zur Klausurvorbereitung (Extratermine, Sprechstunden o. Ä) besuchen	25	.864	6	.893
Dim6	Mitarbeit in der Praxis effektiv gestalten	– Fachkräfte bei ihren Aufgaben begleiten und diese nachvollziehen – Geführte Kundengespräche reflektieren und nachbesprechen	18	.858	6	.878
Dim7a	Auslandspraktikum und Fremdsprachenkenntnisse	– Sprachkenntnisse durch das Auslandspraktikum oder andere Auslandsaufenthalte gezielt vertiefen – Inhalt des Auslandspraktikums nach den möglichen Praktikumstätigkeiten wählen	7	.849	6	.902
Dim7b	Work-Life Balance	– Nach den Prüfungen abschalten – Aktiv entspannen (z. B. Sport treiben, seinen Hobbys bewusst nachgehen)	5	.616	6	.864
Dim7c	Studium-Praxis Transfer herstellen	– Politisches Tagesgeschehen verfolgen (Zeitung und Internetnews lesen, Nachrichten sehen usw.) – Theoretischen Wissensstand auch in Handlung umsetzen können	3	.563	4	.793
Dim8	Eigenes Kommunikationsverhalten verbessern	– Lernen, Kommunikationstechniken für den spezifischen Einzelfall angemessen einzusetzen – In Rollenspielen Problemsituationen aus dem Berufsalltag in der Beratung/Vermittlung nachstellen	10	.834	6	.910
Dim9a	Teamorientierung	– Probleme zusammen mit Kommilitonen lösen und diskutieren – In der Gruppe lernen	12	.777	6	.823
Dim9b	PC-Kenntnisse aufweisen	– Gute EDV-Kenntnisse – Hohe Affinität zur Arbeit am PC	3	.670	4	.854

k = Itemanzahl, α = Cronbachs Alpha als internes Konsistenzmaß.

In der MEVAS-Originalversion (Spalten 4 und 5 in Tab. 2) ist die Anzahl der pro Dimension (Dim) zugewiesenen Items unterschiedlich groß (zwischen 36 bei Dim 1 und drei bei Dim 9b), die meisten der so gebildeten Skalen weisen aber eine hinreichende interne Konsistenz auf. Deutliche Schwächen mit einer internen Konsistenz unter .6 ergeben sich nur bei der drei Items umfassenden Skala zur Dim7c.

4.2.2 Bedeutsamkeitseinschätzung der Anforderungsdimensionen

In Abbildung 2 sind die mittleren itemspezifischen Bedeutsamkeitsbeurteilungen der einzelnen Anforderungsdimensionen abgebildet, getrennt nach dem Studiengang der jeweils befragten Studierenden sowie den Lehrenden.

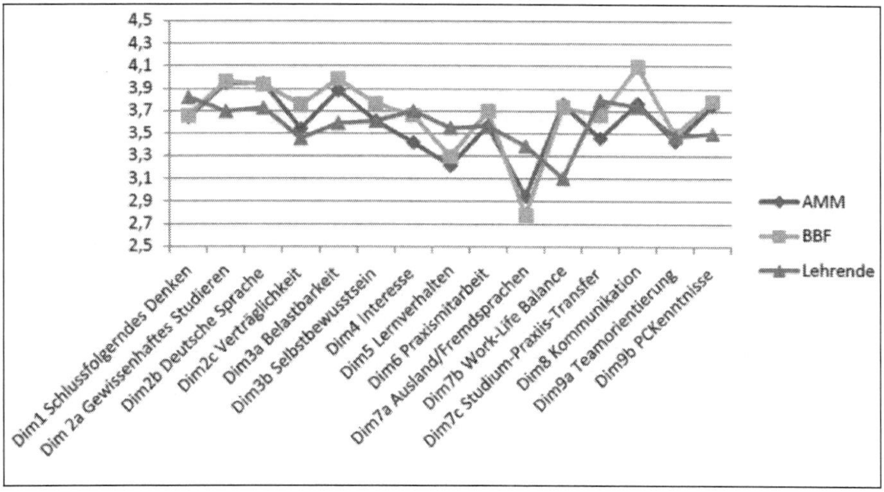

Abbildung 2: Bedeutsamkeitsbeurteilungen der Anforderungsdimensionen

Die von Hochschullehrenden als am bedeutsamsten eingeschätzten Anforderungsdimensionen sind *Dim1 Schlussfolgerndes Denken und wissenschaftliches Arbeiten* (Mittelwert $M = 3.82$; Standardabweichung $SD = 0.37$), *Dim2b Beherrschung der deutschen Sprache* ($M = 3.73$; $SD = 0.43$), *Dim4 Interesse an Studieninhalten* ($M = 3.7$; $SD = 0.4$), das *Dim7c Herstellen des Studium-Praxis Transfers* ($M = 3.8$; $SD = 0.6$) und *Dim8 Eigenes Kommunikationsverhalten verbessern* ($M = 3.7$; $SD = 0.49$).

Bedeutsame Unterschiede in der Bedeutsamkeitseinschätzung zwischen den Studierenden auf der einen Seite (AMM $M = 3.76$; $SD = 0.75$; BBF $M = 3.73$; $SD = 0.73$) und den Hochschullehrern ($M = 3.1$; $SD = 0.59$) auf der anderen gibt es in der Anforderung *Dim7b Work-Life Balance*. Die Bedeutsamkeit von *Dim3a Belastbarkeit* schätzen Hochschullehrende (*M* = 3.6; *SD* = 0.39) signifikant niedriger ein als es BBF-Studierende (*M* = 3.99; *SD* = 0.47) tun. Ein *Umfassendes Lernverhalten* (Dim5) schätzen Hochschullehrende (*M* = 3.55; *SD* = 0.29) als signifikant bedeutsamer ein als AMM- (*M* = 3.21; *SD* = 0.53) und BBF-Studierende (*M* = 3.29; *SD* = 0.56).

Die beiden Studierendengruppen sehen lediglich in der Anforderungsdimension *Kommunikationsverhalten verbessern* (Dim8) einen signifikanten Unterschied in der Bedeutsamkeit für einen Studienerfolg. BBF-Studierende schätzen diese Anforderung als wichtiger ein (BBF *M* = 4.09; *SD* = 0.53), als es AMM-Studierende (AMM *M* = 3.77; *SD* = 0.7) tun.

4.2.3 Erfüllungsgradeinschätzungen der Anforderungsdimensionen

In Abbildung 3 sind die mittleren itemspezifischen Beurteilungen zum Grad der Erfüllung der einzelnen Anforderungsdimensionen wiedergegeben, ebenfalls getrennt nach Studierenden (AMM und BBF) und Lehrenden.

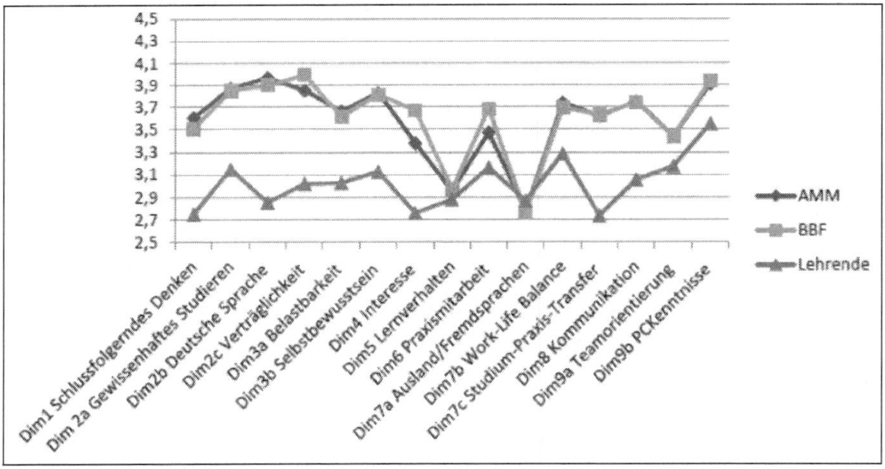

Abbildung 3: Erfüllungsgradbeurteilungen der Anforderungsdimensionen

In allen Anforderungsdimensionen bis auf Dim5 Umfassendes Lernverhalten, Dim7a Auslandspraktikum und Fremdsprachenkenntnisse erweitern, Dim9a Teamorientierung und Dim9b PC-Kenntnisse aufweisen stufen die Lehrenden den durch die Studierenden erzielten Erfüllungsgrad der Anforderungsdimensionen bedeutsam niedriger ein. Besonders groß sind die Differenzen in den vier von den Hochschullehrenden am bedeutsamsten eingeschätzten Dimensionen Dim1 Schlussfolgerndes Denken/wissenschaftliches Arbeiten, Dim2b Beherrschung der deutschen Sprache, Dim4 Interesse an Studieninhalten und Dim7c Studium-Praxis-Transfer herstellen.

In der Anforderungsdimension *Dim6 Mitarbeit in der Praxis effektiv gestalten* unterscheiden sich die AMM-Studierenden ($M = 3.47$; $SD = 0.59$) nicht bedeutsam von den Lehrenden ($M = 3.16$; $SD = 0.33$), während der Unterschied zwischen BBF-Studierenden ($M = 3.68$; $SD = 0.55$) und Lehrenden signifikant ausfällt. Zudem schätzen BBF-Studierende ihr *Interesse an Studieninhalten (Dim4)* im Mittel mit 3.67 ($SD = 0.51$) signifikant höher als die AMM-Studierenden ($M = 3.38$; $SD = 0.54$) ein.

4.2.4 Vergleich zwischen Bedeutsamkeit und Erfüllungsgrad im Urteil der Lehrenden

Aufschluss zu einem von den Lehrenden wahrgenommenen Handlungsbedarf gibt die direkte Gegenüberstellung von deren Beurteilungen zu Bedeutsamkeit und Erfüllungsgrad der Anforderungen, wie sie in Abbildung 4 dargestellt ist.

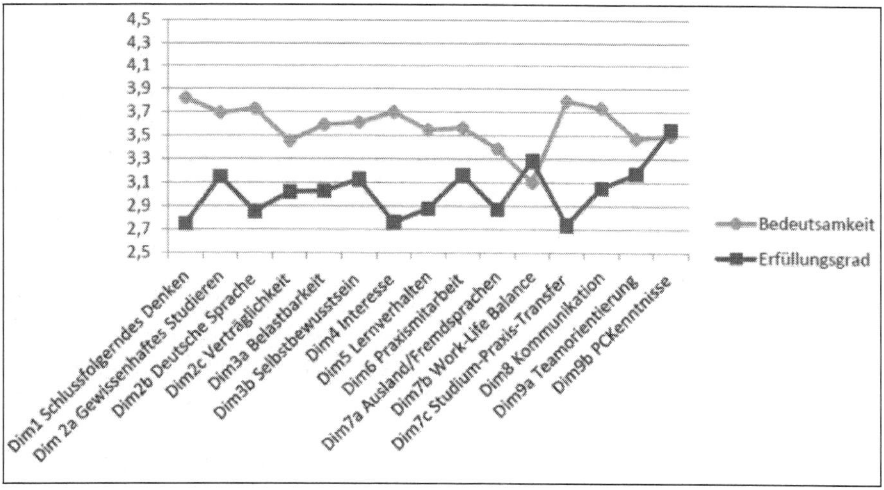

Abbildung 4: Lehrendenurteil zur Bedeutsamkeit und zum Erfüllungsgrad der Anforderungsdimensionen

Nur bei *Dim7b Work-Life Balance* und *Dim9b PC-Kenntnisse aufweisen* ergeben sich keine bedeutsamen Unterschiede, in den übrigen Anforderungen schätzen die Lehrenden den Erfüllungsgrad signifikant schlechter ein als die wahrgenommene Bedeutsamkeit. Die größten Mittelwertunterschiede ergeben sich dabei für die

Anforderungen *Dim1 Schlussfolgerndes Denken / wissenschaftliches Arbeiten* (Differenz zwischen Bedeutsamkeit und Erfüllungsgrad Diff = 1.052), *Dim2b Beherrschung der deutschen Sprache* (Diff = 0.86), *Dim4 Interesse an Inhalten des Studiums zeigen* (Diff = 0.923), *Dim7c Studium-Praxis-Transfer herstellen* (Diff = 1.0) und *Dim8 Eigenes Kommunikationsverhalten verbessern* (Diff = 0.699).

5 Studie 2: Validierung der Anforderungsdimensionen

Eine Überprüfung der Relevanz der identifizierten Anforderungsdimensionen für ein erfolgreiches Studium im Sinne einer Validierung ist möglich, indem der von den Studierenden individuell eingeschätzte Erfüllungsgrad der Anforderungen („Erfüllungsgrad bei mir persönlich") in Bezug gesetzt wird zu relevanten Studienerfolgskriterien. Im Gegensatz zu Hell et al. (2007) wurde diese Untersuchung allerdings zeitlich und personell von der Anforderungsableitung (Studie 1) entkoppelt, um eine aus methodischer Sicht anzuratende Trennung von Konstruktion und Validierung der anforderungsbezogenen Skalen zu gewährleisten (vgl. Tabelle 1, rechte Spalte, Schritte 9 bis 11). Die empirische Erhebung basiert zudem auf einer Kurzform des MEVAS-Verfahrens mit 86 Items.

5.1 Methode

Stichprobe. An der Studie beteiligten sich 143 Studierende der Kohorte 2008, die sich zum Zeitpunkt der Befragung im fünften (und damit letzten) Studientrimester befanden. 106 Studierende belegten den AMM-, 37 Studierende den BBF-Studiengang. 62 Personen studierten zum Zeitpunkt der Erhebung am Campus in Mannheim, 81 am Standort Schwerin.

Vorgehensweise. Auf der Grundlage der Ergebnisse von Studie 1 wurden für jede Anforderungsskala sechs Items ausgewählt, die eine hohe Faktorladung aufwiesen und den Skaleninhalt gut repräsentierten. Die Skala zu Dim7b Work-Life Balance wurde hierfür um ein Item erweitert, die in der Studie 1 mit nur drei Items sehr kurze Skalen zu *Dim7c Studium-Praxis-Transfer* und *Dim9b PC-Kenntnisse aufweisen* wurden auf vier Items erweitert. Die später empirisch erhobenen Befunde zur internen Konsistenz zeigen, dass es gelungen ist, durchweg für alle Anforderungen homogene Skalen mit ausreichenden Konsistenzen (von .793 bis .910) zu generieren (Tab. 2, Spalten 6 und 7).

*Studienerfolgskriterien.*Die erhobenen Erfolgskriterien teilen sich auf in objektive und subjektive Indikatoren. Die erste Gruppe wird durch die Studiennoten der befragten Studierenden gebildet. Sie wurden in zeitlich gestaffelter Aggregation (Durchschnittsnote in den Studientrimestern 1 bis 5, Durchschnittsnote in den

Praktika A bis D) analysiert. Zusätzlich wurden die gewichtete Gesamtnote sowie die Benotung der Bachelorarbeit separat berücksichtigt. Die zweite Gruppe der subjektiven Studienerfolgskriterien wurde parallel zur MEVAS-Studie über eine Selbstauskunft der Studierenden erhoben. Erfasst wurden hier:

- Selbsteingeschätzter Studienerfolg (1 Item; „Alles in allem, wie bewerten Sie Ihren eigenen Erfolg im Studium?", 5er-Antwortskala vom „kaum erfolgreich" bis „sehr erfolgreich")
- Soziale Integration (4 Items nach Trapmann, 2008; interne Konsistenz in der Studie 2 laut Cronbachs $\alpha = .68$)
- Erlebte Passung und Identifikation mit dem Studium (8 Items nach Rolfs, 2001; $\alpha = .91$)
- Studienzufriedenheit (41 Items nach Hiemisch, Westermann & Michael, 2005; sowie eigene Itemgenerierungen; $\alpha = .94$)

5.2 Ergebnisse

Die Befunde werden getrennt nach objektiven und subjektiven Kriterien berichtet.

5.2.1 Zusammenhang zwischen Anforderungserfüllung und objektivem Studienerfolg

In Tabelle 3 sind die Produkt-Moment-Korrelationen zwischen dem eingeschätzten Erfüllungsgrad der 15 Anforderungen und den erzielten Studiennoten wiedergegeben. Negative Korrelationskoeffizienten entsprechen dabei erwartungskonformen Zusammenhängen (= je höher die Anforderungserfüllung, desto besser die erzielte Studiennote).

Tabelle 3: Zusammenhang zwischen dem selbst eingeschätzten Grad der Anforderungserfüllung und den erzielten Studiennoten

	Durchschnittsnote im Studientrimester (Str)					Durchschnittsnote in den Praktikumsaufträgen (Pr)					
	Str1	Str2	Str3	Str4	Str5	PrA	PrB	PrC	PrD	Thesis	tt
Dim1 Schluss-folgerndes Denken	-.155	-.162*	-.125	-.123	-.132	-.075	.085	-.027	-.273**	-.143	-.197*
Dim2a Gewissen-haftes Studieren	-.141	-.268**	-.341**	-.259**	-.308**	-.244**	-.173	-.141	-.299**	-.224*	-.351**
Dim2b Deutsche Sprache	-.045	-.143	-.086	-.091	-.119	-.154	-.067	-.010	-.189*	-.042	-.147

Dim2c Verträg-lichkeit	-.118	-.231*	-.220*	-.181*	-.225*	-.329**	-.061	-.039	-.267**	-.180	-.247**
Dim3a Belast-barkeit	.046	-.056	.001	.036	-.007	-.147	.049	.014	-.033	-.069	-.050
Dim3b Selbstbe-wusstsein	.140	-.068	-.036	.034	-.077	-.151	.062	-.022	-.010	-.101	-.050
Dim4 Interesse	-.091	-.194*	-.230*	-.103	-.169	-.135	-.194*	-.020	-.223*	-.026	-.210*
Dim5 Lern-verhalten	.017	-.026	-.085	-.021	-.045	-.051	-.020	-.028	-.108	.004	-.054
Dim6 Praxis-mitarbeit	.075	-.054	-.125	-.029	-.099	-.174	-.110	.014	-.065	.015	-.038
Dim7a Ausland/ Fremd-sprachen	-.039	.057	-.044	-.019	-.046	.015	.175	.077	-.025	.089	.031
Dim7b Work-Life Balance	.210*	.068	.183*	.095	.216*	-.040	.134	.076	.184*	.090	.176
Dim7c Studium-Praxis-Transfer	.078	-.030	-.075	-.023	-.127	-.162	.011	-.007	-.022	-.080	-.044
Dim8 Kommu-nikation	.025	-.064	-.082	-.057	.023	-.191	-.224*	-.013	-.074	-.053	-.110
Dim9a Team-orientie-rung	.082	-.004	-.066	.098	.042	-.115	.046	.083	.019	-.032	.009
Dim9b PC-Kenntnisse	.105	.026	.033	-.040	.082	-.185*	-.027	.109	.035	.187*	.047

* $p < .05$, ** $p < .01$; Thesis = Benotung der Bachelorarbeit; *tt* = Gesamtnote des Studiums.

Folgende Anforderungen weisen gehäuft (= mindestens drei) bedeutsame und erwartungskonforme Zusammenhänge mit Studiennoten auf:

- Dim1 Schlussfolgerndes Denken/wissenschaftliches Arbeiten
- Dim2a Gewissenhaftes Studieren
- Dim2c Verträglichkeit/korrekter Umgang mit anderen
- Dim4 Interessen an Inhalten des Studiums zeigen
- Dim7b Work-Life Balance

5.2.2 Zusammenhang zwischen Anforderungserfüllung und subjektivem Studienerfolg

In Tabelle 4 sind analog zum Abschnitt 5.2.1 die Produkt-Moment-Korrelationen zwischen dem eingeschätzten Erfüllungsgrad der fünfzehn Anforderungen und den subjektiven Studienerfolgskriterien zusammengefasst.

Tabelle 4: Zusammenhang zwischen dem selbst eingeschätzten Grad der Anforderungserfüllung und dem subjektiven Studienerfolg

	Erlebter Studienerfolg	**Soziale Integration**	**Erlebte Passung und Identifikation**	**Zufriedenheit**
Dim1 Schlussfolgerndes Denken	.257**	.096	.129	.129
Dim2a Gewissenhaftes Studieren	.310**	.029	.299**	.286**
Dim2b Deutsche Sprache	.176*	.081	.101	.085
Dim2c Verträglichkeit	.213*	.204*	.089	.056
Dim3a Belastbarkeit	.146	.112	.042	.017
Dim3b Selbstbewusstsein	.333**	.153	.220*	.107
Dim4 Interesse	.259**	.180*	.725**	.698**
Dim5 Lernverhalten	.245**	-.049	.211*	.222*
Dim6 Praxismitarbeit	.176*	.090	.341**	.308**
Dim7a Ausland/ Fremdsprachen	.029	.135	-.040	.039
Dim7b Work-Life Balance	.188*	.145	.002	.041
Dim7c Studium-Praxis-Transfer	.108	.136	.353**	.295**
Dim8 Kommunikation	.252**	.185*	.289**	.305**
Dim9a Teamorientierung	.160	.205**	.110	.098
Dim9b PC-Kenntnisse	.185*	.113	-.001	.002

* $p < .05$, ** $p < .01$.

Im Vergleich mit den Studiennoten (vgl. Abschnitt 5.2.1) weisen die Anforderungen deutlich mehr signifikante Zusammenhänge mit den subjektiven Studienerfolgskriterien auf. Sehr viele Anforderungen korrelieren mit dem selbsteingeschätzten Studienerfolg. Keine nennenswerten Zusammenhänge weisen hingegen die Dimensionen *Dim3a Belastbarkeit* und *Dim7a Auslandspraktikum/Fremdsprachenkenntnisse* auf. Konzeptbedingt durch sehr ähnlich lautende Iteminhalte ergeben sich sehr hohe Korrelationen zwischen *Dim4 Interesse an Inhalten des Studiums zeigen* und den Kriterien *Erlebte Passung und Identifikation* (r = .725) sowie *Studienzufriedenheit* (r = .689).

Folgende Anforderungen weisen gehäuft (= drei) bedeutsame und erwartungskonforme Zusammenhänge mit den subjektiven Studienerfolgskriterien auf:

- Dim2a Gewissenhaftes Studieren
- Dim4 Interesse an Studieninhalten
- Dim5 Umfassendes Lernverhalten
- Dim6 Mitarbeit in der Praxis effektiv gestalten
- Dim8 Eigenes Kommunikationsverhalten verbessern

5.2.3 Ergebnisse der regressionsanalytischen Auswertungen

In Ergänzung zu den einfachen Korrelationsbefunden wurden auch multiple Regressionsanalysen getrennt für jedes Kriterium durchgeführt. Als Prädiktoren dienten die 15 Anforderungsdimensionen, die schrittweise in die Regressionsgleichung aufgenommen wurden, wenn sie eine bedeutsame Verbesserung der Kriteriumsvorhersage ermöglichten (stepwise, forward; vgl. Bortz & Schuster, 2010). Die Ergebnisse können folgendermaßen zusammengefasst werden:

- Bei den **objektiven Kriterien** erweist sich *Dim2a Gewissenhaftes Studieren* als konsistenter Prädiktor der 1. Wahl bei allen Kriterien außer für die Durchschnittsnote des Studientrimester 1 und der Aufträge für die Praktika B und C. Auffällig ist, dass bei drei Kriterien (Durchschnittsnote Studientrimester 1, 2 und 4) die Anforderung *Dim7b Work-Life Balance* ein relevanter Prädiktor ist, allerdings jeweils immer mit einem nicht erwartungskonform gepolten β-Gewicht (Standardpartialregressionskoeffizient).
- Bei den **subjektiven Kriterien** dominiert *Dim4 Interesse an Inhalten des Studiums zeigen* die Vorhersage für zwei der Kriterien (Erlebte Passung und Identifikation, Studienzufriedenheit). Für *Soziale Integration* erweist sich nur *Dim9a Teamorientierung* als relevanter Prädiktor. Der *Erlebte Studienerfolg* wird vorhergesagt durch *Dim3b Selbstsicheres Auftreten/Selbstbewusstsein* und *Dim2a Gewissenhaftes Studieren.*

6 Diskussion

Die „Methodik zur Ermittlung und Validierung von Anforderungen an Studierende (MEVAS)" von Hell et al. (2007) stellt eine Methodenkombination aus qualitativer Voranalyse und empirisch-quantitativer Anforderungsableitung dar. Die MEVAS-Herangehensweise wurde strukturell an die HdBA-Gegebenheiten angepasst (Modifikation und Erweiterung des Itempools). Abweichend von Hell et al. wurde eine Aufteilung der quantitativen Analyse in zwei separate Studien vorgenommen, um eine Trennung der Anforderungsableitung und -validierung zu gewährleisten.

Die explorativ auf der Grundlage einer kombinierten Studierenden- und Lehrendenbefragung gewonnenen neun Faktoren wurden nach inhaltlichen Gesichtspunkten in 15 Anforderungsdimensionen aufgeteilt (vgl. Tab. 1) und hinsichtlich ihrer Bedeutsamkeit und des Erfüllungsgrads von Studierenden und Lehrenden eingestuft. Von den Hochschullehrenden wurden danach *Schlussfolgerndes Denken und wissenschaftliches Arbeiten (Dim1)*, *Beherrschung der deutschen Sprache (Dim2b)*, *Interesse an den Studieninhalten (Dim4)*, *Herstellen des Studium-Praxis-Transfers (Dim7c)* und *Eigenes Kommunikationsverhalten verbessern (Dim8)* als am bedeutsamsten eingestuft. Die größten Lücken zwischen Bedeutsamkeit und Erfüllungsgrad ergeben sich nach ihrer Einschätzung gerade bei den als sehr bedeutsam eingestuften Dimensionen.

In einer ergänzenden Studie wurde danach der Zusammenhang des (durch die Studierenden selbst eingeschätzten) Grads der Anforderungserfüllung mit unterschiedlichen objektiven (Studiennoten) und subjektiven Studienerfolgskriterien analysiert. Dim1 (*Schlussfolgerndes Denken und wissenschaftliches Arbeiten*) sowie *Verträglichkeit/korrekter Umgang mit Anderen* (Dim2c) zeigen gehäuft bedeutsame Zusammenhänge mit Studiennoten, Dim5 (*Umfassendes Lernverhalten*), Dim6 (*Mitarbeit in der Praxis effektiv gestalten*) und Dim8 (*Eigenes Kommunikationsverhalten verbessern*) weisen mehrere Zusammenhänge mit dem subjektiven Studienerfolg auf. Dim2a (*Gewissenhaftes Studieren*) und Dim4 (*Interesse an Studieninhalten*) hängen mit mehreren objektiven und subjektiven Kriterien zusammen.

Damit liegen für sieben der fünfzehn Anforderungen Hinweise vor, die ihre Bedeutsamkeit für das erfolgreiche Studieren in den HdBA-Studiengängen belegen.

Im Folgenden soll zunächst ein Vergleich der ermittelten Anforderungen mit den MEVAS-Ergebnissen von Hell et al. (2007) durchgeführt werden, bevor die mögliche Berücksichtigung der abgeleiteten Anforderungsdimensionen im Rahmen der Studierendenauswahl und weiteren Arbeitsfeldern der Hochschule diskutiert wird. Zum Abschluss wird auf bestehende Einschränkungen und mögliche zusätzliche Arbeiten eingegangen.

6.1 Vergleich mit dem Anforderungsprofil für Wirtschaftswissenschaftsstudierende

Die Arbeit von Hell et al. (2007) diente mit dem dort entwickelten MEVAS-Prozess als konzeptionelle Vorlage für die vorgestellte Studie. In Tabelle 5 wird das von Hell et al. (2007) ermittelte Anforderungsprofil für Studierende der Wirtschaftswissenschaften (Wiwi) mit der Lösung für Studierende der HdBA-Studiengänge verglichen.

Tabelle 5: Vergleich des HdBA-Anforderungsprofils mit dem Anforderungsprofil für Studierende der Wirtschaftswissenschaften

Anforderungen an Studierende der HdBA-Studiengänge		**Anforderungen eines universitären Wirtschaftswissenschaftsstudiengangs nach Hell et al. (2007)**	
Dim1	Schlussfolgerndes Denken/ wissenschaftliches Arbeiten	*D1*	*Kognitive Leistungsfähigkeit*
Dim2a	Gewissenhaftes Studieren	*D3a*	*Gewissenhaftigkeit*
		D6a	*effektive und zielgerichtete Zeit-, Lern- und Studienorganisation*
Dim2b	Deutsche Sprache		
Dim2c	Verträglichkeit/ Korrekter Umgang mit anderen		
Dim3a	Belastbarkeit	*D6b*	*Leistungsmotivation und Belastbarkeit*
		D10	*Gelassenheit*
Dim3b	Selbstsicheres Auftreten/ Selbstbewusstsein		
Dim4	Interesse an Inhalten des Studiums zeigen	*D3b*	*Identifikation mit dem Studium und sorgfältige Studienfachwahl*
Dim5	Umfassendes Lernverhalten	*D2*	*Lern- und Arbeitstechniken*
		D7b	*strategische Prüfungs-vorbereitung*
		D8a	*proaktives Informationsverhalten*
Dim6	Mitarbeit in der Praxis effektiv gestalten		
Dim7a	Auslandspraktikum und Fremdsprachenkenntnisse	*D5*	*berufseinstiegserleichternde Zusatzqualifikationen*
Dim7b	Work-Life Balance		
Dim7c	Studium-Praxis Transfer herstellen		

Anforderungen an Studierende der HdBA-Studiengänge		**Anforderungen eines universitären Wirtschaftswissenschaftsstudiengangs nach Hell et al. (2007)**	
Dim8	Eigenes Kommunikations-verhalten verbessern		
Dim9a	Teamorientierung		
Dim9b	PC-Kenntnisse aufweisen	*D7a*	*Techniken zur Anfertigung wissenschaftlicher Arbeiten*
		D4	*Lesefreude und proaktives Literaturstudium*
		D8b	*Flexibilität*
		D9	*Studieren nach Studienplan*
		D11	*überlegte Vertiefungsfachwahl*

Eine genauere Itembetrachtung zeigt, dass sieben der HdBA-Anforderungen mehr oder minder starke Überlappungen mit elf der Wiwi-Anforderungen zeigen. Kein direktes Pendant findet sich auf Seiten der HdBA für die interaktionsbezogenen Anforderungen *Verträglichkeit/ Korrekter Umgang mit anderen* (Dim2c), *Selbstsicheres Auftreten/Selbstbewusstsein* (Dim3b), *Eigenes Kommunikationsverhalten verbessern* (Dim8) und *Teamorientierung* (Dim9a). Hier tritt deutlich der prominente Beratungsbezug der HdBA-Studiengänge hervor, der sich auch in der Lehrgestaltung (z. B. Einsatz von Verhaltenstrainings in Rollenspielsituationen) niederschlägt. Die Anforderungen *Mitarbeit in der Praxis effektiv gestalten* (Dim6) und *Studium-Praxis Transfer herstellen* (Dim7c) verweisen auf die Besonderheiten eines Studiums an einer organisationseigenen Hochschule, bei dem Theoriephasen in der Hochschule und Praxisphasen in den Arbeitsagenturen und Jobcentern eng verzahnt sind. Auf Seiten der Wiwi-Anforderungen haben vier Anforderungen keine Parallele (Lesefreude und proaktives Literaturstudium, Flexibilität, Studieren nach Studienplan, überlegte Vertiefungsfachwahl). Hier scheinen sich die Besonderheiten eines universitären Studiums mit einer intensiveren Theoriearbeit und einem selbstbestimmteren Studium niederzuschlagen.

6.2 Relevanz der Anforderungen für die Hochschularbeitsfelder

In einer inhaltlichen Zusammenschau der abgeleiteten 15 Anforderungsdimensionen können vier Merkmalsgruppen unterschieden werden, wobei zum Teil auch Doppelzuweisungen möglich wären:

- Einen Prototyp der „**kognitiven Fähigkeiten**" stellt Dim1 (*Schlussfolgerndes Denken/wissenschaftliches Arbeiten*) dar.
- Zur Gruppe der Anforderungen, die eine erkennbare Nähe zu basalen **Persönlichkeitseigenschaften** (speziell zum Fünf-Faktoren-Modell der Persönlichkeit; vgl. Asendorpf & Neyer, 2012) aufweisen, gehören Dim2a (*Gewissenhaftes Studieren* = Gewissenhaftigkeit), Dim2c (*Verträglichkeit/Korrekter Umgang mit anderen* = Verträglichkeit), Dim3a (*Belastbarkeit* = umgepolte Neurotizismusdimension). Affinität zu „Offenheit für Erfahrungen" gibt es zum Teil auch bei Dim4 (*Interesse an Inhalten des Studiums zeigen*) und Dim7c (*Studium-Praxis-Transfer herstellen*). Dim3b (*Selbstsicheres Auftreten/Selbstbewusstsein*) weist konzeptionelle Überlappungen mit dem verhaltensnahen Konzept der Selbstwirksamkeitserwartungen auf (vgl. Asendorpf & Neyer, 2012).
- Eher dem Bereich der erlernbaren **Fertigkeiten** sind Dim2b (*Deutsche Sprache*), Dim8 (*Eigenes Kommunikationsverhalten verbessern*) und Dim9b (*PC-Kenntnisse aufweisen*) zuzuordnen. Dim7a (*Auslandspraktika und Fremdsprachenkenntnisse*) stellt dabei schon eine Mischform aus Verhaltenskriterien und Fertigkeitserwerb dar.
- In einer vierten Gruppe können Dimensionen zusammengefasst werden, die sich direkt auf erwünschtes **Studienverhalten** beziehen und hier konkrete Verhaltensweisen benennen. Hierzu gehören Dim5 (Umfassendes Lernverhalten, wozu strukturierte, die gegebenen Möglichkeiten nutzende Lernstrategien und -stile gerechnet werden), Dim6 (*Mitarbeit in der Praxis effektiv gestalten*), Dim7b (*Work-Life Balance*) und Dim9a (*Teamorientierung*).

Diese vorläufige Zuordnung liefert erste Hinweise darauf, in welcher Form die identifizierten Anforderungen im Rahmen des Auswahlverfahrens für Studierende berücksichtigt werden können. Bei einigen Anforderungen aus dem Bereich der Fertigkeiten und des Studienverhaltens stellt sich die Frage, ob das jeweils beschriebene Verhalten nicht eher möglichst frühzeitig im Studium vermittelt werden sollte (über Schulungen für die Studierenden, eine gezielte Didaktik der Lehrenden oder eine geeignete Gestaltung des Lehrcurriculums).

In Tabelle 6 ist eine denkbare Zuordnung der Anforderungen zu Interventionsgebieten zu sehen, bei der auch mögliche Maßnahmen bzw. Instrumente und Umsetzungsformen genannt werden.

Tabelle 6: Überblick zu den für die Anforderungsdimensionen möglicherweise einschlägigen Interventionsgebieten und Maßnahmen

Dimension	Konstruktbereich	Interventionsgebiet	Mögliche Maßnahme
Dim1 Schlussfolgern-des Denken	Kognitive Fähigkeiten	Studierendenauswahl	(Fachspezifischer) Studierfähigkeitstest
Dim 2a Gewissenhaftes Studieren	Persönlichkeits-eigenschaft	Studierendenauswahl	Persönlichkeitsverfahren, Interview
Dim2b Deutsche Sprache	Fertigkeiten	Studierendenauswahl	Schulzeugnisse, fachspezi-fischer Studierfähigkeitstest
Dim2c Verträglichkeit	Persönlichkeits-eigenschaft	Studierendenauswahl	Persönlichkeitsverfahren, simulationsorientierte Verfahren, Interview
Dim3a Belastbarkeit	Persönlichkeits-eigenschaft	Studierendenauswahl	Persönlichkeitsverfahren, simulationsorientierte Verfahren, Interview
Dim3b Selbstbewusst-sein	Persönlichkeits-eigenschaft	Studierendenauswahl	Persönlichkeitsverfahren, Interview
Dim4 Interesse an den Studiumsinhalten	Persönlichkeits-eigenschaft	Personalmarketing	Infos zu den HdBA-Studiengängen
		Studierendenauswahl	Interview
	Studienverhalten	Studiumsinhalt/Didaktik	Interesse für Lehrinhalte wecken
Dim5 Lernverhalten	Studienverhalten	Studiumsinhalt/Didaktik	Schulung
Dim6 Praxismitarbeit	Studienverhalten	Studiumsinhalt	Empfehlung, Curriculumsgestaltung
Dim7a Ausland/ Fremdsprachen	Fertigkeiten	Studiumsinhalt	Schulung, Empfehlung
Dim7b Work-Life Balance	Studienverhalten	Studiumsinhalt	Sonderveranstaltungen, Empfehlung
Dim7c Studium-Praxis-Transfer	Studienverhalten	Studierendenauswahl	Interview
		Studiumsinhalt	Empfehlung, Curriculumsgestaltung
Dim8 Kommunikation	Fertigkeiten	Studiumsinhalt	Schulung
Dim9a Teamorientierung	Studienverhalten	Studierendenauswahl	Simulationsorientierte Verfahren, Interview
		Studiumsinhalt	Schulung
Dim9b PC-Kenntnisse	Fertigkeiten	Studiumsinhalt	Schulung

Bei den in Tabelle 6 hinterlegten Überlegungen ist erkennbar, dass nur neun der fünfzehn Anforderungen im Rahmen der eignungsdiagnostischen Studierendenauswahl berücksichtigt werden (über unterschiedliche einschlägige Verfahren aus dem Bereich der eigenschafts-, simulations- und biografieorientierten Diagnostik; vgl. Höft & Schuler, 2014). Acht der Dimensionen werden hingegen als relevant für die Gestaltung des Studiums angesehen, da die Inhalte über Schulungen oder zumindest Empfehlungen vermittelt werden können. Zum Teil gibt es hier Verschränkungen, da der Trainierbarkeit der Anforderungsinhalte individuumsspezifische Grenzen (Motivation, Kompetenz) gesetzt sind. So kann beispielsweise Dim9a *Teamorientierung* zwar durch entsprechende Interventionen gesteigert werden, sinnvoll ist es aber, bereits eine Grundausrichtung bei der Auswahl zu berücksichtigen.

6.3 Schwächen des gewählten Ansatzes und Ausblick

Obwohl das gewählte, in Teilbereichen adaptierte MEVAS-Verfahren durch die Kombination von quantitativen und qualitativen Ansätzen versucht, die methodenrelevanten Vorteile zu kombinieren und spezifische Nachteile zu vermeiden, bestehen im vorgestellten Ansatz auch noch Schwächen bzw. Lücken. Die qualitative Itemsammlung kann durch andere Methoden (Verhaltensbeobachtung, Extremgruppenanalyse usw.) noch weiter ausgebaut werden. Die Bewertung der Bedeutsamkeit und Erfüllung basiert auf dem Selbst- und Fremdurteil von psychologischen Laien, die hier aber in der Funktion von Fachexperten (Studierende und Hochschullehrer) fungieren. Hier sind die Repräsentativität der Befragten und deren umfassender Einblick in das Studiumsgeschehen entscheidend. Die explorative Gewinnung und nachfolgende konzeptionelle Trennung der Anforderungsdimensionen lässt Raum für divergierende Interpretationen. Die vorgenommene Validierung basiert auf den Selbsturteilen der Studierenden, die zum Teil methodenimmanent mit den erfassten Konstrukten konfundiert sind (z. B. eingeschätzte Studienzufriedenheit), bei einigen Aspekten (z. B. Selbsturteil zu Dim1 *Schlussfolgerndes Denken/wissenschaftliches Arbeiten*) ist aber ein erhöhter Messfehler und eine unzureichende Konstrukterfassung plausibel. Bei der Fremdeinschätzung durch die Lehrenden ist fraglich, ob die erhobenen Einschätzungen zeitstabil sind, zudem ist hier die bei der Beurteilung herangezogene Referenzgruppe (Studierende zu Beginn oder zum Ende des Studiums) relevant. Insoweit ergeben sich vielfältige Perspektiven und Erweiterungsmöglichkeiten für den MEVAS-Ansatz.

Im Rahmen der praktischen Verwendung der gewonnenen Ergebnisse stellt eine Ableitung des Anforderungsprofils nur den Ausgangspunkt für weitere Arbeiten dar. Wie der Überblick in Tabelle 6 zeigt, stehen mit der Prüfung der Umsetzbarkeit der Anforderungen mindestens die bisherige Vorgehensweise bei der Studierendenauswahl und die Gestaltung des Lehrcurriculums auf dem Prüfstand.

Literatur

Asendorpf, J. B. & Neyer, F. J. (2012). Psychologie der Persönlichkeit. Berlin: Springer.

Bortz, J. & Schuster, J. (2010). Statistik für Human- und Sozialwissenschaftler. Berlin: Springer.

Dunckel, H. (1999). (Hrsg.). Handbuch psychologischer Arbeitsanalyseverfahren. Zürich: vdf.

Flanagan, J. C. (1954). The critical incident technique. Psychological Bulletin, 51, 327-358.

Hell, B., Ptok, C. & Schuler, H. (2007). Methodik zur Ermittlung und Validierung von Anforderungen an Studierende (MEVAS). Anforderungsanalyse für das Fach Wirtschaftswissenschaften. Zeitschrift für Arbeits- und Organisationspsychologie, 51, 88-95.

Hiemisch, A., Westermann, R. & Michael, A. (2005). Die Abhängigkeit der Zufriedenheit mit dem Medizinstudium von Studienzielen und Realisierbarkeit. Zeitschrift für Psychologie, 213, 97-108.

Höft, S. & Schuler, H. (2014). Personalmarketing und Personalauswahl. In H. Schuler & K. Moser (Hrsg.), Lehrbuch Organisationspsychologie (S. 55-126). Bern: Huber.

Khorramdel, L., Maurer, M., Frebort, M. & Kubinger, K. D. (2012). Ein Anforderungsprofil als Voraussetzung eines Self-Assessments zur Studienberatung – am Beispiel „Architektur“. In K. D. Kubinger, M. Frebort, L. Khorramdel & L. Weitensfelder (Hrsg.), Self Assessment: Theorie und Konzept (S. 49-62). Lengerich: Pabst Science Publishers.

Rolfs, H. (2001). Berufliche Interessen. Göttingen: Hogrefe.

Schuler, H. (2013). Arbeits- und Anforderungsanalyse. In H. Schuler & U. P. Kanning (Hrsg.), Lehrbuch Personalpsychologie (S. 61-98). Göttingen: Hogrefe.

Schuler, H. & Hell, B. (Hrsg.). (2008). Studierendenauswahl und Studienentscheidung. Göttingen: Hogrefe.

Trapmann, S. (2008). Mehrdimensionale Studienerfolgsprognose: Die Bedeutung kognitiver, temperamentsbedingter und motivationaler Prädiktoren für verschiedene Kriterien des Studienerfolgs. Berlin: Logos.

Stefan Höft und Gerda Schuster

Vorhersage des Studienerfolgs an der Hochschule der Bundesagentur für Arbeit auf Grundlage der Studieneingangskriterien „Schulnote" und „Fachspezifischer Studierfähigkeitstest"

Schlagwörter: Hochschulzulassungstest – Studienerfolgsprognose – Auswahl von Studierenden – Schulnoten als Zulassungskriterium

Key words: admission test – academic performance prediction – selection of students – school grades as selection criteria

In diesem Beitrag werden die im gegenwärtigen System der Studierendenauswahl an der Hochschule der Bundesagentur für Arbeit (HdBA) eingesetzten Auswahlkriterien „Schulnote" und „Fachspezifischer Studierfähigkeitstest" genauer untersucht. Im Mittelpunkt steht dabei ihre Vorhersagequalität für den (objektiven und subjektiven) Studienerfolg in den Bachelorstudiengängen „Arbeitsmarktmanagement (AMM)" und „Beschäftigungsorientierte Beratung und Fallmanagement (BBF)" der HdBA. Zunächst wird ein Überblick zur allgemeinen wissenschaftlichen Befundlage zur Prognose des Studienerfolgs gegeben, bevor ausführlicher auf das spezifische Auswahlsystem der HdBA eingegangen wird.

Im Zentrum des empirischen Teils der Arbeit steht der tatsächlich vorgefundene Zusammenhang zwischen Auswahlkriterien und Studienerfolg, erhoben an der Studierendenkohorte des Jahrgangs 2008, die ihr dreijähriges Bachelorstudium im August 2011 regulär abgeschlossen hat. Nach einem an den aufgestellten Untersuchungshypothesen ausgerichteten Ergebnisbericht werden mögliche Konsequenzen für die Gestaltung des Auswahlverfahrens diskutiert.

1 Allgemeine Befundlage zur Prognose des Studienerfolgs

1.1 Rahmenbedingungen der deutschsprachigen Forschung

Die Forschung zu Bedingungsfaktoren eines erfolgreichen Studiums und zu möglichen Auswahlkriterien für die Studierendenauswahl wurde im deutschsprachigen Raum durch die Reform der Studienzulassung im Rahmen der 7. Änderung des Hochschulrahmengesetzes (7. HRGÄndG) im Jahr 2004 bedeutend belebt (vgl. Zimmerhofer & Trost, 2008, für einen historischen Überblick). Zurückgehend auf Empfehlungen des Wissenschaftsrates (z. B. Wissenschaftsrat, 2004) wird darin den Hochschulen deutlich mehr Freiheit bei der Besetzung in bundesweit zulassungsbeschränkten Studiengängen eingeräumt. In den Bundesländern gelten separate Regelungen für lokal zulassungsbeschränkte Studiengänge. So gibt beispielsweise das Landeshochschulgesetz von Baden-Württemberg (LHG BaWü) in § 58 (5) vor, dass neben den Noten der Hochschulzugangsberechtigung (je nach Hochschultyp Fachhochschulreife oder Abitur) auch einschlägige praktische berufliche Erfahrungen oder Ausbildungen, Ergebnisse eines fachspezifischen Studierfähigkeitstests oder Ergebnisse eines Auswahlgesprächs zur Zulassung herangezogen werden dürfen. Diese Neuregelungen haben in der Folge an vielen Hochschulen verschiedene Aktivitäten zur Neuregelung der Zulassung für Studiengänge ausgelöst, woraus sich wiederum forschungsrelevante Fragestellungen (z. B. „Was sind valide Auswahlkriterien für ein Hochschulstudium?" oder „Was genau ist eigentlich Studienerfolg?") ergaben. Als Seitenaspekt der Zulassungsforschung haben sich eigene Forschungs- und Entwicklungsprojekte entwickelt, beispielsweise zu so genannten „Online-Self-Assessments" (vgl. Rudinger & Horsch, 2009), bei denen Studierinteressierten nach der Bearbeitung von Online-Testverfahren eine automatisierte Beratung zu passenden Studiengängen erhalten.

1.2 Mögliche Prädiktoren und Kriterien des Studienerfolgs

Bei den möglichen personenabhängigen Vorhersagevariablen (Prädiktoren) für den Studienerfolg muss zunächst nach verfahrens- und konstruktorientierten Prädiktoren unterschieden werden.

Die **verfahrensorientierten Prädiktoren** beziehen sich auf die eingesetzten Instrumente. Die Angaben im LHG BaWü (§ 58, 5, vgl. letzten Abschnitt) zu den „erlaubten" Auswahlverfahren geben einen guten Querschnitt zu den am häufigsten in der Praxis anzutreffenden Ansätzen:

- *Schulnoten* sind gängige Zugangskriterien für Studiengänge seit Einführung des „Numerus Clausus (NC)", d. h. der generellen oder lokalen Zulassungsbeschränkung von Studiengängen an Hochschulen mit der Gesamtnote der Hochschulzugangsberechtigung (HZB) als wesentliches Zugangskriterium. Durch die jüngsten Änderungen in den Hochschulgesetzen rücken zusätzlich Einzelnoten in studiumsrelevanten Einzelfächern (für technische Fächer beispielsweise Mathematik und Physik) in den Fokus.
- *(Fachspezifische) Studierfähigkeitstests* sind in ihrer Gestaltung auf die fachlichen Inhalte und besonderen Anforderungen des betreffenden Studiengangs zugeschnitten und variieren hierbei allgemeine Formen von kognitiven Fähigkeitstests (vgl. Schuler, Höft & Hell, im Druck).
- In *Auswahlgesprächen* mit Einzelkandidaten werden unterschiedliche studienrelevante Aspekte vertieft. Inhaltlich werden unterschiedliche Themenbereiche aus dem Bereich der Studien- und Berufseignung sowie der Bewerbungsmotivation behandelt. Die Diagnose beruht vorrangig auf biografischen Informationen, kann aber auch eigenschaftsorientiert erfolgen (z. B. Durch-

führung eines kleinen Wissenstests) oder Simulationen (z. B. Rollenspiele) enthalten (vgl. Gentsch & Gold, 2008, für ein Anwendungsbeispiel).

Alternativ können auch **konstruktorientierte Prädiktoren** definiert werden, die für den Studienerfolg relevante Personmerkmale erfassen. Richardson, Abraham und Bond (2012) unterscheiden hier neben kognitiven Fähigkeiten beispielsweise fünf weitere Prädiktorgruppen mit entsprechenden Messverfahren: Persönlichkeitseigenschaften, Motivationsfaktoren, selbstgesteuerte Lernstrategien, individuelle Herangehensweise an das Lernen und psychosoziale Kontextfaktoren (z. B. soziale Integration oder die akademische Arbeitsbelastung).

Verfahrens- und konstruktorientierte Verfahren sind nicht unabhängig voneinander, sondern eher als unterschiedliche Herangehensweisen an die identische Materie mit deutlichen inhaltlichen Überlappungen zu verstehen. Aus psychologischer Sicht (vgl. Trapmann, 2008, S. 19-23) sind beispielsweise Schulnoten das Ergebnis eines Zusammenwirkens aus kognitiven Fähigkeiten, schulischem Wissen, Lernbereitschaft, Ausdrucksfähigkeit und weiteren Persönlichkeitsmerkmalen (Fleiß, Ausdauer, Leistungsmotivation usw.). Zwar gehen bei der Abiturdurchschnittsnote im Vergleich zu Einzelnoten (z. B. die Mathematiknote, die rechnerische Fähigkeiten abbildet) spezifische Bezüge zu abgrenzbaren Wissensbereichen verloren, dafür weist sie einige psychometrische Vorteile auf: Das Aggregat basiert auf dem Urteil mehrerer Lehrer, fasst Leistungen aus zwei Jahren Schulzeit zusammen und deckt unterschiedliche Prüfungsmodalitäten (mündliche Mitarbeit im Regelunterricht, Klausuren, mündliche Abiturprüfung) ab.

Zur Erfassung der unterschiedlichen Aspekte steht prinzipiell der gesamte eignungsdiagnostische Verfahrenskanon zur Verfügung (vgl. Höft & Schuler, im Druck): Direkte konstruktbezogene Diagnosen erfolgen über eigenschaftsorientierte Verfahren (vorrangig Fähigkeitstests und fragebogengestützte Persönlichkeitsinventare). Ergänzenden Aufschluss geben simulationsorientierte Verfahren (Rollenspiele, Gruppendiskussionen, komplexe Fallarbeiten usw.), die vorrangig mit Verhaltensbeobachtungen arbeiten. Biografieorientierte Verfahren (häufig bei Bewerbungsunterlagenanalysen und vielen Interviewformen) versuchen, aus vergangenem Verhalten und erzielten Resultaten einer Person Rückschlüsse auf zukünftiges Verhalten zu ziehen. Die Vorgaben der Hochschulgesetze schränken die Bandbreite der möglichen Verfahren ein (nur Schulnoten, fachspezifische Studierfähigkeitstests und Interviews). So können speziell nicht-kognitive Personmerkmale nur noch im Rahmen des Auswahlgesprächs erfasst werden.

Der Kriteriumskomplex „Studienerfolg“ kann zunächst in zwei große Felder aufgeteilt werden, die mehrere, z. T. überlappende Einzelkriterien umfassen:

Zu der Gruppe der **objektiven Studienerfolgskriterien** gehören die in entsprechenden Hochschulstatistiken gut erfassbaren Variablen, die häufig einen direkten Bezug zu betriebswirtschaftlichen Controllingzahlen aufweisen und dadurch im Zentrum des (hochschul-)öffentlichen Interesses stehen. Mit Einwilligung der Betroffenen und unter Berücksichtigung der Datenschutzbestimmungen sind die *Prüfungsleistungen der Studierenden* einfach zugänglich, im Idealfall von Bewertungen in einzelnen Lehrveranstaltungen bis hin zur *Gesamtnote des Studiums*. Relevant sind zudem *Studiumsabbrüche* als Negativkriterium sowie die *Dauer des Studiums*. Erfolgreich sind nach diesen Kriterien Studierende, wenn sie über das ganze Studium hinweg gute Leistungen erbracht haben, einen sehr guten Abschluss vorweisen können und ihr Studium in kürzester Zeit absolviert haben.

Zu den **subjektiven Studienerfolgskriterien** werden nach der hier vorgestellten Unterscheidung alle Variablen gezählt, die das innere Erleben der Studierenden thematisieren. Zuvorderst gehört hierzu die *Studienzufriedenheit*, die noch weiter differenziert werden kann. So unterscheiden beispielsweise Hiemisch, Westermann und Michael (2005) drei Subaspekte: Zufriedenheit mit den Studieninhalten, Zufriedenheit mit den Studienbedingungen und Zufriedenheit mit der Bewältigung von Studienbelastungen. Mit der Zufriedenheit eng verbunden sind verwandte Aspekte, wie das Passungserleben zwischen Person und Studium (vgl. Rolfs, 2001) und (als Negativkriterium) die geäußerte Motivation zum Studienabbruch, die bei einer Realisierung wiederum einen Bezug zu den objektiven Erfolgskriterien aufweist (vgl. Heublein, Hutzsch, Schreiber, Sommer & Besuch, 2010).

1.3 Metaanalytische Befundlage zu Schulnoten, fachspezifischen Studierfähigkeitstests und Interviews

Der empirische Zusammenhang zwischen eignungsdiagnostischen Verfahrensergebnissen und dem späteren tatsächlichen Studienerfolg wurde in Deutschland in den letzten Jahren intensiv von der Hohenheimer Arbeitsgruppe um Benedikt Hell (jetzt Professor an der FHNW Olten, Schweiz) erforscht. Mithilfe von Metaanalysen wurden alle in wissenschaftlichen Publikationen veröffentlichten Befunde zur Vorhersagequalität unterschiedlicher Verfahren und Ansätze systematisch gesammelt, hinsichtlich der erhobenen Stichprobengröße gewichtet sowie weitere Erhebungsartefakte (Unreliabilität des jeweiligen Kriteriums, Varianzeinschränkungen durch Stichprobenselektion) korrigiert (vgl. Höft, im Druck, für eine kurz gefasste Einführung in die verwendete metaanalytische Technik der so genannten Validitätsgeneralisierung nach Hunter & Schmidt, 2004).

Tabelle 1 zeigt eine Synopse der durchgeführten Metaanalysen (einzelne Metanalysen: Hell, Trapmann & Schuler, 2007; Hell, Trapmann, Weigand & Schuler, 2007; Trapmann, Hell, Weigand & Schuler, 2007; selektiver Überblick bei Hell, Trapmann & Schuler, 2008). Hier werden zunächst die bereits erwähnten drei Verfahrensklassen zur Prognose des Studienerfolgs unterschieden, die sehr häufig zur Studierendenauswahl herangezogen werden: Schulnoten in Form von Durchschnittsnoten, fachspezifische Studierfähigkeitstests und Interviews. Als Erfolgskriterium dient immer die Abschlussnote des Studiums.

Hier zeigt sich zunächst, dass Schuldurchschnittsnoten die höchste prognostische Validität aufweisen (artefaktkorrigierter Zusammenhang $p = .517$), während die fachspezifischen Studierfähigkeitstests knapp dahinter liegen ($p = .478$). Einen deutlich geringeren Zusammenhang mit der Abschlussnote des Studiums weisen die Interviewergebnisse auf ($p = .157$).

In den einzelnen Metaanalysen wurden unterschiedliche Variablen gefunden, die die Validität moderieren. Da sehr viele Einzelstudien zum Medizinstudium durchgeführt wurden (hier speziell im Zusammenhang mit dem deutschen „Test für medizinische Studiengänge (TMS)"; vgl. Trost et al., 1998), lohnt sich eine Differenzierung nach Studiengängen. Hier zeigen sich für das unter den vorhandenen Gruppen am ehesten mit den HdBA-Studiengängen vergleichbare Fach Wirtschaftswissenschaften ebenfalls relevante Zusammenhänge (Schulnoten: $p = .484$; fachspezifische Studierfähigkeitstests $p = .315$; kein Unterschied bei Interviews), sie fallen aber bei den Schulnoten und den Studierfähigkeitstests deutlich niedriger aus. Beim Interview ist nur der Strukturierungsgrad als Moderator relevant. Hier zeigen strukturierte Interviewformen einen höheren Zusammenhang mit den Studiumsnoten als unstrukturierte Formen.

Sehr wichtig für die Abwägung für oder gegen ein (Studien-)Auswahlverfahren ist der erwartete Nutzen durch die kombinierte Anwendung von Verfahren. Fraglich ist dabei, inwieweit die Hinzunahme eines Prädiktors zu einer bedeutsamen Verbesserung der Erfolgsvorhersage führt (= weist der weitere Prädiktor inkrementelle Validität gegenüber dem bereits bestehenden Prädiktor auf?). Hier ist die Interkorrelation der Prädiktoren untereinander entscheidend (je geringer die Interkorrelation, desto eher ist ein bedeutsamer Informationszugewinn zu erwarten). Die Analyse von Hell et al. (2007) zeigt, dass Interviews kaum inkrementelle Validität gegenüber Schulnoten oder Studierfähigkeitstests bei der Vorhersage von Studiumsnoten aufweisen. Zum Vorhersagezugewinn von Studierfähigkeitstests gegenüber Schulnoten gibt es keine metaanalytischen Befunde; prominente Einzelstudien (hier besonders Trost et al., 1998) zeigen, dass der Validitätszuwachs durch die bedeutsame Interkorrelation der beiden Prädiktoren üblicherweise im einstelligen Prozentbereich liegt.

Tabelle 1: Übersicht zu den metaanalytischen Befunden zur Vorhersage des Studienerfolgs

Verfahren	***N***	***k***	***r***	***ρ***	**95 %-KI (RE)**
Schulnote (Durchschnitt)	48.178	53	.305	.517	[.489;.545]
nur Fach Wirtschaftswissenschaften	1143	8	.314	.484	[.394;.574]
Fachspezifische Studierfähigkeitstests	45.091	36	.321	.478	[.454;.503]
nur Fach Wirtschaftswissenschaften	441	7	a	.315	[.184;.465]
Interview	4.305	44	.110	.157	[.116;.198]
unstrukturiert	2136	14	a	.109	[.054;.164]
strukturiert	2169	30	a	.205	[.151;.259]

N = Größe der Gesamtstichprobe k = Anzahl der berücksichtigten Einzelstudien ; *r* = stichprobengewichteter Zusammenhang („bare-bone-coefficient"); *p* = Hinsichtlich Kriteriumsunreliabilität und Varianzeinschränkungen korrigierter Zusammenhang 95 %- KI (RE) = 95 %-Credibility-Intervall (Modell mit zufälligen Effekten, RE); a = Koeffizient wird von den Autoren nicht berichtet.

1.4 Ergänzende metaanalytische Befunde zu nicht-kognitiven Prädiktoren

Begleitend zu den berichteten Studien zur prognostischen Validität der drei Kernverfahren bei der Studierendenauswahl sind in den letzten Jahren zwei weitere Metaanalysen entstanden, die die Relevanz von nicht-kognitiven Personmerkmalen für den Studienerfolg untersuchten.

In einer ebenfalls von der Hohenheimer Arbeitsgruppe publizierten Studie (Trapmann, Hell, Hirn & Schuler, 2007) ergibt sich für den Zusammenhang der Big5-Persönlichkeitsmerkmale (vgl. für eine Einführung Asendorpf & Neyer, 2012) ein differentieller Zusammenhang abhängig vom analysierten Kriterium. So weist Gewissenhaftigkeit den größten Zusammenhang mit Studiennoten auf ($p = .269$), während Neurotizismus einen bedeutsamen negativen Zusammenhang mit Studienzufriedenheit zeigt ($p = -.369$). Kein relevanter Zusammenhang ergibt sich zum Kriterium „Studienabbruch (ja/nein)". Bei Extraversion scheinen sich kulturabhängige Effekte zu ergeben, da für dieses Merkmal nur in ostasiatischen Studien ein bedeutsamer Zusammenhang mit Studiennoten auftritt.

In der Metanalyse von Richardson et al. (2012) steht der Zusammenhang zwischen einem breiten Kanon von nicht-kognitiven Personmerkmalen und Studiumsnoten im Mittelpunkt der Analyse. Während für die erfassten Schulnoten,

Studierfähigkeitstests und Intelligenztests Werte zwischen p = .21 (Intelligenz) und p = .41 (Schulnoten) resultieren, weisen aus den bereits in Abschnitt 1.2 vorgestellten Merkmalsgruppen folgende Aspekte einen bedeutsamen Kriteriumszusammenhang von $|p| \geq .20$ auf:

- Aus der Gruppe der *Persönlichkeitseigenschaften*: Gewissenhaftigkeit (p = .23) und Prokrastination (p = -.25)
- Bei den *Motivationsfaktoren*: allgemeine akademische (p = .28), studiumsleistungsbezogene Selbstwirksamkeitserwartung (p =.67) und selbstgesteckte Zielvorgabe für die Studiumsnote (p =.49).
- In der Gruppe der *selbstgesteuerten Lernstrategie*: Anstrengungsregulation (p = .35), Lernen in Peergruppen (p = .20) und Zeit-/Projektmanagementtechniken (p = .20).
- Bei *individuellen Herangehensweisen an das Lernen*: Strategisches (statt tiefenorientiertes oder oberflächliches) Herangehen an den Lehrstoff (p = .31).
- In der Gruppe der *Psychosozialen Kontextfaktoren* erreicht keine der erfassten Variablen die .20 Grenze.

1.5 Relevanz der allgemeinen metaanalytischen Befunde für die eigene Studie

Wie die weitere Beschreibung des Studierendenauswahlsystems der HdBA zeigen wird, werden zurzeit bereits zwei Prädiktoren eingesetzt, die auch nach der allgemeinen Validitätsbefundlage (vgl. Abschnitt 1.3) unbedingt berücksichtigt werden müssen (Schulnoten und ein fachspezifischer Studierfähigkeitstest). Die ergänzenden Ergebnisse zu nicht-kognitiven Prädiktoren (Abschnitt 1.4) zeigen aber auch, dass hier durchaus bedeutsame Beziehungen speziell mit Studiennoten als Studienerfolgskriterien bestehen, die angesichts einer zu erwartenden (allerdings größtenteils noch nicht hinreichend untersuchten) niedrigen Korrelation mit den bisherigen, kognitiv-gesättigten Prädiktoren inkrementelle Validität versprechen. Hier besteht also Ausbaupotential, da diese Aspekte bisher im bestehenden Auswahlverfahren nicht im ausreichenden Maße berücksichtigt werden.

2 Das Auswahlverfahren für das Studium an der HdBA

2.1 Hochschulrechtliche Besonderheit der HdBA

Die HdBA ist eine vom Land Baden-Württemberg staatlich anerkannte, organisationseigene Hochschule der Bundesagentur für Arbeit und firmiert als besondere Dienststelle dieser Bundesbehörde. Da durch die Kulturhoheit der Länder nur diese berechtigt sind, öffentliche Hochschulen zu unterhalten, wird die HdBA aus verwaltungsrechtlicher Sicht als nicht-staatliche Hochschule eingeordnet (vgl.

Wissenschaftsrat, 2007). Damit gelten weite Passagen des LHG BaWü nur dem Grundsatz nach (vgl. § 70 LHG BaWü). Dies hat auch Konsequenzen für die gewählte Form der Studierendenauswahl (vgl. Höft & Schuster, 2010, S. 29): Der Auswahlprozess folgt nicht den engen Vorgaben hinsichtlich fachspezifischer Studierfähigkeit, die das LHG für die Vergabe von Studienplätzen in Studiengängen an staatlichen Hochschulen vorschreibt (LHG BaWü § 58, 5), berücksichtigt aber natürlich die allgemeingültigen Gesetze (z. B. das Allgemeine Gleichbehandlungsgesetz, AGG). Bei der Gestaltung der Auswahlkriterien werden sowohl Aspekte der durch die HdBA definierten Studierfähigkeit berücksichtigt als auch Einstellungskriterien der BA als künftige Arbeitgeberin integriert. Die letztliche Entscheidung zur Zulassung obliegt zur Sicherstellung der Hochschulautonomie der HdBA-Zulassungskommission.

2.2 Das Gesamtverfahren im Überblick

Eine Übersicht zum Auswahlprozess im Normalverfahren wird in vereinfachter Form in Abbildung 1 dargestellt.

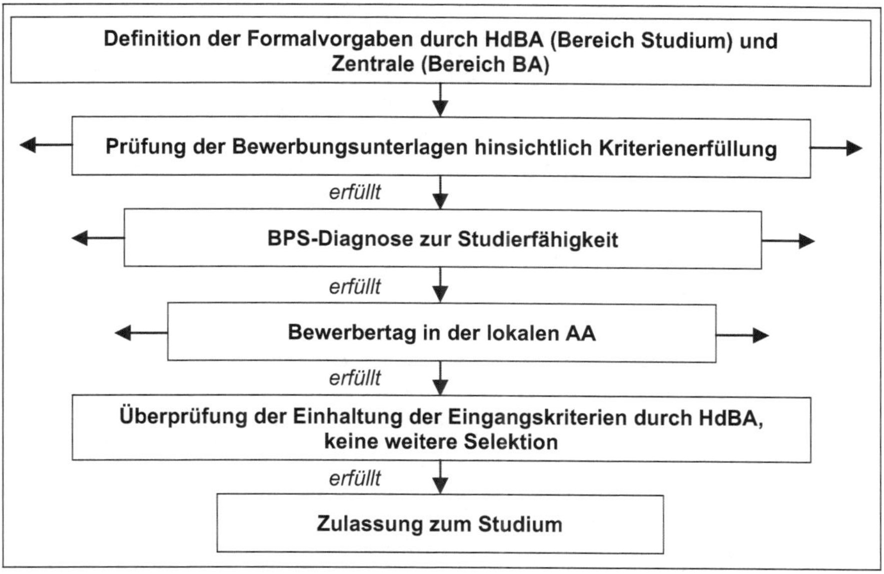

Abbildung 1: Übersicht zu den Ablaufschritten der Studierendenauswahl im Normalverfahren

Danach können sechs Phasen unterschieden werden (vgl. Höft & Schuster, 2010, S. 30-31):

1) Im Vorfeld der Rekrutierung stimmen sich die HdBA sowie die Zentrale der BA (Bereich Personal und Organisationsentwicklung, POE) zu den *Rahmenbedingungen und den zu erfüllenden Mindestkriterien der Auswahl* ab. Die Vorgaben werden in einem Leitfaden dokumentiert, der als Grundlage für die Auswahl in den lokalen Agenturen dient. Die HdBA definiert hierbei die Kriterien für die Aufnahme an der Hochschule (Studierfähigkeit), die Zentrale die Kriterien für die Arbeit in der Bundesagentur für Arbeit (Berufsfähigkeit).

2) Die Interessenten reichen *traditionell gestaltete Bewerbungsmappen* bei ihrer lokalen Arbeitsagentur ein. Diese werden mithilfe eines ABC-Beurteilungsschemas (vgl. z. B. Jetter, 2003) standardisiert ausgewertet. Kandidaten der A-Kategorie werden sofort eingeladen, B-Kandidaten werden als mögliche Reservekandidaten vorgemerkt, C-Kandidaten werden aufgrund nichterfüllter Minimalkriterien abgelehnt.

3) Die im Rahmen der Bewerbungsunterlagenanalyse identifizierten Positivkandidaten werden zu einer *Untersuchung beim lokalen Berufspsychologischen Service (BPS)* eingeladen. Hier absolvieren sie einen fachspezifischen Studierfähigkeitstest, der unterschiedliche, für das Studium relevante kognitive Komponenten erfasst. Zusätzlich wird ein berufsbezogenes Persönlichkeitsverfahren bearbeitet, das zur Orientierung für ein abschließendes Gespräch mit der psychologischen Fachkraft dienen kann. Auf Basis aller Informationen formuliert diese eine psychologische Stellungnahme, in der eine Einladung zum nachfolgenden Bewerbertag empfohlen oder auch nicht empfohlen wird.

4) An dem *Bewerbertag in der lokalen Arbeitsagentur* werden bei Gruppen mit bis zu sechs Bewerbern Simulationsverfahren eingesetzt (Rollenspiel, Gruppendiskussion, Präsentation mit Diskurs), in denen schwierige Interaktionssituationen nachgestellt werden, die in ähnlicher Form auch im späteren Berufsalltag auftreten können. Das gezeigte Verhalten wird von trainierten Mitarbeitern aus der lokalen Agentur (pädagogische Fachkräfte aus dem internen Service, Psychologen aus dem lokalen BPS, Mitglieder der lokalen Geschäftsleitung) beobachtet und anforderungsbezogen bewertet. Zusätzlich werden in einem teilstrukturierten Interview die Anforderungen mithilfe von biographischen Fragetechniken und kleinen situativen Problemstellungen ein weiteres Mal erhoben. Am Ende des Tages wird in einer gemeinsamen Beobachterkonferenz entschieden, welche Kandidaten für eine Laufbahn als Fach- und ggf. spätere Führungskraft in der BA in Frage kommen.

5) Bis zu einem definierten Stichtag werden alle Positivkandidaten an die *HdBA-Zulassungskommission* in Mannheim gemeldet. Sie tagt in regelmäßigen Abständen. Ihre Aufgabe ist es, die Einhaltung der durch die HdBA vorgege-

benen Kriterien zu überprüfen und eine Einzelfallprüfung bei Verletzung dieser Vorgaben vorzunehmen. Diese Prüfung stellt keine gesonderte Auswahlstufe dar, d. h. wenn die im Auswahlleitfaden festgelegten Vorgaben erfüllt sind, ist im Normalfall von einer Zulassung an der Hochschule auszugehen.

6) Die geprüften Meldungen mit einem Positivbescheid werden von der HdBA turnusmäßig an die jeweilige Regionaldirektion zurückgemeldet, die dann die *Vertragsanbahnung* veranlasst.

2.3 „Schulnoten" und „Ergebnis des Studierfähigkeitstests" als Kriterien der Studienauswahl

Im Rahmen des Gesamtprozesses der Auswahl sind folgende Kriteriengruppen relevant und werden von der HdBA als Zugangskriterien definiert:

- Die Bewerber müssen eine *Fachhochschulreife (FHR) oder Allgemeine Hochschulreife (AHR)* aufweisen. (Der zurzeit sehr selten auftretende Hochschulzugang für Berufstätige nach § 59 LHG BAWü wird hier zur Vereinfachung nicht weiter beachtet.) Dabei wird eine *Mindestgesamtnote* (Hochschulzugangsberechtigungsnote, HZB-Note) von 2.4 für FHR und 2.9 für AHR verlangt. Die Erfüllung dieser Notenvorgaben wird im Rahmen der Bewerbungsunterlagenanalyse geprüft. Für Bewerber, die sich aus der letzten Schulklasse heraus bewerben, werden für die Zulassungsentscheidung ersatzweise die gemittelten Noten der Kernfächer Deutsch, Mathematik und Englisch der letzten beiden Zwischenzeugnisse herangezogen.
- Bei der BPS-Testung wird ein Bündel aus fünf anforderungsbezogen ausgewählten Subtests eines umfassenderen kognitiven Fähigkeitstests als *fachspezifischer Studierfähigkeitstests MOT* eingesetzt (MOT-Verfahren; vgl. Pösse & Klinck, 2007). Tabelle 2 gibt einen Überblick zu den Teilverfahren.
- Die reine Bearbeitungszeit beläuft sich auf 40 Minuten. Jedes Subtestergebnis wird einzeln normiert mithilfe einer Stanine-Normierung (vgl. Schmidt-Atzert & Amelang, 2012). Zulassungsvorgabe ist, dass in jedem Untertest mindestens der Wert 3 erreicht werden muss, d. h. die Person muss (bei gültiger Normierung) besser sein als die schlechtesten 11 %. Durch die Kombination der Einzeltests (multiple cut-off-Vorgabe) ergibt sich durch die Interkorrelation der Subtests rechnerisch eine Ablehnungsquote von ca. 36 % (vgl. Pösse & Klinck, 2007, S. 27).
- Sonstige relevante Informationen:
  Wie bereits erwähnt, wird in der BPS-Testung zusätzlich ein berufsbezogenes Persönlichkeitsverfahren eingesetzt. Dieses dient der psychologischen Fachkraft als Orientierung für ein abschließendes Interview und wird nicht als Selektionskriterium herangezogen. Zusätzlich können fallweise auch während des

Interviews am Bewerbertag studierfähigkeitsrelevante Fragestellungen behandelt werden. Dieses ist allerdings nicht regulär vorgesehen, wird nur in sehr seltenen Fällen auftreten und wird auch nicht systematisch dokumentiert.

Tabelle 2: Übersicht zu den MOT-Subtests (Infos aus Pösse & Klinck, 2007, S. 8-13)

Kürzel	Inhalt	#Items	Dauer	intKons
MOT-VO	*Vorschriften:* Hier sind einfache Gesetzestexte und Vorschriften auf konkrete Ereignis- oder Fallschilderungen anzuwenden.	15	16	.67
MOT-FA	*Formanalogien:* Hier ist von vier Lösungsvorschlägen jene Figur anzugeben, die sich zu einer vorgegebenen dritten Figur so verhält, wie eine vorgegebene zweite zur ersten Figur.	14	6	.53
MOT-DV	*Datenvergleich:* Hier müssen miteinander in bestimmte Beziehung gesetzte Daten (Längen, Symptome, Merkmale, Silben, aber nicht Zahlen) umgruppiert oder sonst wie anders geordnet werden, um bestimmte Fragen eindeutig beantworten zu können.	14	12	.57
MOT-VA	*Verbalanalogien:* Hier muss zu drei gegebenen Begriffen ein vierter Begriff gefunden werden, der sich zum dritten so verhält wie der zweite zum ersten.	25	4	.71
MOT-TR	*Textrechnen:* Es handelt sich um textlich eingekleidete Schluss- und Proportionsrechnungen.	14	12	.64

#Items = Anzahl der Items im Subtest; die Testdauer ist in Minuten angegeben; intKons = Interne Konsistenz der Skala geschätzt mit Cronbachs α.

Alle anderen während des Auswahlverfahrens erhobenen Informationen, insbesondere alle regulär am Bewerbertag vorgenommenen Diagnosen, dienen zur Abklärung der BA-seitig definierten Anforderungen für die Erstansatzposition auf Fachkraftebene. Diese Daten fließen nicht in die Zulassungsentscheidung der HdBA ein.

3 Fragestellung der Studie und Einzelhypothesen

In der vorgestellten Studie wird die Vorhersage des objektiven und subjektiven Studienerfolgs auf Grundlage der bisher als Auswahlkriterien eingesetzten Variablen „Schulnote“ und „Fachspezifischer Studierfähigkeitstest“ untersucht. Diese generelle Fragestellung kann in drei Einzelhypothesen aufgeschlüsselt werden.

H1: *Die Schulnoten sind prognostisch valide im Hinblick auf den objektiven Studienerfolg.*

Ausgehend von den sehr robusten metaanalytischen Befunden, bei denen eine über unterschiedlichste Bedingungen (Länder, Studienfächer, Studienabschlüsse usw.) generalisierbare Validität gefunden wurde, wird auch für die HdBA erwartet, dass die herangezogenen Schulnoten einen relevanten Bezug mit dem objektiven Studienerfolg (Gesamtnote, spezifische Einzelnoten inkl. Benotung der Bachelorarbeit) aufweisen.

H2: *Der Studierfähigkeitstest MOT ist inkrementell valide gegenüber den Schulnoten bei der Vorhersage des objektiven Studienerfolgs.*

Als Nebenannahme zu H2 besteht die realistische Erwartung, dass es eine bedeutsame Korrelation zwischen Schulnoten und MOT-Ergebnissen gibt. Analog zu den Befunden in anderen Auswahlverfahren (vgl. bspw. Trost et al., 1998) wird angenommen, dass der Studierfähigkeitstest ergänzend zu den Schulnoten Zusatzinformationen zur Vorhersage des objektiven Studienerfolgs liefert (= inkrementelle Validität).

H3: *Schulnoten und Studierfähigkeitstests sind nicht prognostisch valide im Hinblick auf den subjektiven Studienerfolg*

Für die letzte Einzelhypothese liegen keine metaanalytischen Befunde vor. Die bestehenden Einzelstudien (vgl. Trapmann, 2008) lassen aber erwarten, dass die Kriterien des subjektiven Studienerfolgs (Studienzufriedenheit und verwandte Konstrukte) weniger gut bis gar nicht durch die kognitiv geprägten Prädiktoren vorhergesagt werden.

4 Methode

4.1 Stichprobe

Als Analysestichprobe dient der HdBA-Studienjahrgang 2008, dessen Studierende regulär Ende August 2011 ihren Bachelorabschluss ablegten. Für diesen Jahrgang gingen bundesweit im Zeitraum zwischen September 2007 und April 2008 4 077 Bewerbungen ein. Von diesen wurden nach Prüfung der Bewerbungsunterlagen (vgl. Abschnitt 2.2) 2 109 Personen zur BPS-Prüfung eingeladen. Von diesen wurden wiederum 1 055 zum Bewerbertag zugelassen. 523 Bewerber wurden der HdBA als mögliche Studierende gemeldet. 472 von ihnen wurden von der HdBA-Zulassungskommission zum Studium zugelassen. Zum 1. September 2008 immatrikulierten sich dann 341 dieser Personen an der HdBA. 295 Studierende (86.5 %) schlossen ihr Studium im August 2011 regulär ab. Bei allen berichteten Analysen bleiben in den Jahrgang 2008 rückgestufte Studierende aus der Studienkohorte 2007 unberücksichtigt, da zu ihnen keine Zulassungsdaten vorliegen.

Die Stichprobe umfasst 252 Frauen (73.9 %) und 89 Männer (26.1 %). Das Durchschnittsalter zu Studienbeginn beträgt 22.16 Jahre (*SD* = 4.2 mit Min = 18 und Max = 48). 260 Personen studieren im Studiengang AMM (76.2 %), 81 im Studiengang BBF (23.8 %). Da das Auswahlverfahren für beide Studiengänge identisch ist, wird in den weiteren Analysen keine studiengangsspezifische Aufteilung vorgenommen.

4.2 Prädiktoren

Schulnoten. Für die Analyse berücksichtigt wird die HZB-Gesamtnote. Insgesamt liegen von 328 der 341 Studierenden rekonstruierbare Detaildaten zum Schulabschluss vor. Danach weisen 265 Personen (80.8 %) eine fachgebundene oder unbeschränkte Allgemeine Hochschulreife (AHR), 63 Personen (19.2 %) eine Fachhochschulreife (FHR) auf.

Fachspezifischer Studierfähigkeitstest (MOT). Für alle 341 Personen liegen die MOT-Ergebnisse als Stanine-Werte vor. In die weiteren Analysen fließen die Ergebnisse der MOT-Untertests (vgl. Tab. 2) sowie der über alle fünf MOT-Untertests gemittelte Wert „MOT-Gesamt" ein.

4.3 Kriterien

Abbruch ja/nein. Hier wird erfasst, ob die Person ihr Studium regulär im August 2011 abgeschlossen hat.

ECTS-Ranking. Für das Bachelorzeugnis der Studierenden wurde 2011 noch das ECTS-Ranking ermittelt. Für jeden Studiengang getrennt erhalten die Studierenden basierend auf ihrer Gesamtnote den Grad A, wenn sie zu den 10 % besten des Jahrgangs gehören; der Grad B wird den folgenden 25 % zugewiesen, Grad C den darauf folgenden 30 %, Grad D für die dann folgenden 25 % und Grad E für die schlechtesten 10 %.

Studiennoten. Zur übersichtlichen Erfassung der Studienleistungen (insgesamt 34 einzelne Prüfungsergebnisse) werden neben der Studiengesamtnote und der Benotung der Bachelorarbeit zusätzlich zwei konkurrierende Aggregationen analysiert:

- Das Studium an der HdBA ist in fünf Studientrimester (1 bis 5) unterteilt, die jeweils durch ein Praktikumstrimester (A bis D) unterbrochen werden. Deshalb wurden durch Mittelung der Einzelleistungen mittlere Studien- und Praktikumstrimesterleistungen gebildet.
- Alternativ dazu wurde eine nach Prüfungsformen gestaffelte Ergebnisvariable gebildet, bei der insgesamt sieben Ausprägungen (Klausur, Referat, Hausarbeit, Projektarbeit, Kolloquium, gemischte Prüfungsform, Praktikumsbericht)

unterschieden werden. Während die letzte Prüfungsform (Praktikumsbericht) exklusiv nur in den Praktikumstrimestern anfällt, verteilen sich die Prüfungsformen heterogen über die Trimester (vgl. Tab. 3). Zu erkennen ist, dass Klausuren eher in einer frühen Studiumsphase eingesetzt werden, während die anderen eher interaktiv gestalteten Prüfungsformen (Referat, Projektarbeit in Kleingruppen) sowie Hausarbeiten bevorzugt in späteren Studienphasen Verwendung finden.

Tabelle 3: Übersicht zur Verteilung der Prüfungsformen über die Studientrimester

	Studientrimester									
	Str1		Str2		Str3		Str4[b]		Str5[b]	
Studiengang	**AMM**	**BBF**	**AMM**	**BBF**	**AMM**	**BBF**	**AMM**	**BBF**	**AMM**	**BBF**
Klausur	5	5	3	1	2	2	1	1		
Referat				2	2	2	2		4	2
Hausarbeit			1	1	1	1	2	3	3	1
Projektarbeit			1	1			1		3	2
Kolloquium							1	1		
Kursgemischte PL[a]							2	2	2	4

a = Modul wurde parallel von mehreren Dozenten mit unterschiedlichen Prüfungsleistungen (PL) angeboten; b = durch parallele Wahlmodule ergeben sich im Str4 und Str5 mehr als fünf PL.

Als subjektive Studienerfolgskriterien wurden im Mai 2011 (zu Beginn des letzten Studientrimesters) bei einer Befragung der Studierenden folgende Variablen erfasst:

Studieninteresse. Hier wird der 18 Items umfassende „Fragebogen zum Studieninteresse“ von Schiefele, Krapp, Wild und Winteler (1993) eingesetzt. Es wird eine vierstufige Antwortskala verwendet (von 1 = „trifft überhaupt nicht zu“ bis 4 = „trifft völlig zu“). Beispielitem: „Ich habe mein jetziges Studium vor allem wegen der interessanten Studieninhalte gewählt.“

Studienzufriedenheit. Hier wird eine 11-Item-Skala von Rolfs (2001) eingesetzt (fünfstufig von 1 = „trifft überhaupt nicht zu“ bis 5 = trifft völlig zu“). Beispielitem mit inverser Schlüsselrichtung: „Wenn ich noch einmal zu entscheiden hätte, würde ich lieber etwas anderes machen“

Erlebte Passung. Auch hier wird auf eine Skala von Rolfs (2001) zurückgegriffen. Sie umfasst 10 Items mit einer fünfstufigen Skala (siehe Skala Studienzufriedenheit). Beispielitem: „Die Welt, in die ich durch das Studium geraten bin, ist für mich absolut passend.“

Selbsteingeschätzter Studienerfolg. Hier wurden die Studierenden gebeten, mithilfe einer 5-fach gestuften Globalbeurteilung (von 1 = „kaum erfolgreich" bis 5 = „sehr erfolgreich") ihren Studienerfolg einzuschätzen. Wortlaut: „Alles in allem, wie bewerten Sie Ihren eigenen Erfolg im Studium?".

Die Befragung war freiwillig und fand außerhalb der Lehrzeiten statt. Insgesamt nahmen 141 der Studierenden an der Befragung teil.

5 Ergebnisse

5.1 Deskriptive Ergebnisse

In den Tabelle 4 wird ein Überblick zu den deskriptiven Statistiken sowie zur Interkorrelation der Prädiktoren gegeben.

Tabelle 4: Deskriptive Kennwerte und Interkorrelation der Prädiktoren

				Interkorrelationen							
				HZB			**MOT-Verfahren**				
Prädiktor	***N***	***M***	***SD***	**alle**	**AHR**	**FHR**	**VO**	**FA**	**DV**	**VA**	**TR**
HZB alle	328	2.30	0.48	1							
HZB AHR	265	2.35	0.44	1	1						
HZB FHR	63	2.09	0.55	1	a	1					
MOT-VO	341	5.88	1.65	-.066	-.095	-.054	1				
MOT-FA	341	6.06	1.63	.051	.051	.001	$.335^{**}$	1			
MOT-DV	341	5.72	1.44	-.055	-.110	.089	$.310^{**}$	$.137^{*}$	1		
MOT-VA	341	5.91	1.69	-.002	-.038	.049	$.321^{**}$	$.189^{**}$	$.257^{**}$	1	
MOT-TR	341	5.80	1.67	.021	.014	-.061	$.403^{**}$	$.203^{**}$	$.361^{**}$	$.364^{**}$	1
MOT-ges.	341	5.88	1.06	-.013	-.051	.003	$.729^{**}$	$.582^{**}$	$.604^{**}$	$.652^{**}$	$.712^{**}$

* $p < .05$, ** $p < .01$, $N = 63$ bis $N = 341$; a = strukturell voneinander unabhängig; N = Stichprobengröße, M = Mittelwert, SD = Standardabweichung.

Der ersichtliche Unterschied im HZB-Notendurchschnitt (FHR-Absolventen erzielen bessere Noten als Abiturienten) ist statistisch bedeutsam ($p < .001$). Die fünf MOT-Subtests interkorrelieren zwischen r =.137 (MOT-TR ↔ MOT-FA) und r = .403 (MOT-DV ↔ MOT-VO) miteinander. Eine Hauptkomponentenanalyse der Subtests zeigt einen dominanten ersten Faktor (43.5 % Varianzaufklärung). Für die MOT-Gesamtskala ergibt sich eine interne Konsistenz von α = .67. Auffällig ist der nicht vorhandene Zusammenhang (keine Interkorrelation ist statistisch bedeutsam) zwischen der HZB-Gesamtnote und dem MOT-Verfahren. Damit muss die Nebenannahme zu Hypothese 2 (hohe Interkorrelation der Prädiktoren) verworfen werden.

In Tabelle 5 werden die deskriptiven Statistiken zu den objektiven Kriterien des Studienerfolgs dargestellt. Aus Platzgründen wurde nur die Interkorrelation der unterschiedlichen Prüfungsformen mit den übrigen Kriterien ergänzt.

Tabelle 5: Deskriptive Kennwerte und Interkorrelation der objektiven Studiererfolgskriterien

				Interkorrelationen					
Kriterium	***N***	***M***	***SD***	**Kla**	**Ref**	**HA**	**PA**	**Koll**	**PB**
Gesamtnote Studium	302	2.11	0.31	.846**	.760**	.737**	.583**	.490**	.798**
Note Bachelorarbeit	302	1.89	0.60	.422**	.450**	.419**	.293**	.356**	.598**
Note Str1	337	2.91	0.71	.932**	.453**	.489**	.501**	.348**	.544**
Note Str2	315	2.67	0.62	.852**	.650**	.676**	.714**	.475**	.608**
Note Str3	308	2.42	0.52	.790**	.777**	.664**	.602**	.333**	.629**
Note Str4	304	1.84	0.35	.619**	.580**	.658**	.445**	.382**	.545**
Note Str5	301	1.89	0.32	.387**	.478**	.498**	.351**	.220**	.383**
Note Ptr A	336	2.16	0.43	.529**	.450**	.470**	.351**	.271**	.765**
Note Ptr B	313	2.22	0.65	.494**	.433**	.521**	.441**	.106	.770**
Note Ptr C	306	1.95	0.50	.409**	.416**	.394**	.293**	.323**	.696**
Note Ptr D	298	1.77	0.54	.258**	.292**	.288**	.198**	.263**	.642**
Kla – Note Klausur	337	2.81	0.69	1					
Ref – Note Referat	307	2.03	0.34	.608**	1				
HA – Note Hausarbeit	313	2.10	0.48	.597**	.611**	1			
PA – Note Projektarbeit	314	2.71	0.77	.602**	.535**	.522**	1		
Koll – Note Kolloquium	187	1.59	0.49	.637**	.580**	.614**	.495**	1	
PB – Note Praktikums-bericht	336	2.08	0.44	.401**	.316**	.379**	.354**	.346**	1

* $p < .05$, ** $p < .01$, $N = 187$ bis $N = 337$; a = strukturell voneinander unabhängig.

Der Notenvergleich über die Studientrimester hinweg zeigt eine bedeutsame Verbesserung ($p < .001$) im Zeitverlauf. Auch die Noten der Prüfungsarten unterscheiden sich signifikant ($p < .001$). Die Kolloquiumsnoten fallen hierbei am besten aus (im Mittel wird die Note 1.6 vergeben), während in Klausuren und Projektarbeiten die im Vergleich schlechtesten Noten (2.8 bzw. 2.7) resultieren.

Generell sind die Prüfungsleistungen hoch interkorreliert. Eine Hauptkomponentenanalyse zu allen Noten der Studien- und Praktikumstrimester liefert nur einen bedeutsamen Faktor mit einer hohen Varianzaufklärung (46.9 %). Die interne Konsistenz einer möglichen Skala aus den Studien- und Praktikumstrimesterleistungen würde sich auf α = .86 belaufen. Dies spricht dafür, dass von einer homogenen Studienleistung der Studierenden auszugehen ist: Studierende mit guten Studienleistungen sind tendenziell in allen Studienbereichen gut, leistungsschwache Studierende haben Probleme in vielen Bereichen.

In Tabelle 6 sind schließlich die Kennwerte der vier subjektiven Kriterien des Studienerfolgs zusammengefasst. Alle drei Skalen weisen interne Konsistenz größer .8 auf. Sie sind hoch korreliert und würden gemeinsam eine Gesamtskala mit einer Konsistenz von α = .86 liefern. Es muss also von einer generellen (Un-) Zufriedenheit ausgegangen werden, die sich auf unterschiedliche Facetten erstreckt.

Tabelle 6: Deskriptive Kennwerte und Interkorrelation der subjektiven Studiererfolgskriterien

						Interkorrelationen		
Kriterium	***N***	**#Items**	**Cr *α***	***M***	***SD***	**SI**	**SZ**	**PE**
SI – Studieninteresse	141	18	.883	2.73	0.45	1		
SZ – Studienzufriedenheit	141	11	.812	3.63	0.61	.783**	1	
PE – Passungserleben	139	10	.860	3.62	0.62	.544**	.710**	1
Selbsturteil Studienerfolg	141	1	–	3.96	0.61	.247**	.262**	.231**

* $p < .05$, ** $p < .01$, $N = 139$ bis $N = 141$, Cr α = Cronbachs Alpha.

In der Tabelle 7 sind die Interkorrelationen zwischen den objektiven und subjektiven Kriteriumsblöcken dargestellt. Speziell die beiden Kriterien „Studieninteresse“ und „Selbsturteil zum Studienerfolg“ zeigen konsistent bedeutsame Zusammenhänge mit unterschiedlichen Studiennoten, d. h. ein inhaltliches Interesse an den Studieninhalten geht mit besseren Noten einher und der subjektive Studienerfolg korrespondiert zumindest im Trend mit dem objektiven Abschneiden.

Tabelle 7: Interkorrelation der objektiven und subjektiven Studienerfolgskriterien

	Studien-interesse	Studien-zufriedenheit	Passungs-erleben	Selbsturteil Studienerfolg
ECTS-Ranking	-.187*	-.133	-.039	-.444**
Gesamtnote Studium	-.302**	-.229*	-.107	-.474**
Note Bachelorarbeit	-.259**	-.209*	-.050	-.376**
Note Str1	-.228*	-.162	-.091	-.265**
Note Str2	-.228*	-.158	-.057	-.333**
Note Str3	-.235**	-.175	-.091	-.378**
Note Str4	-.267**	-.203*	-.119	-.355**
Note Str5	-.104	-.016	.117	-.254**
Note Ptr A	-.232*	-.215*	-.162	-.344**
Note Ptr B	-.035	-.118	.000	-.321**
Note Ptr C	-.130	-.268**	-.309**	-.218*
Note Ptr D	-.219*	-.171	-.112	-.326**
Note Klausur	-.234**	-.159	-.092	-.319**
Note Referat	-.279**	-.162	-.057	-.374**
Note Hausarbeit	-.156	-.161	-.070	-.305**
Note Projektarbeit	-.140	-.088	.016	-.367**
Note Kolloquium	-.308*	-.395**	-.289*	-.263*
Note Praktikumsbericht	-.214*	-.278**	-.199*	-.450**

* $p < .05$, ** $p < .01$, $N = 57$ bis 123.

5.2 Interkorrelation von Schulnoten und Studierfähigkeitstest mit den Studienerfolgskriterien

In den Tabellen 8 und 9 werden die bivariaten Zusammenhänge zwischen den Prädiktoren und den objektiven (Tab. 8) sowie subjektiven (Tab. 9) Studienerfolgskriterien berichtet.

Es zeigt sich zunächst, dass die Unterscheidung zwischen Allgemeiner (AHR) und Fachhochschulreife (FHR) im Hinblick auf die Interkorrelation mit den objektiven Studienerfolgskriterien Sinn bringt. Während AHR durchweg einen positiven Zusammenhang (bessere Abiturnoten gehen einher mit besseren Studiennoten) aufweist, der in zehn von 19 Fällen auch bedeutsam ausfällt, ergibt sich für FHR nur ein relevanter Zusammenhang mit dem Abbruchkriterium (schlechtere FHR-Absolventen brechen eher das Studium ab).

Der MOT-Gesamtwert weist nur mit den (stark konfundierten) Kriterien „Note Studientrimester 1“ und „Note Klausur“ (vgl. Tab. 3) einen bedeutsamen Zusammenhang auf. Während drei MOT-Subtests diesem Zusammenhangsmuster folgen (MOT-DV, MOT-TR, MOT-VA), korreliert MOT-FA mit keinem Kriterium und MET-VO zeigt ergänzend auch bedeutsame Zusammenhänge mit „Note Studientrimester 2“ und „Note Kolloquium“.

Tabelle 8: Interkorrelation der Prädiktoren mit den objektiven Studienerfolgskriterien

Prädiktor	Abbruch	ECTS	GNote	BThesis	Str1	Str2	Str3	Str4	Str5	PrA	PrB	PrC	PrD	Kla	Ref	HA	PA	Koll	PB
HZB alle	.082	.177**	.150**	-.079	.252**	.110	.099	.096	.121*	.067	.089	.018	.034	.219**	.072	.107	.050	.008	.108
HZB HR	.324**	-.034	.001	-.104	.213	-.070	.116	.114	.138	.148	-.014	.001	.043	.132	.253	.118	.004	-.134	.079
HZB HR	.036	.264**	.219**	.148*	.310**	.212**	.122	.114	.143*	.077	.142*	.019	.055	.293**	.060	.133*	.098	.1.9	.152*
MOT-DV	.061	-.007	.025	.069	-.173**	-.094	.010	.043	-.038	.019	.045	.041	.071	-.150**	.041	.027	-.090	-.044	.021
MOT-FA	.044	-.006	.021	.044	-.027	-.035	.037	.108	-.080	.072	-.012	.009	.005	.006	.031	.056	-.056	.022	.040
MOT-TR	.060	-.047	-.030	.042	-.189**	-.108	-.080	.042	-.021	.018	.060	.064	.057	-.169**	-.083	.029	-.061	-.004	.044
MOT-VA	.032	.040	.007	.024	-.110*	-.057	-.044	.080	.089	.015	.108	-.016	.031	-.093	.004	.124*	.016	-.081	.049
MOT-VO	-.060	-.031	-.037	.061	-.233**	.179**	-.056	-.002	.021	-.037	.057	.040	.048	-.218**	-.032	.058	-.106	-.151*	-.009
MOT-ges.	.041	-.014	-.003	.074	-.222**	-.143*	-.038	.084	-.009	.027	.078	.041	.063	-.193**	-.009	.091	-.091	-.078	.044

* $p < .05$, ** $p < .01$, $N = 302$ bis $N = 338$.

Tabelle 9: Interkorrelation der Prädiktoren mit den subjektiven Studienerfolgskriterien

Prädiktor	Studien-interesse	Studien-zufriedenheit	Passungs-erleben	Selbsteingeschätzter Studienerfolg
HZB alle	.094	-.027	.019	-.015
HZB FHR	.380	-.050	.092	-.066
HZB AHR	.059	.005	.026	.005
MOT-DV	-.056	-.043	.066	.003
MOT-FA	-.113	.021	.023	-.008
MOT-TR	.083	-.063	-.044	-.115
MOT-VA	.022	-.017	.030	-.079
MOT-VO	-.007	-.033	-.058	-.095
MOT-ges.	-.026	-.041	.006	-.087

* $p < .05$, ** $p < .01$, $N = 20$ bis $N = 121$.

Eine Inspektion der in Tabelle 9 zusammengefassten Zusammenhänge zeigt, dass kein Korrelationskoeffizient zwischen den Prädiktoren und den subjektiven Studienerfolgskriterien eine bedeutsame Größe erreicht. Damit wird Hypothese 3 bestätigt.

5.3 Multiple Regression: Vorhersage der Studienerfolgskriterien durch die Schulnoten und den Studierfähigkeitstest

Zur weitergehenden Klärung der Hypothesen 1 und 2 wurden unterschiedliche multiple Regressionen mit variierenden Prädiktoren und Kriterien durchgeführt. Aus Platzgründen beschränkt sich die Ergebnisdarstellung auf fünf Erfolgskriterien, die bereits bei der bivariaten Korrelationsanalyse bedeutsame Zusammenhänge aufgewiesen haben: Gesamtnote, Studientrimester 1 und 2 sowie Note Klausur und Note Hausarbeit. Die Ergebnisse der linearen Regressionsanalysen, bei denen gleichzeitig zwei Prädiktoren aufgenommen wurden (HZB-Note für die Gesamtstichprobe und getrennt nach der AHR- und FHR-Stichprobe sowie MOT-Gesamtwert), sind in Tabelle 10 dargestellt

Tabelle 10: Ergebnisse der linearen Regressionsanalyse bei gleichzeitiger Berücksichtigung beider Prädiktoren

Stichprobe	Prädiktor	Beta-Gewicht	R	R^2 (R^2_{korr})
		Gesamtnote		
Gesamt	HZB-Gesamtnote	.154**	.154	.024 (.017)
	MOT-Gesamt	.005		
AHR	HZB-AHR	.223**	.223	.050 (.042)
	MOT-Gesamt	.026		
FHR	HZB-FHR	-.002	.008	.000(-.041)
	MOT-Gesamt	-.002		
		Noten Studientrimester 1		
Gesamt	HZB-Gesamtnote	.245**	.323	.104 (.099)
	MOT-Gesamt	-.203**		
AHR	HZB-AHR	.295**	.360	.130 (.123)
	MOT-Gesamt	-.188**		
FHR	HZB-FHR	.224	.278	.077 (.045)
	MOT-Gesamt	-.169		
		Noten Studientrimester 2		
Gesamt	HZB-Gesamtnote	.115*	.176	.031 (.025)
	MOT-Gesamt	-.133*		
AHR	HZB-AHR	.213**	.261	.068 (.061)
	MOT-Gesamt	-.141*		
FHR	HZB-FHR	-.070	.072	.005 (-.032)
	MOT-Gesamt	-.013		
		Noten Klausur		
Gesamt	HZB-Gesamtnote	.215**	.279	.078 (.072)
	MOT-Gesamt	-.172**		
AHR	HZB-AHR	.281**	.338	.115 (.108)
	MOT-Gesamt	-.170**		
FHR	HZB-FHR	.139	.159	.025 (-.008)
	MOT-Gesamt	-.080		
		Noten Hausarbeit		
Gesamt	HZB-Gesamtnote	.116*	.150	.022 (.016)
	MOT-Gesamt	.097		
AHR	HZB-AHR	.144*	.156	.024 (.016)
	MOT-Gesamt	.066		
FHR	HZB-FHR	.108	.280	.079 (.044)
	MOT-Gesamt	.256		

* $p < .05$, ** $p < .01$; Beta-Gewicht = Standardpartialregressionsgewicht, R = Multiple Korrelation; R^2 (R^2_{korr}) = Determinationskoeffizient (nach Schrumpfungskorrektur).

Bei der Vorhersage der Studiumsgesamtnote erweist sich nur die HZB-Gesamtnote als relevanter Prädiktor (β = .154), der damit 2.4 % der Kriteriumsvarianz aufklärt (schrumpfungskorrigiert ergeben sich 1.7 %). Die Aufteilung nach AHR und FHR zeigt, dass nur bei den AHR-Absolventen eine substantielle Vorhersage gelingt (β = .223), während kein Zusammenhang bei den Studierenden mit Fachhochschulreife besteht. Das MOT-Gesamttestergebnis liefert keine relevanten Informationen zur Vorhersageverbesserung. Im Hinblick auf die aufgestellten Hypothesen erweist sich also, dass auf der obersten Aggregatebene (BZB-Gesamtnote und MOT-Gesamtwert als Prädiktoren, Bachelorgesamtnote als Kriterium) Hypothese 1 (Validität der HZB-Gesamtnote) bestätigt wird und Hypothese 2 (inkrementelle Validität des MOT-Verfahrens) verworfen werden muss.

Bei der Analyse der weiteren Kriterien zeigt sich, dass das MOT-Gesamtergebnis für die Kriterien „Note Studientrimester 1", „Note Studientrimester 2" und „Noten Klausur" in der Gesamtgruppe sowie bei den Abiturienten (AHR) inkrementelle Validität erzielt. Für die Studierenden mit Fachhochschulreife ergibt sich auch für die weiteren Kriterien keine bedeutsame Vorhersage.

In einem ergänzenden Analyseschritt wurden statt des MOT-Gesamtwertes die Einzelergebnisse der MOT-Subtests herangezogen. Für die Prädiktorauswahl wurde ein schrittweiser Einschlussalgorithmus (stepwise regression) gewählt, bei dem nur Prädiktoren in die Regressionsgleichung aufgenommen und beibehalten werden, die einen bedeutsamen Beitrag zur Kriteriumsvorhersage leisten. Die Detailergebnisse sind in Tabelle 11 zu sehen.

Tabelle 11: Ergebnisse der linearen Regressionsanalyse bei schrittweiser Prädiktoraufnahme

Stichprobe	Prädiktor	Beta-Gewicht	R	R^2 (R^2_{korr})
		Gesamtnote		
Gesamt	HZB-Gesamtnote	.153**	.153	.023 (.020)
AHR	HZB-AHR	.222**	.222	.049 (.045)
FHR	HZB-FHR	a		
		Note Studientrimester 1		
Gesamt	HZB-Gesamtnote	.248**	.348	.121 (.113)
	MOT-VO	-.156**		
	MOT-TR	-.134*		
AHR	HZB-AHR	.310**	.375	1.41 (.134)
	MOT-VO	-.213**		
FHR	HZB-FHR	a		

Note Studientrimester 2				
Gesamt	HZB-Gesamtnote	.125*	.210	.044 (.038)
	MOT-VO	-.173**		
AHR	HZB-AHR	.230**	.318	.101 (.094)
	MOT-VO	-.226**		
FHR	HZB-FHR	a		
Note Klausur				
Gesamt	HZB-Gesamtnote	.214**	.308	.095 (.086)
	MOT-VO	-.140*		
	MOT-TR	-.123*		
AHR	HZB-AHR	.296**	.361	.130 (.124)
FHR	HZB-FHR	a		
Note Hausarbeit				
Gesamt	HZB-Gesamtnote	.119*	.175	.031 (.024)
	MOT-VA	.131*		
AHR	HZB-AHR	.142*	.142	.020 (.016)
FHR	HZB-FHR	a		
	MOT-VA	.362	.362	.131 (.115)

* $p < .05$, ** $p < .01$; a = Prädiktor erweist sich bei dieser Kombination als nicht bedeutsam.

Da sich bei dem Prädiktor „Schulnote“ keine Datenänderungen ergeben haben, bleiben hier die Schätzungen zu den Regressionsgewichten weitgehend konstant. Während auch die MOT-Subtests keinen Beitrag für die Vorhersage der Studiumsgesamtnote liefern, erweisen sich Subtest MOT-VO in drei und Subtest MOT-TR in zwei der zusätzlich analysierten Kriterien als bedeutsame Prädiktoren mit inkrementeller Validität gegenüber der Schulnote (HZB-Gesamtnote). Bei alleiniger Analyse der Abiturienten (AHR) bleibt allerdings nur MOT-VO bei zwei der Kriterien (Note Studientrimester 1 und 2) bedeutsam. Für die Studierenden mit Fachhochschulreife bleibt es bei der mangelnden Vorhersagekraft aller Prädiktoren.

6 Diskussion

In dem vorliegenden Beitrag wurde die Vorhersagequalität der bestehenden Studierendenauswahl für den Studienerfolg an der Hochschule der Bundesagentur für Arbeit (HdBA) untersucht. Aufbauend auf der aktuellen, metaanalytisch begründeten Forschungslage wurden drei Hypothesen formuliert. Orientiert an diesen Thesen sollen die berichteten Ergebnisse noch einmal zusammengefasst werden.

In Hypothese 1 wurde formuliert, dass die zur Zulassungsentscheidung herangezogene Schulnote (Gesamtnote der Hochschulzugangsberechtigung, also die Abitur- oder Fachhochschulreifezeugnisnote) prognostisch valide ist bezüglich des objektiven Studienerfolgs (erfasst über die Bachelor-Gesamtnote). Diese Hypothese konnte bestätigt werden (vgl. z. B. Tab. 10; r = .150, auf Artefaktkorrekturen zur Varianzeinschränkung und Kriteriumsunrelibailität wurde verzichtet). Ein direkter Vergleich mit der entsprechenden Hohenheimer Metaanalyse (vgl. Tab. 1) zeigt aber, dass die Prognosekraft deutlich niedriger anzusiedeln ist (dort beispielsweise r = .314 für das Wirtschaftswissenschaftsstudium). Die weitergehenden Analysen zeigen auch, dass die Art der HZB ein bedeutsamer Moderator ist. Während die Prognosekraft der allgemeinen Hochschulreife höher ausfällt (r = .219), zeigt die Gesamtnote der Studierenden mit Fachhochschulreife keinerlei Prognosequalität (sie hängt allerdings deutlich mit der Wahrscheinlichkeit eines Studienabbruchs zusammen; r = .324). Aus dieser Sicht stellen FHR-Absolventen eine besondere Risikogruppe für das Studium dar (kein Informationswert der Schulnote, erhöhtes Abbruchrisiko).

In Hypothese 2 wurde angenommen, dass der eingesetzte Studierfähigkeitstest MOT inkrementelle Validität gegenüber den Schulnoten aufweist. Dies konnte auf der allgemeinen Ebene nicht bestätigt werden. Nur bei den Detailergebnissen ergaben sich bedeutsame spezifische Zusammenhänge. Das MOT-Verfahren weist relevante Zusammenhänge speziell mit den Klausurergebnissen auf, die gehäuft in einer frühen Phase des Studiums eingesetzt werden und z. B. die alleinige Prüfungsform im ersten Studientrimester sind. Eine Klausur scheint im Vergleich der Prüfungsformen die am höchsten intelligenzgesättigte Prüfung zu sein, die maximale Leistung im Bereich des Wissensabrufs und schlussfolgernden Denkens erhebt. Bei einer Analyse der MOT-Subtests erzielen nur zwei Verfahren (VO-Vorschriften, TR-Textrechnen) erwartungskonforme Validitätszuwächse. Aus einer simulationsorientierten Perspektive (Symmetrie zwischen Prädiktor- und Kriteriumsgestaltung) scheinen sie am ehesten relevante Aspekte des Studienalltags abzubilden.

Wie in Hypothese 3 bereits angenommen wurde, gibt es praktisch keine Zusammenhänge zwischen Schulnoten und Studierfähigkeitstest einerseits und subjektivem Studienerfolg (erfasst über die Skalen Studieninteresse, Studienzufriedenheit, erlebte Passung, selbst eingeschätzter Studienerfolg) andererseits, obwohl die subjektiven Kriterien substantielle Zusammenhänge mit den Studiennoten als objektive Kriterien aufweisen.

Zusammengefasst ergibt sich ein Bild, wonach das bestehende Auswahlverfahren mit Schulnoten und Studierfähigkeitstest im Wesentlichen eine Vorhersage für die Studienleistungen in der ersten Phase (Studientrimester 1 und 2) des Bachelorstudiums bietet. Hier dominieren Klausuren als Prüfungsform und dadurch erzielt der Studierfähigkeitstest einen Vorhersagegewinn. Am ehesten gelingt dieses für die Gruppe der Abiturienten (81 % der Gesamtstichprobe), während die Vorhersageergebnisse für die Fachhochschulabsolventen durchweg mangelhaft ausfallen.

Einschränkungen der Studie ergeben sich durch die begrenzte Analysestichprobe: Es wurde nur der Jahrgang 2008 untersucht. Zusätzlich blieben bei den Analysen potentielle Moderatoren (z. B. Geschlecht und Alter der Studierenden) unberücksichtigt. Da bisher hinsichtlich der Studierfähigkeitskriterien keine Unterscheidung zwischen den Studiengängen getroffen wird, wurden bei den vorgestellten Berechnungen beide Studiengänge AMM und BBF gepoolt analysiert. Wenn bei weiteren Analysen zusätzliche nicht-kognitive Prädiktoren berücksichtigen werden, wird ganz sicher eine Differenzierung nach Studiengängen sinnvoll sein.

Aus der dargestellten Befundlage leiten sich weitergehende Studien und Entwicklungsprojekte ab:

- Einen relevanten Bereich stellt die notwendige Überarbeitung des MOT-Verfahrens dar. In der vorgestellten Detailanalyse erweisen sich nur zwei der fünf Untertests als besonders relevant. Aufbauend auf der vorliegenden Anforderungsanalyse zu den HdBA-Studiengängen (vgl. Schuster & Höft, in diesem Band) bietet es sich an, strukturähnliche Testverfahren zu entwickeln und gegen die alten Verfahren auszutauschen. Ziel wäre es also, einen „echten" fachspezifischen Studierfähigkeitstest zu entwickeln, dessen Inhalte besser als die MOT-Subtests auf die Anforderungen der HdBA-Studiengänge abgestimmt sind.
- Zusätzlich muss die Gruppe der Fachhochschulabsolventen genauer untersucht werden, um die validitätsmindernden Besonderheiten dieser Personen zu identifizieren. Ein wichtiger Faktor dürfte hier die Diversität der Zugänge zur FHR-Reife sein, die bei der analysierten Stichprobengröße ($N = 63$) nur unzureichend abgebildet wird.
- Subjektive Studienerfolgskriterien werden bei der Auswahl bisher nicht berücksichtigt und können auch durch die bestehenden Prädiktoren nicht vorhergesagt werden. Die bedeutsamen Zusammenhänge des Studieninteresses (und mit Abstrichen auch der Studienzufriedenheit und des Passungserlebens) mit den Studiennoten weisen aber darauf hin, dass hier durchaus substantielle Inhalte erfasst werden, die eine Rolle spielen bei dem Zustandekommen von (objektivem und subjektiv erlebtem) Studienerfolg. Um Ursache-Wirkungs-Zusammenhänge aufzuklären, wäre hier eine Längsschnittstudie (bei der das Studieninteresse zu Beginn und zum Ende des Studiums erfasst wird) aufschlussreich.

– Die vorgestellte Studie orientiert sich bei der Prädiktor- und Kriteriumsauswahl an den üblichen Variablen der Studierendenauswahl, wie sie in vielen Studienfächern Anwendung finden. Dadurch geht die Spezifität der beratungsorientierten HdBA-Studiengänge verloren. Ziel einer sofistizierten Auswahl muss es sein, das durch entsprechende Lern- und Trainingseinheiten erreichte Beratungskompetenzniveau der Studierenden am Ende des Studiums mit geeigneten Verfahren zu prognostizieren. Bisher werden entsprechende Aspekte maximal im Rahmen des Bewerbertages ohne einen expliziten Bezug zu (nicht spezifisch erfassten) relevanten Studienerfolgskriterien berücksichtigt.

Es bestätigt sich also die Aussage von Höft und Schuster (2010), dass die Studierendenauswahl ein relevantes und substantielles Feld für umfängliche Forschungs- und Entwicklungsaktivitäten bleibt. Die hier vorgestellten Ergebnisse stellen zunächst einen Bezug zu den allgemeinen metaanalytischen Befunden her. Weitere Konkretisierungen und Detaillierungen müssen folgen.

Literatur

Asendorpf, J. & Neyer, J. (2012). Psychologie der Persönlichkeit. Berlin: Springer.

Gentsch, S. & Gold, A. (2008). Studierendenauswahl durch Interviews – Ergebnisse einer Pilotstudie. In H. Schuler & B. Hell (Hrsg.), Studierendenauswahl und Studienentscheidung (S. 156-167). Göttingen: Hogrefe.

Hell, B., Trapmann, S. & Schuler, H. (2008). Synopse der Hohenheimer Metaanalysen zur Prognostizierbarkeit des Studienerfolgs und Implikationen für die Auswahl- und Beratungspraxis. In H. Schuler & B. Hell (Hrsg.), Studierendenauswahl und Studienentscheidung (S. 43-54). Göttingen: Hogrefe.

Hell, B., Trapmann, S. & Schuler, H. (2007). Eine Metaanalyse der Validität von fachspezifischen Studierfähigkeitstests im deutschsprachigen Raum. Empirische Pädagogik, 21, 251-270.

Hell, B., Trapmann, S., Weigand, S. & Schuler, H. (2007). Die Validität von Auswahlgesprächen im Rahmen der Hochschulzulassung – eine Metaanalyse. Psychologische Rundschau, 58, 93-102.

Heublein, U., Hutzsch, C., Schreiber, J., Sommer, D. & Besuch, G. (2010). Ursachen des Studienabbruchs in Bachelor- und in herkömmlichen Studiengängen. Hannover: HIS: Forum Hochschule.

Hiemisch, A., Westermann, R. & Michael, A. (2005). Die Abhängigkeit der Zufriedenheit mit dem Medizinstudium von Studienzielen und ihrer Realisierbarkeit. Zeitschrift für Psychologie, 213, 97-108.

Höft, S. (im Druck). Erfolgsüberprüfung personalpsychologischer Arbeit. In H. Schuler & U. P. Kanning (Hrsg.), Lehrbuch der Personalpsychologie. Göttingen: Hogrefe.

Höft, S. & Schuler, H. (2014). Personalmarketing und Personalauswahl. In H. Schuler & K. Moser (Hrsg.), Lehrbuch Organisationspsychologie (S. 55-126). Bern: Huber.

Höft, S. & Schuster, G. (2010). Die Studierendenauswahl der Hochschule der Bundesagentur für Arbeit: Ein Umsetzungsfeld der Hochschulautonomie mit Forschungs- und Entwicklungsperspektiven. In G. Bender & B. J. Ertelt (Hrsg.), Forschung aus der HdBA – Festschrift zum Ende des Rektorats von Prof. Dr. Bernd Reissert (HdBA-Bericht 3) (S. 27-37). Mannheim: Hochschule der Bundesagentur für Arbeit.

Hunter, J. E. & Schmidt, F. L. (2004). Methods of meta-analysis: Correcting error and bias in research findings. London: Sage.

Jetter, W. (2003). Effiziente Personalauswahl: Durch strukturierte Einstellungsgespräche die richtigen Mitarbeiter finden. Stuttgart: Schaeffer-Poeschel.

Rudinger, G. & Horsch, K. (Hrsg.). (2009). Self-Assessment an Hochschulen: Von der Studienfachwahl zur Profilbildung. Göttingen: V&R Unipress.

Pösse, B. & Klinck, D. (2007). Testserie für Abiturienten und Hochschüler (MOT) im Rahmen des Auswahlverfahrens für die Studiengänge an der Hochschule für Bundesagentur für Arbeit. Information Nr. 66 des Psychologischen Dienstes. Nürnberg: Bundesagentur für Arbeit.

Richardson, M., Abraham, C. & Bond, R. (2012). Psychological correlates of university students' academic performance: a systematic review and meta-analysis. Psychological Bulletin, 138, 253-287.

Rolfs, H. (2001). Berufliche Interessen. Göttingen: Hogrefe.

Schiefele, U., Krapp, A., Wild, K. & Winteler, A. (1993). Der „Fragebogen zum Studieninteresse" (FSI). Diagnostica, 39, 335-351.

Schmidt-Atzert, L. & Amelang, M. (2012). Psychologische Diagnostik. Berlin: Springer.

Schuler, H., Höft, S. & Hell, B. (im Druck). Eigenschaftsorientierte Verfahren der Personalauswahl. In H. Schuler & U. P. Kanning (Hrsg.), Lehrbuch der Personalpsychologie. Göttingen: Hogrefe.

Trapmann, S. (2008). Mehrdimensionale Studienerfolgsprognose: Die Bedeutung kognitiver, temperamentsbedingter und motivationaler Prädiktoren für verschiedene Kriterien des Studienerfolgs. Berlin: Logos.

Trapmann, S., Hell, B., Hirn, J.-O. W. & Schuler, H. (2007). Meta-analysis of the relationship between the big five and academic success at university. Journal of Psychology, 215, 132-151.

Trapmann, S., Hell, B., Weigand, S. & Schuler, H. (2007). Die Validität von Schulnoten zur Vorhersage des Studienerfolgs – eine Metaanalyse. Zeitschrift für Pädagogische Psychologie, 21, 11-27.

Trost, G., Blum, F., Fay, E., Klieme, E., Maichle, U., Meyer, M. & Nauels, H.-U. (1998). Evaluation des Tests für medizinische Studiengänge (TMS): Synopse der Ergebnisse. Bonn: Institut für Test- und Begabungsforschung.

Wissenschaftsrat (2004). Empfehlungen zur Reform des Hochschulzugangs. Köln: Geschäftsstelle des Wissenschaftsrats.

Wissenschaftsrat (2007). Stellungnahme zur Akkreditierung der Hochschule der Bundesagentur für Arbeit – Staatlich anerkannte Fachhochschule für Arbeitsmarktmanagement (Mannheim) i. Gr. Köln: Geschäftsstelle des Wissenschaftsrats.

Zimmerhofer, A. & Trost, G. (2008). Auswahl- und Feststellungsverfahren in Deutschland – Vergangenheit, Gegenwart und Zukunft. In H. Schuler & B. Hell (Hrsg.), Studierendenauswahl und Studienentscheidung (S. 32-42). Göttingen: Hogrefe.

Autorenverzeichnis

Bernd-Joachim Ertelt, Prof. Dr.	Professur für Wirtschaftspädagogik und Beratungswissenschaft an der Jan Długosz University, Częstochowa/Polen. Lehrbeauftragter an der Hochschule der Bundesagentur für Arbeit in Mannheim, Honorarprofessor an der University of National and World Economy, Sofia/ Bulgarien. Schwerpunkte in Forschung und Lehre: Berufsberatung, neue Modelle der Beratung, empirische Beratungsforschung.
Bettina Franzke, Prof. Dr.	Dipl.-Psych., Professur für Interkulturelle Kompetenzen und Diversity-Management an der FHöV NRW, Standort Köln. Bis 2013 Professur für Psychologie mit dem Schwerpunkt beschäftigungsorientierte Beratung an der Hochschule der Bundesagentur für Arbeit. Zertifizierte Trainerin für interkulturelle Kommunikation (CCS®). Arbeitsschwerpunkte: Genderaspekte in der Beratung, Konzeption und Umsetzung von Gendertrainings, Interaktionen im interkulturellen Umfeld, Beratung von Menschen in beruflicher Neu-/Umorientierung, Transfer von Elementen der rational-emotiven Verhaltenstherapie in Beratungskontexte.
Andreas Frey, Prof. Dr. phil. habil.	Professur für Berufs- und Wirtschaftspädagogik an der Hochschule der Bundesagentur für Arbeit in Mannheim. Schwerpunkte in Forschung und Lehre: Berufsbildungs- und Beratungsforschung, berufsorientierte Beratung, Pädagogischen Diagnostik, Studien- und Ausbildungsabbrüche.
Peter Guggemos, Prof. Dr. phil. Dr. phil. habil.	Professur für Arbeitsmarkt- und Sozialpolitik an der Hochschule der Bundesagentur für Arbeit, Mannheim, Soziologe (M. A.) und Politikwissenschaftler, Demografieberater. Schwerpunkte in Lehre und Forschung: Employability-Fragen, Diversity- und Gesundheitsmanagement, inklusive Arbeitsplätze, Personalentwicklung, europäische Systemvergleiche.

Stefan Höft, Prof. Dr. rer. soc.	Professur für Eignungsdiagnostik und Personalpsychologie an der Hochschule der Bundesagentur für Arbeit, Mannheim, Diplom-Psychologe. Personenlizenz A-Inhaber zur Eignungsbeurteilung nach DIN 33430. Schwerpunkt in Lehre und Forschung: (Diagnostische) Konzepte der beruflichen Beratung, berufliche Eignungsdiagnostik, psychometrische Grundlagen von personalpsychologischen Interventionen.
Gert-Holger Klevenow, Prof. Dr. phil.	Dipl.-Psych., Institut für Arbeitsmarkt- und Berufsforschung, z. Z. Hochschule der Bundesagentur für Arbeit, Mannheim. Aktuelle Arbeitsschwerpunkte: Prozessanalysen des Beratens, Effektivität von Beratung, Fallmanagement mit Schnittstellen zur Sozialen Arbeit.
Florian Kreutzer, Prof. Dr.	Professur für Soziologie an der Hochschule der Bundesagentur für Arbeit, Mannheim. Schwerpunkte in Lehre und Forschung: Soziologische Theorie und institutionelle Grundlagen der Integration, Arbeits- und Berufssoziologie, Biographieforschung und Diskursanalyse.
Monika Müller, Prof. Dr. phil.	Professur für Pädagogik mit Schwerpunkt Berufs- und Wirtschaftspädagogik an der Hochschule der Bundesagentur für Arbeit, Schwerin. Schwerpunkte in Lehre und Forschung: Biographie und Professionsforschung, Interaktions- und Arbeitsprozessanalysen, Berufsorientierung und Übergänge im Berufsverlauf.
Matthias Rübner, Prof. Dr.	Professur für Integrationsmanagement an der Hochschule der Bundesagentur für Arbeit, Mannheim. Diplom-Soziologe. Case-Management-Ausbilder (DGCC). Schwerpunkte in Lehre und Forschung: Theorie und Praxis der beruflichen Beratung, Berufswahlforschung, Fall- und Integrationsmanagement, Beratungskonzeption der Bundesagentur für Arbeit.
Gerald Sailmann, Prof. Dr. phil.	Professur für Pädagogik mit Schwerpunkt Berufs- und Wirtschaftspädagogik an der Hochschule der Bundesagentur für Arbeit, Mannheim. Schwerpunkte in Lehre und Forschung: Systeme und Institutionen beruflicher Bildung.

Michael Scharpf, Prof. Dr.	Professur für Public Management an der Hochschule der Bundesagentur für Arbeit, Mannheim. Diplom-Volkswirt. Schwerpunkte in der Lehre und Forschung: Unternehmenssteuerung, Rechnungswesen und Controlling. Seit 2012 Prorektor für die Bachelor-Studiengänge.
Gerda Schuster	Diplom-Psychologin, Trainee im Berufspsychologischen Service der Bundesagentur für Arbeit, Regionaldirektion Rheinland-Pfalz-Saarland. Davor von 2009 bis 2012 wissenschaftliche Mitarbeiterin im HdBA-Projekt „Optimierung der Studierendenauswahl“.
Christiane Selka, B.A.	Freiberufliche Bildungs- und Beratungswissenschaftlerin, Schwerpunkte: Beratung und Beschäftigung, Synergetik in der Beratung, lebenslanges Lernen und Bildungsberatung, hochschuldidaktische Lernberatung.